新型コロナ、香港、台湾、

世界は習近平を許さない

福島香織
Fukushima Kaori

2014年10月10日香港反政府デモ「雨傘運動」

ワニブックス

まえがき

２０１９年5月以来、私は中国に足を踏み入れていません。

5月の中国行きは、新疆《しんきょう》ウイグル自治区のカシュガルの様子を自分の日で確かめることが目的でした。

２０１８年8月に国連人種差別撤廃委員会で、ウイグル人を中心に最大２００万人のムスリムが再教育施設という名目の強制収容所に入れられている問題が報告されて、ＢＢＣ（英国放送協会）、ニューヨーク・タイムズはじめ世界のメディアが、中国におけるウイグル人弾圧の問題を報じ始めました。米国のマイク・ペンス副大統領がその年の10月４日、ハドソン研究所で演説したときも、この強制収容問題に触れました。

米国議会の資本が入った短波ラジオ局、ラジオ・フリーアジアのウイグル人記者たちが命がけで取材し、多くの情報を集め、世界のジャーナリストたちと情報共有したことで、中国が習近平政権になってからこれまでにないほどの宗教・民族弾圧を行い、２０１４年からはウイグル人の再教育施設を作り始めたこと、２０１７年には「脱過激化条例」を制定し、ウイグル人たちの信仰の自由だけでなく、ウイグル人の言語、文化、そのアイデンティティ、誇りを奪うための洗脳教育と虐待を再教育施設で行い始めたことなどが、明らかにされていきました。

再教育施設に収容され、虐待を受けながらも生還したカザフ人のオムル・ベカリさんが自らの体験を証言したことで、日本でもその残虐《ざんぎゃく》さを知る人が徐々に増えてきました。私の周りにも、家族が強制収容されているという悲痛な声を上げる留学生たちがおり、彼らの苦悩と恐怖を私は自分の耳で聞きました。

そこで私は、ウイグル人弾圧の問題をきちんと整理して、一冊の本にまとめておこうと考えました。その前に一度、新疆ウイグル自治区の現状を見てこようと、かつて自治区のなかで最も〝ウイグル的な街〟と言われていたカシュガルを、およそ20年ぶりに訪問したのです。

カシュガルは、前に訪れたときは、中国のなかにあっては完全に〝異国〟のウイグル人の街でした。ですが2019年5月に訪れたときは、その面影はすっかり消え失せて、中国人がつくった〝ウイグル人の街〟というテーマパークのようなものに変わり果てていたのです。このときのルポとウイグル人弾圧の問題については『ウイグル人に何が起きているのか』(PHP新書)にまとめ、2019年6月に上梓しました。

　そのあとは中国に行く暇もなく、香港デモの取材に取り掛かりました。香港デモの気配は２０１９年４月ごろからあったのですが、本格化したのは６月で、それから11月の区議選挙まで恐ろしい勢いでデモは変貌し、香港社会を大きく変えてしまいました。

　香港にはたくさんの香港人の友人がいたので、彼らのことも心配でしたし、香港デモの行方が、台湾総統選挙、そして中国共産党体制の行方も左右するものと考えて目が離せませんでした。

エイティガール寺院（モスク）の前の広場は子どもたちのゴーカート場

　一方、香港に行く機会を増やしたことで、中国本土の方にはなかなか足を延ばせませんでした。
　２０１９年12月から２０２０年１月にかけては台湾総統選を注意深くウォッチしていました。
　民進党の圧勝は予測していましたが、中国がどんな妨害工作、世論工作を仕掛けてくるかに注目していました。結果は予想通り民進党現職候補の蔡英文《さいえいぶん》が圧勝、議会も民進党が過半数を占めました。この民進党の勝利は、香港デモが追い風になったことは疑いありません。そして今後の米台関係が、米中関係、世界の米中へゲモニー争いの行方に大きな影響を与えていくと予感しました。

ですが、この1月の台湾総統選挙が行われていた時点で、中国の武漢では新型コロナウイルスの感染が拡大していました。台湾は早々に中国人の入国に対して警戒を強め、いち早く中国からの渡航を全面的に制限する措置をとったのです。

台湾は4月1日の段階で感染者を339人、死者5人に押さえ込んでいます。台湾の新型コロナ対策は、世界から見ても、素早く、かつ徹底していると評価されるもので、中国をデカップリングすることでリスクを回避できるというお手本だったと思います。

逆に中国経済や対中外交に恋々としていた国や、華人社会との人的交流を防ぎきれなかった国々には、新型コロナウイルスはあっという間に広がりました。

今、世界はパンデミックのさなかにあり、この本が書店に並ぶころは、世界も、日本もパンデミックは続いていることでしょう。習近平の4月の国賓訪問をぎりぎりまで実現させようとしていた日本政府は、新型コロナウイルス拡大阻止のための初期対応を誤ったと思います。

聞けば、習近平の国賓訪問を、感染症を理由に延期や中止すれば、東京五輪の成功もほど遠いという理屈で、政府関係者はその実現にこだわっていたようです。

財界も習近平の国賓訪問の実現を強く求めていたと聞いています。また、中国からも、中国人の渡航禁止制限をしないように求められていたことが、一部メディアで伝えられています。

政治的メンツや経済利益、外交上の忖度《そんたく》ばかりを気にして、国民の安全を守る感覚が薄れていた日本政府は、今、かなり厳しい状況に陥っています。

こうして、私はまたしばらくの間は、中国に取材に行けない状況が続くと思われます。

現地に赴いて聞き込みをしなければ、よくわからないのが中国という国です。メディアを通じて流れる中国の公式情報はフェイクとプロパガンダに毒されていて、それだけでは実情がつかめないからです。

また〝ネット上の噂〟というのも、いろんな人に聞き回って、ようやくその背景や全貌が見えてくるものです。党内の指導者たちの人間関係や対立具合、経済の本当の状況、市民生活は豊かなのか逼迫《ひっぱく》しているのか、そういったものは現地に行くことによって初めて確信したり、理解したりできるものなのです。

中国本土にここ1年行かなかった私には、実のところ今の中国の経済の逼迫度、党内の権力争い、社会の不安定感については、頻繁に中国を訪れていたころと比べるとアンテナの感度がかなり落ちていると思います。

ですが、様々な方面から漏れ伝えられる話を聞く限り、この1年で中国の状況が良くなっているとは到底思えません。

特に新型コロナウイルスによる都市封鎖が行われてからは、市民のSNSで流れてくる阿鼻叫喚《あびきょうかん》の様相と、習近平指示の正能量報道（ポジティブパワー報道：「正能量」とはプラスのエネルギーという中国語）の落差が激しく、フェイクニュースとデマも入り乱れて、非常にわかりにくい状況になっています。

外国メディアも中国本土を自由に取材することができなくなり、また米国の主だったメディアは全面的に中国から追い出されてしまいました。

2020年3月26日に、中国政府は当面の中国の定住ビザの無効化を発表し、新型コロナウイルス予防のために、事実上の〝鎖国〟に入りました。そのため、外国人の目を通じた客観的な中国の様子が発信されにくくなりました。

中国人のSNSなども、3月1日に施行された新たなネット規制により、非常に厳しく監視されているので、慎重になっています。「財新」など一部中国メディアが頑張っていますが、いわゆる現場からの情報は、中国政府によってほぼコントロールされつつあります。

中国当局が発表するように、本当に感染が制圧され、経済回復の兆しが見えているのか、習近平の新型コロナウイルス対応の〝指導〟を中国人民がどう受け止めているのか、ネットでときおり広がる政変の噂や、怪しげなクーデター未遂の噂の背景には何があるのか。本当にわかりにくいのです。

ただ、異様にポジティブな宣伝的正能量報道、権力闘争が活発化しているという噂、食糧不足や食品物価の高騰などの話を聞いていると、今の鎖国的な中国の雰囲気は、まるで１９６０年前後の「大躍進時代」や１９６６年の「文化大革命時代」を彷彿《ほうふつ》とさせる異様さです。

習近平

私は２０１９年６月にワニブックスから刊行した『習近平の敗北』という本で、習近平政権が直面するリスクについて書きました。〝９〟のつく年は〝必乱の年〟と言い、災いが起きるというジンクスが中国社会にはあるので、それにちなんで、「９つのリスク」を挙げました。

このとき、「感染症リスク」を書いておくべきだったと、今は思います。スペイン風邪に匹敵する新型インフルエンザのパンデミック予想は、かねてから中国国内の専門家からも指摘されてきたリスクなのに、私としたことが、そのことを書き忘れてしまったのです。公衆衛生災害を念頭に、「環境汚染・原発事故」という例は挙げたのですが、ここに「感染症リスク」を加えなければなりませんでした。

というのも、こうした公衆衛生災害は往々にして世界を巻き込む厄災になるからです。

しかし、2019年が〝必乱の年〟、という予言は当たりました。香港デモと台湾総統選は「習近平の敗北」のタイトル通りの結果となりました。2019年の〝必乱の年〟の乱とは、「香港の乱」であったと言えるかもしれません。そして2019年12月は新型コロナウイルスが武漢でひそやかに拡大していたわけですから、「ウイルスの乱」とも言えるでしょう。

2019年の乱はこれでは終わりません。

実は中国では、2020年の〝庚子《かのえね》〟の年も戦争や災いが巡ってくる年と言われているのです。60年周期で巡ってくる庚子を遡って見てみると、1960年の大躍進、1900

年の義和団の乱、１８４０年のアヘン戦争……と戦争や災難が起こっています。

２０１９年の必乱の年は、「庚子の災い」に発展する可能性があります。いやすでに新型コロナウイルスのパンデミックという形で発展しています。

この庚子の災いは、私は国際社会のパラダイムシフトを起こす、いわば「第３次世界大戦」に当たるものになるかもしれないと思っています。米国のドナルド・トランプ政権の登場で顕在化した米中新冷戦構造について、私はかねてからこれは「価値観の衝突」であると表現してきましたが、その「米中価値観戦争」が「世界価値観大戦」に発展するのが、この庚子の災いの年からではないか、と思うのです。

習近平が演説の冒頭でよく使うフレーズに「百年に一度の未曾有《みぞう》の変局に世界が直面しており、そのなかで中国が積極的な役割を果たす」というのがあります。これは、この国際社会の価値観戦争で中国が勝ち組となり、米国に代わって国際社会の価値観、秩序を主導するリーダー、ルールメーカーになるという野望を示したものです。

世界の枠組み、国際秩序というのは、常に「世界戦争」を経て、その勝ち負けによって各国のポジションが決められてきたと思うのです。今の米国中心の国際社会の枠組み、西側の普遍的価値観をスタンダードとする国際秩序は、第1次世界大戦、第2世界大戦を経てつくられたものに相違ないでしょう。

米国が戦争に勝ち続け、世界のリーダーとなり、ルールメーカーとして正義の基準を決め、米国式民主主義がスタンダードとなったのです。日本のポジションも、中国の大国化も、米国が仕切る国際秩序のなかで定められてきたのです。

日本は、米国が決めた役割にかなり馴染んでしまったのですが、中国は自国自身に勝ち組意識があり、米国の価値観をそのまま受け入れることはしませんでした。

中国は経済と軍事力のみが大国化する過程で、価値観のうえでは米国の強力なライバルとして台頭してきました。一方でバラク・オバマ政権時代の米国は、国力とリーダーシップに陰りを見せ始めました。

そして、オバマ政権時代に起きた米国の弱体化を挽回《ばんかい》すべくトランプ政権が誕生し、中国との対立を明確にし、次なる国際社会における新たな枠組みのなかでの勝者、ポジションを争う「世界大戦」時代に突入しつつある、ということでしょう。

ただ、これからの新しい戦争は、軍事兵器による単純な戦いでないことは90年代から予測されていました。いわゆる「超限戦」方式です。

軍事も重要ですが非軍事の貿易戦や金融戦、ＳＮＳを使った世論誘導戦、情報戦、メディアのフェイクニュース、サイバーテロ、偶発的事故や事件を利用した陰謀論の流布《るふ》など、あらゆる手段、要素を国家利益のために使う制限なしどころか制限を超越した「戦争」です。宣戦布告もなければ、誰が敵か味方かもわからない混沌のなかで、すべてを自国の利益のためにひとつの方向に誘導する総合的な戦略的思考を必要とされる戦争です。それが「米中新冷戦」という形で始まり、世界を巻き込みつつあります。新型コロナウイルスによるパンデミックはその「世界大戦」に突入した狼煙《のろし》だ、と私は感じました。

建前は「ウイルスと人類の戦い」です。ですが、米中貿易戦争、チベット・ウイグル弾圧からの解放、香港の自由と法治の守護、台湾の国家的地位がかかった価値観戦争の延長にあるという意味では、米中新冷戦構造のなかでの見方が重要です。

この「ウイルスとの戦い」の勝者が、ひとつの正しい価値観を提示する国際社会のリーダーとしての資質があると世界からみなされる可能性があります。ウイルスとの戦いは、先進国であろうが非先進国であろうが、軍事大国であろうがなかろうが、関係ありません。いや、むしろ、人々の暮らしや命を軽く扱い、果断な判断ができてしまうぶん、非情な国ほど有利だったりするのです。

そのため、この新型コロナウイルスと人類の戦いは、「米中貿易戦争、香港デモ、台湾問題で敗北続きだった習近平に起死回生のチャンスを与える」という見方もあります。

ですが、「習近平政権の隠蔽《いんぺい》によってウイルスが拡大した」という点を世界が忘れなければ、国際社会が未だ迷っていた中国デカップリング論を推進する流れを呼ぶことになるかもしれません。

そこで、この先の国際世論の流れを見定め、日本としてどういう戦略的思考を持つべきかを考えるために、2019年に起きた香港デモから2020年初頭の新型コロナウイルス拡大までの「第3次世界大戦」の動きを時系列的に整理してみようと思って書いたのが本書です。

私の個人的な立場は変わりません。米国式民主主義的な普遍的価値観と、中国式全体主義的価値観が衝突する価値観戦争において、日本が選ぶべき未来は「民主主義的な自由と人権と法治を尊ぶ価値観」です。

日本政府がそこを迷わず、中国の全体主義的な価値観の国際社会における台頭を阻止するような国家戦略を練ることを望む世論を形成してほしい、というのが本書に込めた私の願いです。

チベット人やウイグル人が民族弾圧から解放され、香港の民主と自由と法治が守られ、台湾が国際社会で国家として承認されることを応援し、日本は情報の透明性と自由に批判と意見を言える言論環境を維持しながら、日本人としての英知と良識と思いやりを総動員し、この新型コロナウイルスの災いを乗り越えて、その後に続くかもしれない世界恐慌を生き抜いて、この価値観戦争を勝ち残ってほしいと願います。

2020年4月

福島香織

第一章 香港デモの敗北

1 香港「反送中」デモはなぜ起きたのか

2 香港デモから時代革命へ

第二章 台湾総統選に敗北した習近平

第三章 新型コロナが習近平政権にとどめを刺す

3 中国はグラスノスチしかない

第四章　世界は習近平を許さない

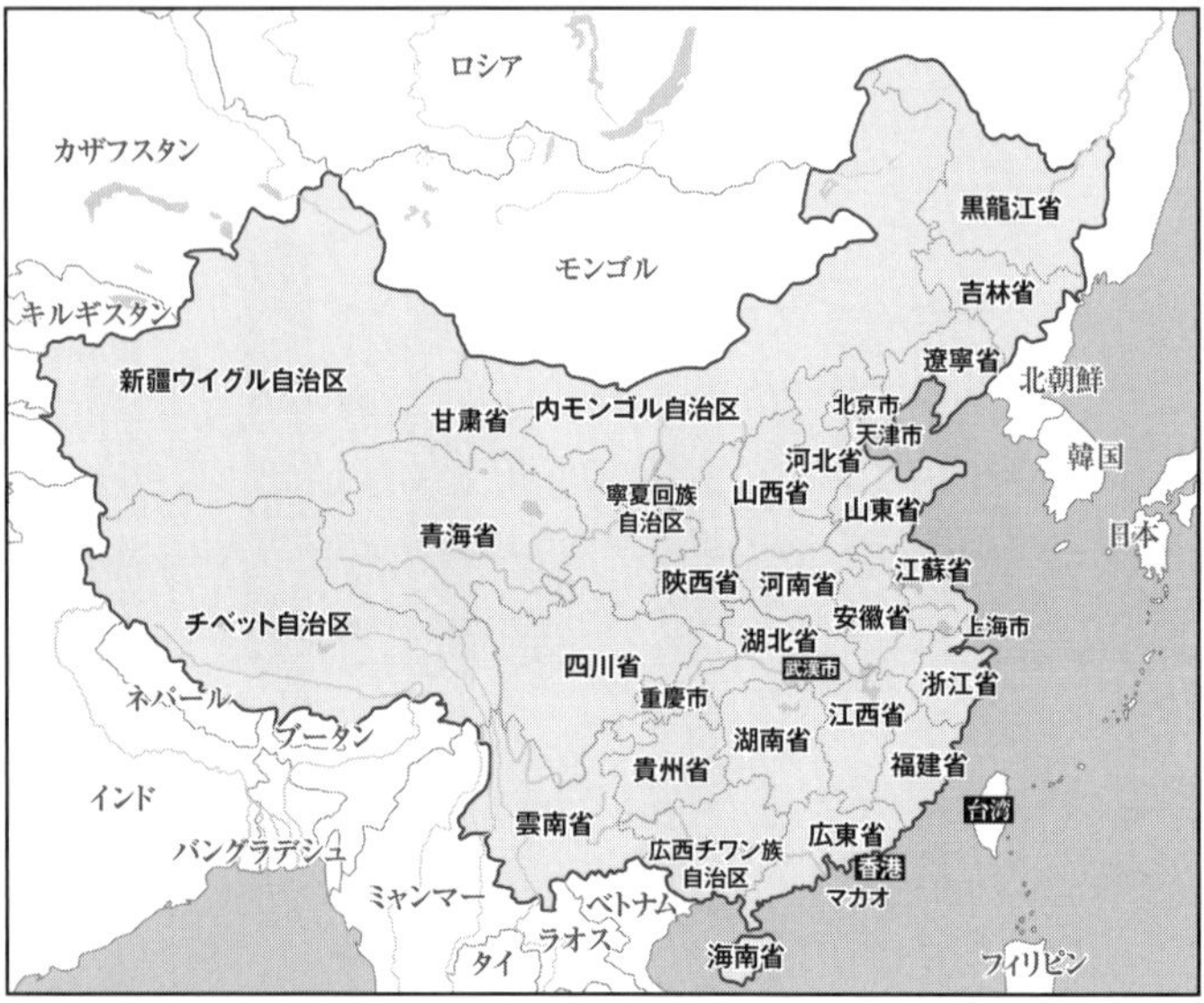

中華人民共和国の行政区分と周辺国

※敬称につきましては、一部省略いたしました。役職は当時のものです。
※写真にクレジットがないものは、著者の撮影とパブリックドメインです。
※香港同人とはウィンタス・タムを中心とするセルフメディアユニットです。写真は主にボノ、木戸、アレックスが撮影したものを提供してもらいました。日本語の堪能なウィンタスとフランキーには、情報提供、取材アレンジなど、多方面で力を貸していただきました。末筆ながら、深く感謝申し上げます。
※Bono LEE CHUN SUM（李晉森） 文中ではボノ、写真クレジットはBono表記にしています。
Alex Chan Tsz Yuk（陳子煜）文中ではアレックス、写真クレジットはAlex表記にしています。
Yip Chui Yu（木戸）文中では木戸、写真クレジットはYip Chui Yu表記にしています。

第一章

香港デモの敗北

香港中文大学デモ©Bono

1　香港「反送中」デモはなぜ起きたのか

【香港と私】

香港は私にとって最初の海外赴任地であり、とても思い入れのある土地です。2001年2月に香港に赴任し、金鐘《アドミラルティ》のパシフィックプレイスというショッピングモールの上にあるオフィスビル内のフジテレビ香港支社の一角に机を置く形で、私の香港勤務は始まりました。

このころの香港は中国語（普通話《ふつうわ》）がほとんど通じず、記者会見、インタビューは広東《かんとん》語《ご》か英語。普通話しか使えない私にはなかなか荷の思い職務でしたが、ほとんどガッツだけで、超絶下手《へた》な英語と日本語や、普通話が堪能な香港人の友人たちの助けを借りながら、なんとか日々の取材をこなしていました。

当時の香港は、中国にハンドオーバーされてから4年目。日本の新聞読者の香港に対する興味はすでに薄れていて、むしろ北京《ぺきん》五輪の誘致が決まって、国際的関心は中国に集中していました。私も香港にいながら、広東省など中国南部の取材に割《さ》く時間の方が多かった気がします。

もちろん、定期的に「香港の一国二制度が危うい」といった類《たぐい》の記事は書いていたのですが、今から思えば、当時の一般的香港人には、中国に飲み込まれることへの危機感はさほどなかったと思います。

香港返還前は、香港が中国の一部になることを恐れて脱出する香港人は多かったと思いますが、返還されてみれば、むしろ中国の経済成長の恩恵を受ける部分も多く、思ったほど香港の自由も損なわれていないということで、少しずつ海外に脱出した香港人も戻って来たころでした。

一方で、当時の上海《しゃんはい》は昇り竜のごとく景気がよく、香港に代わる国際金融都市になるのではないか、という期待もあって、香港の相対的な地盤沈下の兆しが見え始めていたころでもありました。

そのため、香港人も含めて、もはや香港は国際金融都市の役割も、また中国の国際社会に対するショーウインドーの役割も上海に取って代わられるのではないか、と予測するムードがありました。

私は2001年2月に香港に赴任してきましたが、翌年春に同グループのフジテレビが香港支局を撤収するという話が出たとき、本社から「産経新聞香港支局もたたんで、五輪を控えた北京の中国総局に異動して来い」という内示を受けました。「香港は、もうニュースバリューがない」というのが会社上層部の判断だったようです。

今思えば、その判断は間違いであったと思います。ですが、そのときは、産経新聞だけではなく、世界中が、「中国は北京五輪の開催に向けていっそう改革開放が進み、経済の改革開放が進めば、おのずと政治の民主化も進む」と信じて疑わなかったのです。

新聞社が香港に支局を置くのは、香港が国際金融都市であるということで金融ニュースを発信する場所であること、また、フィリピンやベトナムなどに支局を置いていない新聞社にとっては、東南アジア向け航空便が多いハブ空港のある香港が、何をするにもカバーしやすいという意味があったのです。それと何より大きかったのは、中国で再び文化大革命や天安門事件のような政治的大事件が起きれば、香港が取材の最前線になるという意識がありました。

産経新聞は、文化大革命の初期に、その本質が権力闘争であり知識人弾圧であることを見抜いて記事にしました。そのことが原因でおよそ30年の間、中国国内に支局を置くことを許可されませんでした。ですから産経新聞にとっては、永らく香港支局が中国取材の最前線拠点の役割を担っていました。

ですが、北京五輪の開催が決まり、上海の浦東《ほとう》に素晴らしい金融都市が形成されつつあり、中国は念願のWTO（世界貿易機関）にも加盟することになりました。

国際社会が中国の2桁《けた》成長が永遠に続くかのような期待を寄せ始めた2002年当時、誰もが中国はこのまま国際社会の仲間入りをして、政治も民主化の方向に歩んでいくのだと信じて疑いませんでした。つまり、もう政治的原因で中国から記者が締め出されて香港を中国取材の拠点にしなければならないような状況は来ないと判断したのです。

それで、私はわずか1年余りの勤務をもって香港支局をたたんで、2002年4月に北京に異動しました。私にとって最初の海外特派員としての仕事は、産経新聞香港支局最後の支局長ということになりました。

私は香港という街が大変気に入っていました。映画『ブレードランナー』に出てくるようなごった煮で場末の臭いがする下町と、アッパークラスが集う金融都市が、天橋《てんきょう》と呼ばれる空中通路やエスカレーターで結ばれる高低差の激しい街のつくりは、迷路のようであり、いくら歩き回って見ても見飽きることはありませんでした。

一歩外に出れば熱帯のジャングルのような蒸し暑さで、東南アジアや中東の出稼ぎ者が汗水たらして肉体労働をしている。日本であれば機械化している部分も人力で行っていたり、建設現場の足場材料も竹であったり、妙に前時代的なところが残っています。

でも、オフィスは冷蔵庫の中のようにクーラーが効いている。上司は金髪の白人で、仕立てのよいスーツ姿で仕事をして、公用語はイギリス英語。そんなオフィスで働く香港の女の子たちは、恋や仕事に悩むと「打小人」（人形を使った呪いの代行商売で、湾仔《わんし》の鵝頸橋の下で行われている）に行ったりするのです。

そんな地理的にも文化レベル的にも高低差の激しい極端から極端が小さな面積にギュッと凝縮して、変化の予感もある不思議な都市で、私はミッドレベルと呼ばれるそこそこ良い住宅地のペンシルのようなひょろりと上に伸びたマンションの最上階近くに産経新聞社が借り上げていた社宅に住み、タクシーでワンメーターの職場に通っていました。

朝、目が覚めると寝室の大きな窓のすぐ外にトンビが飛んでいるのが見えました。起き上がって窓際に行くと、眼下にはビクトリアハーバーの明かりが夜明けの薄紫の空気のなかで瞬《まばた》いている。そういう景色を見るだけで、大きな仕事ができるような気がして胸がいっぱいになったものです。

なので、後ろ髪をひかれる思いで香港を離れました。そして北京に異動した翌年早々、あの「ＳＡＲＳ」の蔓延《まんえん》騒ぎが起こるわけです。

この原稿を書いているちょうど今、新型コロナウイルスの感染が中国湖北省武漢から発生し、その感染は香港を襲っています。

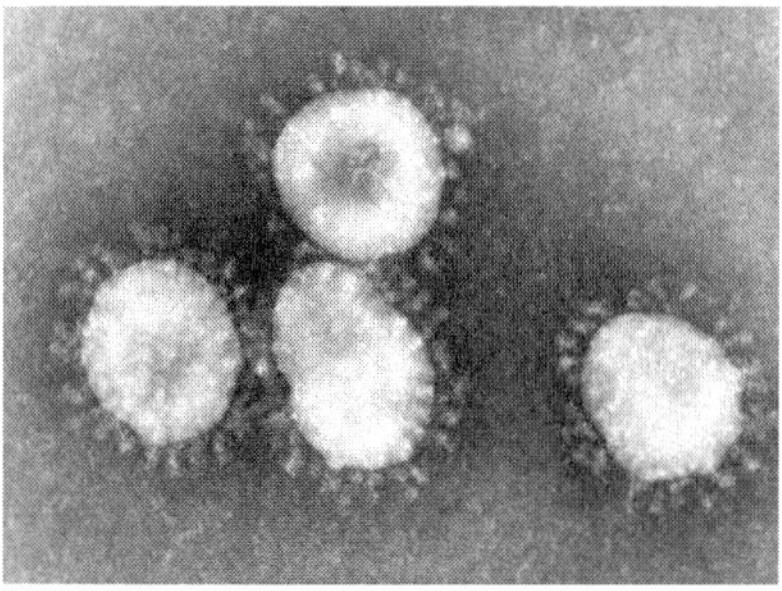
SARS コロナウイルス

香港のように人口が密集し、中国との人的交流量も大きい、小さな街は、中国でいったん感染症が起きればそのウイルスの流入をコントロールすることは困難です。

香港は1月30日から中国からの人の流入を止める措置をとり、事実上の「境界封鎖」に踏み切りましたが、感染者はその後も増え続けています。２０１９年の香港デモから２０２０年の新型コロナウイルスの感染拡大の展開は、２００２年から２００３年にかけて香港に起きた状況を逆送りのフィルムで見ているような感じがします。

ＳＡＲＳは広東で２００２年11月に発生しましたが、中国共産党によって２００３年４月まで隠蔽されてきました。

その結果、香港ではメトロポールホテルやクイーンメアリー病院、アモイ・ガーデンズなどで、いくつもの大規模集団感染が起きました。また、国際ハブ空港でもあった香港から感染が世界に飛び火しました。

香港人はＳＡＲＳの危機で、忘れかけていた中国共産党の隠蔽体質、政治優先、大衆の人命軽視の恐怖を思い出したことでしょう。２００３年のＳＡＲＳの隠蔽がばれたあと、中国共産党はものすごい強権をもって封じ込め作戦を行ったからです。ＳＡＲＳによって香港は一気に反中感情が爆発したのです。

気候の温かくなってきた２００３年５月ごろにはＳＡＲＳの流行も収束してくるのですが、中国共産党は、今度は香港の反中感情・嫌中感情を抑え込もうと、「国家安全条例」という反中思想の香港人を政治犯として逮捕できる法律を強引に当時の董建華《とうけんか》行政長官につくらせようとしました。

これに対し、香港の返還記念日である２００３年７月１日、この国家安全条例制定に反対する51万の香港市民が平和デモ行進を行いました。これは香港が中国に返還されて以降最大規模のデモとなりました。

２００２年暮れから２００３年春にかけて、私は北京のＳＡＲＳ取材の最前線で、白い防護服に身を包み、病院内や隔離施設の回復中の患者の取材なども行いました。

この期間、私自身は感染リスクに晒《さら》されながら、中国の情報隠蔽の恐怖、情報のないなかで、目に見えないウイルスという危機を取材対象とすることのストレスを体感しました。

これはおそらく、銃弾の飛び交う戦場取材と同じくらい、あるいはそれ以上の勇気と危機管理力が求められる取材かもしれません。戦場取材ならばミスは自分の命で贖《あがな》うことになりますが、感染症取材ではミスをすれば、人の命まで奪うかもしれません。自分が社会の脅威となりうるからです。

今の私には、もう、他の仕事を抱えながら武漢に飛んで、最前線の現場取材をする自信がありません。こういう取材は組織メディアのバックアップがあって初めて可能なのだと思います。

ですがＳＡＲＳの経験などを踏まえると、外から見ているだけでも、武漢で起きている感染症の危うさ、現場の混乱、香港に迫っているリスクの高さと香港人を襲うパニックを想像できるのです。

２００２年から２００３年に起きた状況と２０１９年から２０２０年に起きた状況は、感染症と法律制定への反対デモが起きた順番は逆になりますが、その中身は、香港の中国共産党への抵抗感、嫌悪感の根源が中国共産党政治文化ともいえる情報隠蔽、政治的メンツ優先で庶民の人命軽視、そして法治を巡る問題なのだなと今更ながら気づかされるのです。

２００３年に香港を襲ったＳＡＲＳの危機で目覚めた香港人の中国共産党への不信は、その後の「国家安全条例」に抵抗する51万人デモで一気に爆発しました。

国家安全条例とは、香港基本法（香港にとっての憲法）23条でいずれ制定すべきであると決められている政権転覆、国家分裂などの犯罪を取り締まる法律です。この法律は、２０１９年に勃発した香港デモの切っ掛けとなった「逃亡犯条例改正」どころではなく、香港の司法の独立を完全に否定し、香港の核心的価値である法治を否定するものでした。香港市民たちはこの法律を阻止すべく立ち上がったのです。

この51万人デモは、時の胡錦涛《こきんとう》政権を脅えさせました。このとき中国共産党は、香港人のデモの要求に従って「国家安全条例」を棚上げにしたのでした。習近平政権と違って胡錦涛政権は慎重でした。

国際金融都市・香港で大規模デモが続けば、胡錦涛政権がひっくり返ることもありうる、そのような危機感をもって胡錦涛政権がデモに対応したことを、当時、共産党官僚筋から解説されました。

胡錦涛政権にとって敵は香港市民ではなく、江沢民《こうたくみん》院政でした。江沢民の懐刀《ふところがたな》で謀略にたけた当時の国家副主席、曾慶紅《そうけいこう》が胡錦涛から政治の実権を奪うのではないかと恐れていました。

香港はその曾慶紅の仕切るインテリジェンスが暗躍している地域でもありましたから、胡錦涛も慎重にならざるをえなかったのです。また、胡錦涛は香港市民が欲している民主主義の証《あかし》でもある行政長官の普通選挙についても、２００７年以降に検討するという姿勢を見せました。これはもちろん、香港人を騙すフェイクの姿勢であったと思いますが、少なくとも、香港人の怒りはここでいったんは収まったのです。

胡錦涛

頭のいい胡錦涛政権はその後、国家安全条例については言及しなくなり、その代わり「中国と香港間の経済緊密化協定（ＣＥＰＡ）」を結び、香港と中国の経済一体化を進めます。これにより香港経済は中国の経済成長の恩恵に最も浴することとなりました。

香港の世論は一気に中国寄りになり、香港人はあれほど嫌悪していた普通話を、ビジネスのためと割り切って積極的に使うようになりました。

2004年の立法会選挙は親中派が過半数を取り、民主派の衰退がはっきりし、2008年の立法会選挙で民主派はかろうじて3分の1の議席を守りましたが、「民主派は時代遅れ」と香港世論は思うようになっていました。

経済を取り込まれると、香港のメディアも中国系スポンサーの顔色をうかがうようになり、中国批判をしなくなっていきました。私の記憶では、このころの香港人のアイデンティティは「香港人であり、中国人である」という意識が多数派であったと思います。

2008年3月にチベットのラサでチベット人の抵抗と弾圧事件が起き、フランスや米国など西側諸国の人権団体は、「中国・北京に五輪ホストの資格があるのか!?」と批判していました。このため、聖火リレーは世界各地で、人権団体からの抗議を受け、それに対抗する中国人留学生との衝突事件も起きていました。

ですが、5月に中国領土内の最初の地として香港で聖火リレーが行われたときは、さしたる妨害もなく、会場は五星紅旗と香港旗で真っ赤に染まり、おおいに盛り上がりました。

この光景に、「香港は、もはや中国の一部になった」と世界の人たちが感じたと思います。

香港人の中華アイデンティティ、つまり中国を中心とする中華民族の一員であるという意識は、おそらく２０１０年に中国が日本を抜いて世界第２位の経済大国になったあたりがピークであったと思います。

このころ、香港に行くと、中国人が上客として尖沙咀《せんさそ》（チムサーチョイ）や銅鑼湾《トンローワン》の高級ショッピングモールを闊歩《かっぽ》していました。私は、ペニンシュラホテルのショッピングモールにある高級ブランドのゴヤールの店で、中国人男性が棚を指さして「全部くれ」と言うのを見たことがあります。香港人の店員は流暢《りゅうちょう》な普通話を使い、とてもへりくだった様子で中国人客に応対していました。

２０１２年ごろの香港人の中華意識は、中国人に代わって尖閣《せんかく》諸島に上陸するまでになっていました。香港保釣行動委員会（魚釣島《うおつりじま》＝尖閣諸島を中国の領土として防衛するための民間団体）は、中国と台湾の旗を香港旗とともに掲げて尖閣諸島に上陸、沖縄県警に不法上陸で現行犯逮捕され強制送還されました。

ちなみにこうした香港の活動家には民主派の活動家も含まれていました。

つまり民主派人士を含めて、香港人は中国、台湾とともに中華民族の一員だという意識があり、中国人が自由に表現できないぶん、表現の自由を有する香港人が中華民族の一員として魚釣島の領有を主張するのだという趣旨の説明を、当時保釣行動委員会の顧問で、香港人の尖閣上陸活動に資金援助している実業家、劉熊夢から聞いたことがあります。

もっとも、劉熊夢のこういった主張は、2014年の普通選挙を求める香港の若者たちによる公道占拠運動・雨傘運動以降、大きく変わります。雨傘運動以降、彼は尖閣上陸活動の支持をやめて、中国への抵抗感と日本への親近感を強調するようになっていました。

胡錦涛政権の「黙って経済的に香港を飲み込む」方法は、確実に香港を内側から浸食し、脅しも何も必要なく、自然に香港は中国に同化していくと思われていました。

ですがこうした経済を通じて同化させていく胡錦涛政権のやり方があまり効かない人たちがいました。経済活動にまだ参与していない無垢《むく》な90年代生まれの10代の学生たちです。

胡錦涛政権末期、政権は最後の仕上げとばかりに、香港で愛国国民教育の義務教育化を2012年9月までに実現し、3年後に全面導入を実現しようとします。これに香港のティーンエイジャーたちが猛烈に抵抗しました。

この国民教育科の授業には「中国共産党が進歩的で無私で団結している」だとか、「中国共産党がいかに苦難の近現代史を乗り越えてきたのか」とか、「米国は政党間の争いが激しくて人民が苦しんでいる」といった、明らかな嘘の内容が盛り込まれているのですが、頭のいい香港の学生たちはこれを「洗脳教育だ」と喝破《かっぱ》しました。

２０１１年５月、国民教育の義務化に抵抗する組織として「学民思潮　反道徳国民教育科聯盟」が黄之鋒《こうしほう》（ジョシュア・ウォン）、林朗彦らによって結成され、２０１２年３月以降、デモ、ハンガーストライキ、公共広場の占拠などを通じて、この国民教育科導入の３年延長を訴える運動を展開しました。

ティーンエイジャーたちのこうした〝政治運動〟によって、やがて保護者、教師たちも国民教育のおかしさに気づき、この運動は大きく広がっていきます。２０１２年８月30日から香港政府庁舎前を黒いTシャツを着た市民たちが連日集まり、抗議集会を行い、９月７日夜には12万人（主催者発表、警察発表は３万人）が集まるまでになりました。

結局、この抗議運動によって香港政府は翌８日に「国民教育の義務化」を見送り、導入するかどうかは学校ごとの判断に任せるとしたのです。

黄之鋒はじめ、この学民思潮世代の若者たちが２０１４年の〝雨傘運動〟、そして２０１９年の〝反送中デモ（中国に人を送ることに反対するデモ）〟のコア層になるのです。

自由にインターネットを使い、英語ができ、視野が世界に向いている香港のティーンエイジャーたちは、国民教育科で教えられるような「米国の二大政党間の争いで米国人が苦しんでいる」とか、「中国共産党が無私の素晴らしい執政党（支配政党）だ」とかの洗脳教育に騙されるほどの〝情弱（情報弱者）〟でもないが、かといって嘘だとわかっていてもビジネスのためなら信じたふりができるほど大人でもない、ということでしょうか。

ですが、こうしたティーンエイジャーたちの行動は、２００４年以降、チャイナマネーに浮かれていた大人たちが冷静さを取り戻す切っ掛けになりました。

大人たちが、はたと冷静になって考えてみると、香港の一国二制度は風前の灯《ともしび》状態でした。一番大きな問題は、香港メディアが中国の宣伝機関化していたことです。

２０１０年から２０１１年にかけて香港の二大テレビ局であるＡＴＶとＴＶＢへのチャイナマネーの浸透が進み、両局はＣＣＴＶ（中国中央テレビ）化していました。

２０１１年3月、サウス・チャイナ・モーニングポストの良心的総編集長の蔡翔祁が中国関連報道に対する姿勢を巡って親中派オーナーの郭鶴年《ロバート・クオック》と対立して辞職しました。私にとって、一番ショックだったのは李旺陽《リー・ワンヤン》事件でした。

天安門事件当時の農民運動家、李旺陽が22年に及ぶ禁固刑の刑期を終えて出所した直後の２０１２年5月22日、香港メディアの取材を受け、獄中で受けた凄惨《せいさん》な拷問《ごうもん》体験を語り、その報道が6月2日に香港有線テレビで放送されました。

その直後の6月6日に、李旺陽は入院先の病院内で不自然な〝自殺〟を遂げます。香港メディア関係者は、これを中国共産党の〝脅迫〟と受け取りました。つまり「中国に都合の悪い人物に取材したり、中国に批判的な内容を報道すれば死者が出る」ということなのだと。

記者というのは、自分自身の命の危険に対しては、果敢に抵抗できる人もいるのですが、自分の取材した相手が殺されることにはなかなか耐えられるものではありません。李旺陽事件は、そういう意味でも、「最も凶悪な脅し方」でした。

ＴＶＢを批判するポプテピピック
（日本の人気キャラクター）©Yip Chui Yu

李旺陽の不審死について、香港メディアはほとんど沈黙してしまい、香港人の多くが、「香港メディアはすでに死んでいる」ことを思い知らされたのでした。

こうして香港人たちが危機感に目覚め始めたその矢先、胡錦濤政権から習近平政権に権力が禅譲されます。この習近平政権は、胡錦濤政権ほど慎重ではなく、実にあからさまに、直接的に「香港の中国化」を恐ろしいスピードで、強引に進めようとするのでした。

天安門事件 ©AP/アフロ

そのひとつが、胡錦涛政権が香港人を従順にさせるために鼻先にぶら下げていた「２０１７年の行政長官選挙で普通選挙が導入されるかもしれない」という期待を完全に潰したことでした。

２０１４年8月31日に中国の全人代（全国人民代表大会）は一人一票の普通選挙を導入するにあたり、「行政長官候補は指名委員会の過半数の支持が必要であり、候補は2、３人に限定する」と決定しました。つまり、中国共産党のいいなりである候補者を先に指名委員会が選び、それを香港有権者が投票するということで、結局、中国共産党の傀儡《かいらい》以外の行政長官を選べない仕組みを〝普通選挙〟と名付けて、香港人を納得させようとしたのでした。

この中国のやり方に納得のいかない若者たちが、俗にいう２０１４年の〝雨傘運動〟を起こすわけです。

9月26日から学生たちは授業をボイコットし、街に抗議デモに出るようになりました。デモは次第に拡大し、やがて２０１１年に学民思潮が行い成功した政府庁舎前広場の座り込み占拠の再現という形に発展していきました。

そして同月27日未明、香港警察は若者たちに向かって催涙弾を撃ち込み強制排除に乗り出します。80発以上の催涙弾を受けながら、若者たちが色とりどりの雨傘でよけながら抵抗する姿が全世界に発信されました。

これに追随する形で、香港大学法律学部の副教授だった戴耀廷《たいようてい》（ベニー・タイ）、社会学部教授だった陳健民、牧師の朱耀明らが、翌28日に「オキュパイセントラル」、つまり「金融街占拠」を呼び掛けます。79日に及ぶ香港各地での公道占拠による抵抗運動・雨傘運動（雨傘革命）が始まったのです。

雨傘運動の展開については拙著『SEALDsと東アジア若者デモってなんだ！』（イースト・プレス）にまとめてあるので、ここでは詳細は述べません。

私はテレビで、香港の若者たちが雨風を避けるためのか弱い雨傘で、フル装備の警官隊から打ち放たれる催涙ガスに抵抗している様子を見て、いてもたってもいられなくなり、9月30日には香港入りしていました。あの夜に見た、何十万ものスマートフォンの光のウェーブや、若者たちと一緒にアスファルトの上に寝ころびながら見た月の美しさを今も思い出すことがあります。

この雨傘運動の取材過程で出会ったウインタス・タムらセルフメディアの若者たちとは、

2014年の雨傘運動

その後もずっと交流を温め合い、2019年の「反送中デモ」取材でもタッグを組みました。その話はあとで改めて紹介しましょう。

結果から言えば、この運動は「普通選挙の実施」という目的を達成できず、いたずらに長期化したことで香港社会の疲弊《ひへい》を生み、求心力を保てずに収束する形になりました。多くの人たちが運動は挫折したととらえています。

ですがこのときに目覚めた香港市民の中国共産党への警戒感、反感、嫌悪感は、その後も彼らの心のなかにずっとくすぶり続けることになりました。そして、それはいつ弾《はじ》けてもおかしくないくらいに大きくなっていったのです。

2001年から続くこうした私の香港に対する思い入れから、ひょっとすると香港情勢をウォッチしたり分析したりするうえで、希望的観測に頼りすぎたり、香港の若者に肩入れしすぎたりするきらいがあるかもしれません。

そういう私の立ち位置をまず理解していただいたうえで、2019年に予想を上回るスピードで展開していった反送中デモを振り返っていきたいと思います。

【世界を驚かした100万人平和デモ】

2019年6月9日、香港で「逃亡犯条例」（犯罪人引渡条例）改正に反対する大規模デモが起きます。これは世界中のメディアがトップで報じました。主催者発表103万人（警察発表24万人）というデモの規模は、1997年に香港が中国にハンドオーバーされて以来、最大規模です。

香港人口を約748万人とすると、およそ7人に1人がデモに参加したということになります。これは香港基本法（香港ミニ憲法）23条に基づいて国家安全条例（治安維持条例：中国に対する国家分裂活動や政権転覆扇動なども取り締まることができる法律）が議会に提出されようとした2003年に発生した51万人デモのおよそ2倍の規模でした。

このデモは、香港で捕まえた犯罪人を中国に引き渡すことができるようにする現行の逃亡犯条例改正を阻止することが目的でした。

香港では「反送中」（中国に人を送ることに反対する）行動と呼ばれていました。この条例改正案が成立すれば、「デモ首謀者や民主活動家までが国家分裂や政権転覆扇動容疑者として中国に引き渡されかねない。だから今年が香港での大規模デモができる最後の年になるかもしれない」。そういう強い懸念が、7人に1人の市民を9日のデモへと足を運ばせたのでした。私の香港人の若い友人たちも、悲愴な思いで、9日のデモに参加しており、そのときの写真や映像などをフェイスブックのメッセージで送ってきていました。

デモの呼び掛け人は、2003年7月1日の51万人デモを成功させて以来、毎年7月1日の平和デモを呼び掛けている香港

103万人デモ

民間人権陣線（民陣線）で、ここには香港のほとんどすべての民主派・人権組織のおよそ48組織が属しています。今の代表呼び掛け人は岑子杰《ジミー・シャム》という雨傘運動でも中心的に参加した人物です。

民陣線は、毎年数十万人単位規模のデモを組織する平和デモ運営のプロとも言われる組織ですが、100万人超えのデモを、秩序を保ったまま成功させることができるのは世界広しといえども香港人ぐらいかもしれません。

このときのデモを、上空からドローンで撮影された映像を見ると、「雨傘運動」の象徴である黄色の傘をさして参加する人たちの姿がかなりありました。このデモは、雨傘運動の挫折以降、膨らんでいた香港市民の中国への不信感を5年ぶりに吐き出す切っ掛けになったのでした。

ここで、「逃亡犯条例」とは何か、ということを説明しましょう。

この条例は英国統治時代の1992年に制定されました。いわゆる犯罪人引渡協定のことで、香港で捕まえられた容疑者が外国で罪を犯していた場合、その外国と協定が結ばれていれば、必要な手続きを経て引き渡すことができるというものです。

あるいは、外国での犯罪容疑者が香港に逃げ込んだ場合、犯罪を犯した国とこの条例に基づく協定を結んでいれば、その国の要請に従って容疑者を逮捕し、やはり必要な手続きを経て引き渡すことができます。犯罪容疑者が香港から外国に逃げた場合も同様に引渡しができる相互条約です。

岑子杰

この条例に基づく犯罪人引渡協定は、司法制度、刑罰の制度、人権が十分守られる政府とのみ犯罪人引渡しのできる関係を結ぶ、ということが前提条件になっていました。ですから「香港以外の中国その他の地方にはこの条例を適用しない」という適用除外条項が付いていました。

英国が香港を中国に引き渡す5年前の1992年にこの法律を制定させたのは、英国が中国を信用しておらず、容疑者引渡制度を悪用させないためにこの適用除外条項を付け加えたのだとみられています。

この条項は、香港が中国本土と異なる司法の独立を有することを裏付けるものでもありました。この条項があることが、香港の法治が一国二制度によって守られている証でした。ですから、この条項を削除することは、香港の司法の独立性が決定的に崩れ、香港の法治が失われることと同等だと民主派人士たちは考えて抵抗したのです。

実際のところは、香港返還以降、香港警察は中国公安警察と互いに連絡を取ったうえで「国外追放」という形で容疑者引渡しを行っていました。香港から深圳《しんせん》に逃げてきた容疑者は中国公安警察が捕まえて、深圳から香港に〝追放〟し、香港警察がそこで逮捕。そして香港警察も中国の求めに応じて、容疑者を深圳に追放するというやり方で身柄引渡しを行うケースはありました。

2015年10月に中国に批判的な書籍を出版、販売していた香港の銅鑼湾書店関係者5

人が失踪するという事件がありました。

２０１７年の春節直前には、中国で幅広く金融・保険関連投資を行っている大富豪・蕭《しょう》建華《けんか》が香港の高級ホテル・フォーシーズンズホテルから失踪するという事件がありました。

実はこれは中国公安による〝拉致《らち》〟でした。銅鑼湾書店関係者も蕭建華も中国公安に拘束されていたのです。つまり、そんな条例改正が行われなくても、中国公安警察は香港域内で勝手に捕まえたい人間を秘密裏に逮捕している状況がありました。

香港の司法の独立など、とっくに崩れていた現状でしたが、〝建前〟まで崩してしまえば、もはや中国の無法、横暴、人権無視を批判する根拠すらなくなってしまいます。だから「この条例によって、中国共産党が国内でやっているような政治犯・思想犯逮捕を香港でも行えるようになるかもしれない」と民主派の立法会議員たちは抵抗したのでした。

また、香港は米国、英国など約20カ国との犯罪人引渡協定に調印していましたが、そうした国々に何の説明もなく、条例提供範囲を中国にまで広げてしまうことは、国際社会にとっても大問題だという話になりました。

西側諸国に言わせれば、この条例に基づいて香港と犯罪人引渡協定に調印しているのは、同じ民主主義の司法制度の政府同士だという前提があるからです。香港とは犯罪人引渡しを認めても、中国とは認めていない国も多いのです。

香港と中国の間に逃亡犯条例が成立すれば、香港を経由して自動的に中国に容疑者を引き渡してしまうことになるではないか、という不信が生まれます。西側の自由社会にしてみれば、中国のような、法治国家でないところに容疑者を引き渡すわけにはいきません。

ちなみに中国と犯罪人引渡協定を結んでいる国も約40カ国がありますが、多くが中東や中央アジア、東南アジア、アフリカなどで、民主主義の法治の先進国家はほとんど含まれていません。こうした協定に基づき中国に引き渡されている〝犯罪容疑者〟には、ウイグル人留学生や民主活動家らも含まれていたりします。

香港の立法会に逃亡犯条例改正案が提案された切っ掛けは、台湾で起きた「陳同佳事件《ちんどうけい》」です。

2018年2月、香港人男子学生の陳同佳が、恋人の潘暁穎《はんぎょうえい》を旅行先の台湾のホテルで殺害し、翌日、遺体を台北MTRの竹園駅近くの公園の草むらに遺棄し、香港に逃げ帰った事件です。潘は妊娠しており、その子供の父親が誰かという痴話喧嘩《ちわげんか》から、このような残虐な事件が起きたと言われています。

事件は台北で発生し、被害者の遺体も台北にありますから、台北の司法機関が立件しなくてはなりません。また香港の刑法では、児童買春以外の犯罪では、香港外で起きた殺人については香港内で立件することができません。

台湾も香港も独立した法治システムを持っていますが、中国の特別行政区としての香港の立場としては、台湾は中国の一部とみなしています。なので、香港と台湾の間には犯罪者引渡協定が成立しておらず、台湾警察は陳同佳を国際指名手配しても、香港としては容疑者を引き渡すことができませんでした。

台湾警察は取り調べができないので、起訴できないままでした。香港警察は陳同佳をマネーロンダリングなどの別件で起訴し、香港司法は2019年4月に懲役29カ月の判決を下していました。陳同佳は控訴しませんでした。なぜなら判決前の収監期間を入れれば2019年10月には出所し、自由の身になるからでした。殺人を犯していることは明白なのに、殺人犯として裁かれないということになります。

台湾はこの事件に関しては特例として、香港に時限的に条例改正して陳同佳を引き渡すように再三求めたのですが、香港としては立場上、時限的とはいえ〝中国の一部〟である台湾とだけ条例を結ぶことは難しかったのです。

そこで2019年になってから、条例改正案では、台湾だけでなくマカオ、そして中国本土とも容疑者引渡しを認める内容に改正しようと言い出したのでした。香港保安局は3月26日に改正案を香港立法会に提出しましたが、民主派議員たちは前述した理由で、これに真っ向から反対を唱えました。

改正条例案では、引渡請求を受け、香港の裁判所で審理を行うが、最終決定権は香港特別政府行政長官が握る、としています。香港当局は、人権と裁判審理プロセスの公正さは担保されるし、引き渡された場合に容疑者が死刑執行される場合や容疑者が政治犯の場合は引き渡さない。また、上訴や審理差し戻し請求の権利なども維持されており、人権に関わる大きな問題はないし、経済犯罪についても重大犯罪のみに限定するとしました。

ですが、現状、香港の司法制度の独立性が目に見えて中国当局に侵されてきているわけで、香港市民はこうした香港政府の説明に納得しませんでした。反対派は、行政長官自体が親中派で固められている選挙委員会による選出であり、中国の意向に逆らえない立場であることから、条例案のなかにいくら政治犯の引渡しを認めないという内容があっても、他の冤罪《えんざい》などをでっちあげて引き渡すことは十分にありうると考えていたのでした。

反対派は3月31日にこの改正案反対の最初のデモを起こします。このときのデモ参加者は主催者発表で1万3０００人（警察発表は5２００人）でした。

香港の立法は「三読制」と言われ、立法会議本会議で三度の審議を経て可決されます。第一読会は4月3日に行われました。香港政府は陳同佳が出所する前の夏の成立を日指していましたが、議論が進むにつれて、反対運動もどんどん広がっていきました。

この改正案への抵抗感は、実は香港の民主派議員や人権、宗教組織関係者、共産党批判の香港市民といった特定のイデオロギーを持った人たちに限ったものではありませんでした。親中派のビジネス界金融界やメディア界にも共有されていきました。

というのも香港というのは国際金融市場を利用して本土から不正に持ち込まれた政治家・官僚たちの資産をロンダリングして海外に移転する手助けをしてきた「一大マネーロンダリング市場」でもあったからです。

香港の金融界、財界の少なからぬ有名人たちは「ホワイト・グローブ（白手袋）」と呼ばれ、汚れた手を〝白手袋〟で隠すように、違法な資金洗浄を合法的に見える手法でやって、その見返りとして中国の官僚や政治家からキックバック、あるいは中国大陸市場での優遇や、チャンス、インサイダー情報などを得ることもありました。

もし逃亡犯条例が改正されれば、中国国内の権力闘争のたびに、大量の香港の金融・財界人が逮捕され中国に引き渡されて取調べを受ける、なんてこともありうるわけです。

また、香港はこれまで中国国内で権力闘争がらみで反腐敗キャンペーンのターゲットになった官僚、政治家の一時避難所でもありました。自分の身辺に汚職捜査の手が伸びそうだと思ったら、香港に脱出し、権力闘争の旗色を見ながら米国に亡命するか、ほとぼりが冷めたころに中国に戻るかを決める、なんてことは普通にありました。

胡錦涛前国家主席の側近の官僚政治家・令計画《れいけいかく》（失脚済）の家族が絡む山西省の大汚職事件で、山西省の官僚が芋づる式に汚職で捕まっていたころ、香港・セントラルのフォーシーズンズホテルの上層階は公用語が山西語と言われるほど、逃げてきた山西省官僚でいっぱいでした。中国政府駐香港連絡弁公室（香港中聯弁：香港における中国中央政府の出先機関）によれば、1997年の香港返還後、本土から香港に260人以上の（汚職）容疑者が逃亡し、潜んでいるそうです。条例が改正されれば、彼らの引渡しが一斉に始まるかもしれません。

こうした動きのなかで、金銭的に余裕がある人たちは、台湾や米国、カナダ、オーストラリアに脱出し始めました。

銅鑼湾書店事件で中国公安に秘密逮捕され、長期に取調べを受けたのち、自主的に中国に戻ることを条件に一時的に香港に戻ることを許されたのですが、中国に帰らず香港で記者会見して秘密逮捕の内幕を暴露した銅鑼湾書店主の林栄基は、私もよく知っている人物です。その林栄基も、4月の条例改正案の第一読会が始まった時点で、切実に身の危険を感じたのでしょう、4月末には台湾に脱出しました。

こうして4月の第一読会の後、この条例への危機感は民主派だけでなく、ビジネスマンや金融マン、親中派、そしてひそかに中国本土の官僚たちも恐れ始めました。

4月28日に2回目の反対派のデモが行われましたが、このときの参加者は主催者発表で13万人に膨らみました。本土官僚とパイプの深い親中派、建制派（体制派）の立法会議員たちは、中国に表向き忠誠を誓っており、中国政府の代弁者でもある林鄭月娥《りんていげつが》（キャリー・ラム）行政長官の意向に逆らうことはできませんが、こうした反対派を説得するために委員会を設置して、入念に議論するという建前で、第二読会（2回目の審議）を6月13日にまで引き延ばすことに加担していました。

そして6月13日の第2回目審議直前の週末の9日、これを阻止しようと3回目の反対デモが呼び掛けられ、予想を上回る103万人規模の市民が集まったのでした。これは条例改正反対が香港人の総意であるということを示す結果でした。

無期懲役の令計画 © ロイター／アフロ

2　香港デモから時代革命へ

【平和デモ派と勇武派】

2019年6月9日の103万人デモは、香港警察の集会許可を得て行われた合法デモでしたが、夜になってデモが解散したあとも残っていた一部デモ隊と香港警察は流血沙汰《ざた》の衝突を起こし、警察官がデモ隊参加者を警棒で叩いたり、ペッパースプレーを吹きかけたりして鎮圧している様子がネットのSNS上に流れました。

市民にも警官側にも怪我《けが》人が出て、香港中文大学学生4人が警察に身柄拘束されました。こういう警察との衝突を恐れない実力行使派の若者は〝勇武派〟と呼ばれていました。

雨傘運動のころは、「平和、非暴力、理性」といった平和的方法で戦ってこそ、香港市民と国際社会からの支持が得られて、デモの正当性が担保されるのだと主張する平和デモ派と、平和デモだけでは強大な権力を持つ中国や香港政府から譲歩を引き出せないので、ある程度の暴力闘争も認めるべきだという〝勇武派〟の若者たちがデモの現場で揉めているのをしばしば見かけました。

平和デモを繰り返すだけでは、香港政府や中国政府は動かない、だが破壊行為、暴力を使えば、平和を愛する市民たちや国際社会はデモ隊を批判するかもしれない。この両者の対立が、雨傘運動の内部分裂を生み、運動の勢いを削《そ》ぐことになり、結果的に雨傘運動の挫折となった、と論評する声もあります。

また、勇武派たちの間では、平和デモを繰り返すだけの運動が無為に長引いたことで市民が運動に疲弊していったのが、雨傘運動の挫折の要因だと言う人もいます。

６月９日の終始秩序が保たれ、整然とした１００万人規模の平和デモは、確かに国際社会をおおいに感動させましたが、香港政府はなんら譲歩の姿勢を示しませんでした。それどころか林鄭月娥は、「香港の母親として子供（香港市民）のわがままを許さない」と頓珍漢《とんちんかん》なコメントを出して、条例改正を６月中にも実現する意志を見せました。

林鄭月娥

そこで平和デモだけでは、強い権力を動かすことができないと主張する勇武派と呼ばれる若者たちがＳＮＳで連絡を取り合って、「立法会を包囲し、実力で立法会が開催されないようにしよう」と呼び掛けました。

この呼び掛けに、6月11日深夜から、立法会周辺に数千人の市民が集まりました。彼らは黒いシャツを着て、ヘルメットやゴーグル、マスクをつけて道路上にバリケードをつくったりして、警察の暴力に抵抗する覚悟を見せました。

香港政府はこれに対し5000人の警官隊を投入。両者が睨み合った末に、警察側は催涙弾240発、ビーンバック弾・ゴム弾20発を予告なしに打ち込み、若者たちを強制排除しようとしました。

この闘争で、負傷者は双方合わせて80人以上にのぼりましたが、抵抗する市民の数は警察・機動隊を上回りました。そして、香港の学校、企業、商店、工場、一部交通機関職員のストライキとも連動し、雨傘運動レベルの長期・大規模抵抗運動になりそうなムードになり、香港政府は、結局、13日の第二読会を延期せざるをえなくなったのでした。

ですがこのとき、林鄭月娥は、デモ隊を警察武力で強制排除しようとした言い訳として「組織的暴動の発動」と呼び、彼らに〝暴徒〟のレッテルを張り、5人を暴動罪で逮捕していました。

この香港政府の横暴を見て、国際世論は完全にデモ隊側の味方になりました。中国の強い支持を受けた林鄭月娥の命《めい》を受けて、香港警察が無抵抗の市民に催涙弾やゴム弾を撃ち込む無慈悲な姿は、これが中国の内政問題などではなく、深刻な人権問題であると国際社会に気づかせたのです。

特に中国の人権問題を米中新冷戦の対立のなかで重要な切り札として使おうとしている米国は香港問題に肩入れをし始めました。

米国議会で、超党派議員たちは2019年6月13日、「香港人権・民主主義法案」を提出しました。この法律は同年11月27日に成立しました。この法律に基づき、米議会は、米国政府に香港の一国二制度を前提とした高度の自治が守られているどうかを毎年検証することを求めることができます。

そして、高度の自治が失われたと判断されれば、香港の一国二制度を阻害した官僚・政治家、企業家らの米国入国を禁止したり、その資産を凍結したりすることができます。

また、従来の香港政策で決められていた関税やビザの優遇措置取り消しなどを含む制裁措置をとることなども内容に含まれています。

ですが、香港政府はあえて犯罪人引渡協定の「撤回」は宣言しませんでした。撤回宣言は、デモに対する敗北を意味し、これは習近平も認めなかったからです。

　結果から言えば、これは判断ミスでした。「撤回」宣言しなかったので、デモ参加者たちは、まだ勝利していないと感じました。6月12日の衝突はあまりに激しく、負傷者も出ました。右目を失明しかけた女子中学校教師や、一時意識不明に陥ったメディア関係者もいました。

　15日夜には、12日のデモに参加したのち、林鄭月娥の態度が軟化しないことに絶望した35歳の男性がパシフィックプレイスの外壁の改修工事の足場の上から、「我々は暴徒ではない」「学生、負傷者を釈放せよ」といった標語を掲げたのち、飛び降り自殺をしました。この男性、梁凌杰《りょうりんけつ》は「反送中香港デモ」の最初の犠牲者と強く人々の記憶に残ることになりました。

　〝暴徒〟とレッテルを張られ、仲間を逮捕され、多くの負傷者を出し、犠牲者まで出したデモサイドとしては、ここで香港政府の多少の譲歩に納得するわけにはいきませんでした。

　6月16日の週末、再び大規模デモが呼び掛けられました。このときのデモは200万人

亡くなった梁氏を弔う ©Yip Chui Yu

を超えるものでした。これはのちに「２００万人＋１人」デモと呼ばれました。〝＋１人〟というのは自殺をした梁凌杰の魂を参加者の数にカウントしているという意味です。

このデモ主催者の民陣線が〝＋１人〟の数字を発表したのは、すでにこの〝戦い〟に犠牲者が出ていること、その犠牲者のためにも勢いが増しつつある運動を簡単には終わらせないという意志を示したからでした。

林鄭月娥は16日に、「政府として足りないところがあった。香港社会に矛盾と紛争をもたらし、多くの市民を失望させ、悲しませたことを、ここに謝罪します」と全面降伏に等しい謝罪コメントを発表しました。ですが、香港市民の４人に１人が参加するこの空前の大規模デモが要求するのは、もはや条例改正案撤回だけではなくなっていました。

それはやがて、５つの要求に拡大していたのです。

「五大訴求」と呼ばれるデモ側が掲げる要求は、次の５つでした。

①逃亡条例改正案の撤回（２０１９年10月23日に正式撤回）
②６月12日にデモを暴動と呼んだことの撤回
③拘束、起訴されているデモ参加者の釈放

④香港警察に対する独立調査委員会の設置と、その職権乱用に対する徹底追及
⑤林鄭月娥の辞任と普通選挙の実施

このすべての要求が認められるまで、運動を続けるという点で、平和デモ派も勇武派も意見は一致していました。

この「五大訴求一欠不可」という山の頂《いただき》を目指して、平和デモ派でも勇武派でも、その他の方法でもいいから、それぞれのやり方で運動を続けていこう、という香港市民としての総意が6月下旬にはおおよそ形成されていました。

雨傘運動のときは、平和デモ派と勇武派が双方のやり方を批判し合って、運動の結束力が維持できない、という面もありましたが、そのときの反省を踏まえて、この「反送中デモ」のやり方については、自分たちが支持していなくても、表だって批判をしないという暗黙の了解ができていました。

【7月1日の立法会突入事件】

2019年6月9日、12日、16日の香港のデモについての情報を、私は東京で、インターネットなどを通じて見ていました。そのころは書籍の翻訳などの仕事を抱えていましたし、体力的にも時間的にも香港に行く余裕がありませんでした。

ですが、香港にいる友人たちからは、毎日のように様々な情報が寄せられており、心配でたまりませんでした。友人たちのうちでも、ウインタス、フランキー、ボノ、キドといった若いセルフメディアの記者たちは、雨傘運動の取材で知り合って以来、何かあるたびに私の代わりに現場に行き、取材内容の裏を取り、情報を提供してくれる協力関係にありました。私も彼らが日本で取材する必要があるときは、取材アレンジをしたり、大手メディアと結びつけたりしてきました。

セルフメディアという概念は日本人にはピンとこないかもしれません。市民メディアというと、なんか胡散《うさん》臭く感じる人もいらっしゃるでしょう。ですが、中国や香港では、大手既存メディアは、中国共産党の宣伝機関であり、本当の情報を報じずに、隠蔽に加担したりフェイクニュースを流すものとして、あまり信用されていません。むしろ、SNSで信頼できる友人たちの間で交換される情報の方が信用されるのです。

セルフメディアは特に資格が必要なものではありませんが、写真や映像を独学で勉強していたり、大学のメディア学科で学んでいたりしていて、メディアに興味のある人がテレグラムやフェイスブックなどのSNSやYoutubeなどの動画サイトを使って発信しています。そのなかには欧米メディアのアシスタントをやったり、香港の記者と連携し情報交換したりする人もいます。香港や中国のような報道統制の厳しい地域では、こうしたセルフメディアの人たちが、かなり深い情報を持っていたりします。

私は香港のセルフメディアの友人たちの現場取材のおかげで、東京にいながらにして、かなり生々しい情報を入手することができていました。ですが、7月1日に、ちょっと肝を冷やすような出来事がありました。

香港デモ隊による立法会占拠事件です。

香港が英国から中国にハンドオーバーされて22年目の2019年7月1日も、「反送中」デモが行われました。

平日にもかかわらず、参加者は主催者発表で55万人。「200万人＋1人」デモを経験したあとでは、少ないと思う人がいるかもしれませんが、2003年の「反国家安全条例」51万人デモを超える規模で、猛暑の香港でこれだけの人出があったことは、このデモがまだまだ続くことを示唆《しさ》していました。

この平和デモが無事終了したあと、またもや勇武派の若者が解散せずに立法会周辺を包囲し始めました。7月1日午後2時ごろから2日未明にかけて、テレグラムなどのSNSで連携した数万人の市民が立法会の周辺に集まりました。そして、群衆はやがて立法会のガラスを割って侵入、議場などを占拠したのです。

私は動画サイトで、黒服にマスク、ヘルメット姿の若者たちがショッピングカートや鉄棒を使って強化ガラスを破壊し、金属シャッターをこじ開け、力づくで立法会に侵入していく様子を見ていました。

さすがにこれはやりすぎではないか、暴力ではないか、という意見がネットでも流れていました。EUのスポークスマンは「今日、立法会に力づくで押し入った少数の者たちは、平和デモを成功させた大多数のデモ隊を代表していない」と非難していました。

私は、こうした行為が、香港警察の暴力によるデモ鎮圧を正当化する口実となるのではないかと、動画サイトを見ていてハラハラしました。さらに、セルフメディアの友人、ウインタスが勇武派のデモ隊とともに立法会に入ったと聞いて、びっくりです。

私は彼に、写真や情報の提供を求めていたので、ひょっとして私のために「よい写真を撮りたい」と思って危険な現場に乗り込んだのではないか、と責任を感じました。チャットで、「危険だからすぐに出るように」と訴えましたが、彼は「警察が踏み込んでくるまでは現場にいる」と言い張ります。「僕、メディアですから!」と。

ウインタスたちは、香港の若者として、メディア人として、最前線で取材しなければならないという覚悟を持っていました。私のような外国人とはやはり心持ちが違っていたのです。

香港警察は「合理的な力を使って」立法会を占拠していたデモ隊を排除することを警告しており、出入り口が2つしかない立法会を占拠しているデモ隊は袋の鼠状態になっていました。

ここに踏み込まれたら、メディアであろうがデモ隊であろうが、どんな暴力にあうかわかりません。彼らが負傷して入院した場合、あるいは逮捕されて保釈金や弁護士が必要な場合、それにかかる様々な費用や手続き支援なども念頭におきながら、「現場に行かなきゃ」

と思い、その場から、ネットで7月2日夜の香港行きの飛行機のチケットを取りました。

結果的には、警察が立法会に踏み込む前に、デモ隊は自主的に撤退。警官隊は立法会周辺のデモ隊を催涙ガスなどを使って排除しました。むしろ負傷者は立法会周辺ででました。この騒動による負傷者は60人以上に及び、3人以上が重傷を負いました。私の脳裏をよぎった最悪の事態、つまり天安門事件のような犠牲者を伴う鎮圧はなんとか避けられたのでした。

でも、飛行機チケットはキャンセルできないので、翌3日早朝に、私は香港に入りました。反送中デモが始まって以降で、私が香港入りしたのはこれが最初でした。

デモ隊はなぜ立法会に押し入ったのでしょう。「鉄パイプで立法会の強化ガラスを叩き割る暴力的なデモ隊の姿が全世界に発信されれば、これまでの平和デモに共感していた国際世論の支持が離れてしまうかもしれないのではないか」と現場をよく知るウインタスに尋ねました。

立法会にいて、一部始終を目撃していたウインタスは、私の懸念を完全に否定しました。最終的には100人前後が入り、立法会を占拠しましたが、そのうちの7割はセルフメディアを含めたメディアだったそうです。

20代から30代の若者たちが中心で、その行動は合理的であったと言います。30日の夜に、台湾のひまわり学生運動（2014年に、中台のサービス貿易協定を阻止しようとして台湾立法院を占拠した学生運動）を参考に、立法会を占拠しようというアイデアが話し合われ、7月1日にその場に集まったメンバーで決行したそうです。

警察が〝踏み込む〟と予告したあとでも、最後まで残って戦うと言っていた若者もいたようですが、周りの仲間が説得して、最終的には自主的に全員撤退したのでした。

負傷者を運ぶボランティア医療チーム ©Alex

ウインタスは彼らに同情的で、香港政府の暴政が先にあり、立法会はそういう香港政府の悪政の象徴の施設だった。デモ隊の破壊活動の対象は、あくまで暴政の象徴に限られており、内部では略奪もなく、仲間同士でモノをできるだけ破損しないよう、抑制するように声を掛け合っていた、と説明しました。

別の若い友人も、「確かにデモ隊は石灰爆弾（石灰の粉を袋詰めしたもの）を投げたが、一発だけだ」と擁護していました。警察のペッパースプレーに抵抗するためには石灰爆弾を用意するぐらいいいじゃないか、というニュアンスでした。おそらく、こういう意見は、ウインタスらに限らず、香港の若者の一般的感覚なのでしょう。

【立法議員・鄭松泰に立法会突入事件の背景を聞く】

7月3日に香港入りしたあと、私は立法会議員の鄭松泰《チエン・チュンタイ》に対面インタビューを行いました。

鄭松泰は2016年の立法会選挙で、選挙区枠で当選した議員です。〝香港の本土派〟と呼ばれる香港基本法改正による香港の自決権確立を主張する比較的急進派政党・熱血公民の主席です。

鄭松泰

1983年生まれで若いのですが、北京に留学経験があるエリートで、普通話も堪能です。彼は議員である傍ら、ネットラジオ局「熱血時報」のキャスターも務めるメディア人で、また、かつて香港理工大学応用社会科学部で講師を務めたこともある教育者でもありました。

デモ隊が立法会に突入したとき、彼も一緒に入り、頭に取り付けたアクションカメラのライブ映像をネットで流すなどしたので、一部の親中派からは、若者を唆《そそのか》して立法会に突入させたのは彼ではないか、という疑いがかけられていました。
彼に直接話を聞いたところ、立法会突入事件の真相はおよそ、次のようなものでした。

福島：香港の立法会占拠の事件、一部で「あなたが指導した、煽動した」と言われていますが、実際はどうなんですか？

鄭　：もちろん、事実ではありません。私に彼らを指導できる能力はありません。また、彼らもそれを望まない。私は明らかな公人です。もし私が彼らの行動を指導したとしたら目立つし、そう報道されてしまうと、彼らの（議会に抵抗するという）行動の方向性とぶつかるでしょう？　私が彼らと一緒に立法会に入ったのは、彼らの安全を考えたからです。
メディアが、私と彼らがあたかも一緒に行動しているかのように編集したので、彼らはむしろ安全でなくなってしまった。これは偏向報道です。だから、私はあとでテレビ記者らに抗議をしました。テレビ側はそれを認めて訂正しました。

福島：立法会に入った目的は、突入した若者の安全を守るためだけですか？

鄭：目的は2つありました。1つは、デモの報道はとても偏向しているので、セルフメディア人として公平な報道をしようと思ったことです。実際、私の撮影したライブ映像を見て、当時の中の様子を正確にわかった人が多かったでしょう。

2つ目は、デモ隊の安全を考えました。実はデモ隊が立法会突入後、あとを追ってたくさんの警官が入っていきました。最初に突入した彼らはそのことを知りません。出くわせば、不測の事態が起こらないとも限らない。突入した若者たちは、立法会の中の構造を知りませんし、袋小路に追い込まれかねない。それに、あの場所は私の職場ですから。

実際、私が入ると、ある男子学生が激しく泣いているのに出くわしました。近くにいる女の子に理由を聞くと、「ここにいたくない」と訴えていたのです。つまり、彼らのなかには、突入したものの、激しく動揺して正常な判断ができない状況に陥ってしまった者もいたわけです。そこで私は、彼を落ち着かせて、女の子と一緒に出ていかせました。

別の場所では、一人の男子がガラス窓の近くに立ち、ぼんやりと下を眺めていて、まるで今にも飛び降りようとしているように見えたので、急いで彼をつかまえて、「君、どうしたんだ」と尋ねました。彼は「何でもない」と言ってうずくまったあと、しばらくしてから立ち上がって、別の場所に行きました。

福島：あなた自身は、立法会での彼らの行動を暴力と思っていますか？

鄭：彼らの行動には明らかにこれ以上やってはいけない、という一線が設けられていました。道徳的一線というべきものがありました。まず文化財を破壊しない。図書館の本とかね。また、食堂にある飲み物なども飲んでいたけれど、きちんとお金を置いていきました。公共物や彼らが文化として尊重しているモノは破壊していませんでした。人の生命の安全を脅かすこともしていませんでした。

彼らはおそらく、権力の象徴である立法会という建物を破壊することで、彼らの不満と要求を表現したかったのだと思います。もちろん、これは破壊活動であるけれど、私は許容できる暴力、破壊だと思います。

福島：彼らはそういう道徳的一線を自分たちで決めたのでしょうか？

鄭：たぶん、自分たちで決めたんでしょう。ある若者が文化財を破壊しようとして、その場でやっぱりやめようと、判断したのを見かけました。

福島：破壊の様子の映像を見ました。窓ガラスやテレビ画面や監視カメラを壊していましたね。彼らのなかには壊すべきものと壊してはならないもの、という明確な区別があったんですね。

鄭：そう。図書や絵画や文化物などは傷つけないようにしていました。また自分たちは泥棒じゃない、抗議者だということで、略奪行為は絶対していません。

福島：立法会を占拠しようなんてアイデアはいつごろでてきたんでしょうか？

鄭：私もはっきりとは知らないんです。でも、6月30日の夜に決めたと聞いています。

福島：中国から入ってきたチンピラ、黒社会メンバーが煽動した、という見方もあるようですが。

鄭：私は黒社会が煽動したかどうか、ということについてはあまり関心がありません。確かに、一部奇妙な奴らはいました。だけれど、あの日の行動は、若者たちが自分たちで決めたことでしょう。

福島：立法会占拠という行動に関しては、香港市民の大部分はどう思っているでしょう。支持しているのでしょうか？

鄭：評価は極端に分かれています。これまでずうっと、そういうやり方に反対している人を説得するのは難しいでしょう。ただ、今は行動者の心情を理解し、同情はしています。また、私自身は、これを若さゆえの問題、年齢の問題だとは思っていない。今回の立法会突入を決めた人たちは、比較的年齢が上の人たちだと聞いています。そもそも彼らは、大衆の支持を得られるかどうかを考えて行動したのではありません。今まで彼らはいろいろなやり方、例えば、穏やかで文明的なデモや願いを訴えるやり方で行動してきました。ですが、それらはすべて効果がなかった。だから、次の段階の行動に出たということです。暴力的なやり方にずっと反対していた一部の人たちも、実際には彼らの行動に対しては、一定の理解と同情を示しています。

福島：彼らが立法会に突入するとき、玄関の強化ガラスを割るのに非常にてこずって2時間近くかかっているのに、警察はそれを止めなかったといった指摘があります。つまり、警官は占拠計画を事前に知っていて、それを止めることをせず、むしろあえてデモ隊に立法会を占拠させるように誘導したのではないか。立法会占拠自体が警察の罠であったのではないか、という見方があります。これについてはどうですか？

鄭：私の理解では、彼らの立法会占拠を香港政府としてどのように処理するかを、まだ決めていなかっただけではないでしょうか。だから、警察は命令が下るまでは待機するしかなかったのでしょう。

福島：鄭議員は、もし行動前にあの状況を予測できたら、デモ隊の行動を止めようと思いましたか？　民主派議員のなかには彼らを止めようとして押し倒されて怪我をした人もいます。

鄭：私は止めようとは思わなかったでしょう。実際、私は7月1日の早朝には、彼らが立法会占拠という行動に出ると決定したということを、人伝に知っていましたし、そういうアイデアを6月30日夜に話し合っていることも知っていました。彼らが自分たちで考え、決定したことであり、私がどうこう言ったとしても、影響を与えることはできないと思いました。

福島：あなた自身は、立法会占拠は意義のある方法だと思いましたか？

鄭：立法会占拠という行動は、香港で初めて行われました。デモ隊は、自主的にそう決定して行動しました。私はデモ隊の立場を代表して何かを言うことも、何を勝ち取ったかとか、その意義について語ることもできません。ただ、これは強いメッセージを発した象徴的な出来事だと思います。政府に対して「やられっぱなしではない」というデモ隊の覚悟を見せつけました。血が流れ、自殺者も出ているなかで、政府の権力の象徴的建物を占拠したことは、ひとつの大きな〝現状突破〟であったと思います。

鄭松泰は、現役議員のなかでおそらく一番、デモ参加の若者と感性が近いでしょう。立法会の施設はかなり破壊され、その修復には6000万香港ドルかかると報じられていました。

その後、実際に勇武派デモのコアメンバーたちと意見交換する機会がありましたが、このとき、彼らは「市民を傷つけない」「テロ行為をしない」「独立宣言をしない」の3つを守るデモであれば、香港市民の支持と国際社会の理解を得られ続ける、と主張していました。

この立法会占拠は、平和デモ派から勇武派に運動の中心が転換していく切っ掛けとなるひとつの象徴的事件であったと思います。

立法会を包囲するデモ隊 ©Alex

【抗議の自殺の連鎖を止めるために】

香港の反送中デモが、平和デモから勇武派によるレジスタンスに変化していく背景に、抗議の自殺の連鎖の問題もあったのではないでしょうか。

7月3日早朝、私は非常に印象深い体験をしました。3日の午前5時ごろに香港の空港に到着したのですが、スマートフォンに電源を入れると、メッセージが入っていました。香港の友人、フランキーからで、「今から皆で金鐘に行きます。仲間が金鐘で自殺すると予告したので、彼を止めに行きます」という内容でした。

香港デモ参加者の青年ＪＪ《ジェージェー》が「抗議の自殺予告」をＳＮＳでしたのです。このＳＮＳを見た香港の若者の多くが、ＪＪの自殺を止めようと、金鐘に集まっているというのです。

私も、空港から金鐘に直行することにしました。

友人たちは「死ぬくらいなら、一緒にデモを続けよう、戦おう」と声を掛けたい、と必死でした。金鐘に着いたのはちょうど通勤時間帯。陸橋を通勤する人たちが足早に歩いていました。

そんな通勤中の少なからぬ人たちが紙切れを持っていました。「あなたが必要よ、JJ」などと書いてあります。SNSを見た人たちが、どこかにいるかもしれないJJに書いたメッセージを掲げながら通勤していたのです。スマートフォンを見ながら、周りをきょろきょろと見回す人探し顔の若者もたくさんいました。仕事があって通勤している人も、仕事が休みの人や学生たちも、JJの自殺を止めようとしていたのです。

香港の反送中デモは、リーダーや呼び掛け人がいなくても、SNSを通じて自然に集まり形成されるのだと言われていましたが、JJの自殺予告の投稿ひとつで、あっという間に大勢の人たちが金鐘に集まり、それぞれが思い思いの方法で、顔も知らないJJの自殺を食い止めようとしているさまを見て、これが香港人の共感力であり、大規模デモの底力なのかと、改めて感じ入りました。

JJを探し回っているとき、陸橋の上で、若い女性が衝動的に自殺しようとしていたのを、通行人たちみんなが必死で取り押さえている現場に遭遇しました。「香港では、今、若者の抗議の自殺の連鎖が起きているんです。6月15日以降、僕が知っているだけでももう3人も自殺しているんです」とフランキーが言いました。

おりしも、そこへ親中派デモ隊がやってきました。彼らは「立法会占拠に市民が怒っている」と書かれた垂れ幕を持って、その自殺すると泣いている女性と彼女を賢明になだめている人たちに向かって罵声《ばせい》を浴びせ始めました。親中派の中年男性が「さっさと死ね！」というようなことを言いました。

このとき、です。まるで映画のワンシーンのように、それまでせかせかと陸橋の上を歩いていた、通勤者、通行人、その場に居合わせた人たちが全員立ち止まり、女性の力に向かって「香港加油！（がんばれ）」と叫びだしました。

「香港加油！」「香港加油！」。

さっきまで自殺しようとしていた女性も泣きながら「香港加油！」と叫び出し、しばらく「香港加油！」のシュプレヒコールがこだましました。叫んでいるうちに彼女は、憑《つ》きものが落ちたように冷静になり、周りの人たちに「みんなでデモしよう！　明日もデモしよう！」と声を掛けられ、「またデモに参加するわ！」と生きる勇気を取り戻したようでした。

このとき、私は、今の絶望的な気分の香港で、デモに参加することは若者たちに生きる希望を与えているのだと気づいたのです。

香港のデモのことをよくわかっていない人たちは、過激になっていくデモに対して、「落ち着いて話し合うことが必要」などと言いますが、話し合いができないからデモをやるのです。死にたくなるほど追い詰められているから、激しく抵抗するのです。平和デモが正しくて、勇武派デモは暴力だ、というのではなく、デモはもともと暴力的なものです。

民主主義がまだまだ未完成な社会なので、民主主義を実現する方法として、市民が数の力で自分たちの要求を通していく、それがデモです。権力に対抗する市民の数の力のぶつかり合いなのですから、多かれ少なかれ暴力的な要素はあるのです。皆が平和デモと呼んでいる行為でも、長時間の交通マヒを起こし、正常な日常を破壊するという意味では暴力かもしれません。

そのデモの暴力がエスカレートしていくと、時に流血の革命になるわけです。自殺しようとするほどまでに追い詰められた若者たちが、生きるためにデモを続けていけば、それは自然と命がけの激しいものになっていくでしょう。暴力が嫌いな普通の香港市民も、その若者たちの切実な思いを理解しているからこそ、デモによって自分たちの生活が〝破壊〟される現状にも一定の理解を示しているのではないでしょうか。

ＪＪのことを、ＳＮＳを見ただけの香港市民が、みんなで力を合わせて探し回っているときに、私は、そういう香港デモの本質のようなものがわかった気がしました。

結果から言えば、ＪＪは発見され、民主派の議員はじめ、いろんな人たちからの説得を受けて自殺を思い止まりました。そして彼は、「明日からデモで戦い続ける」と宣言したのでした。

【警察とマフィアの癒着：白シャツ事件】

７月３日から５日まで、私は香港を歩き回りおおよそのデモの状況、背景をある程度把握できたと思います。

今回のデモはＳＮＳによるネットワークを核としていて、あえてリーダーをつくらないことで長期的に続けるつもりであり、勇武派の人たちも含めてデモ参加者の自覚が高く、比較的良く自分たちの行動をコントロールできていて、決して林鄭月娥が言うように暴徒化しているというようなものではない、というふうに私自身は感じました。

むしろ警察の暴力が常軌を逸していました。６月12日も、警察が予告なくデモ隊に向けて催涙弾を打ち込み、しかも、人に当たるように平行に撃ち込んでいました。鎮圧兵器を警察が使用するとき、ブルーフラッグ（即刻解散せよ）、ブラックフラッグ（武器を使用する）、オレンジフラッグ（すぐさま立ち去らねば発砲する）、レッドフラッグ（衝突をやめねば武器を使用する）など警告バナーを出すルールになっています。

ですが、この12日の警察は、このようなバナーを出さずに発砲し、多数の負傷者を出しました。さらに、その他の場面でも、警察の過剰な暴力が目立ちました。抵抗の意志を持たず、武器を持っていない若者に対してまで、執拗に殴る蹴るの暴行をして、地面に顔を押し付けて拘束する場面を何度も見かけました。

あのジャッキー・チェンの映画『ポリス・ストーリー』で描かれたような香港警察、庶民から「阿Ｓｉｒ」と呼ばれる紳士的な警官の面影は完全に消え、まるでマフィアか中国公安のような暴力組織に成り下がっていたのでした。

その象徴的な事件が7月21日の「白シャツ襲撃事件」といえるでしょう。


7月21日に発生したことを時系列で見ていきましょう。

まず日中、民陣（民間人権陣線）呼び掛けの平和デモが行われました。これは主催者発表で43万人が参加（警察発表は13万８０００人）。香港の人気歌手で、国連人権理事会で「国連はどうして中国を人権理事会から外さないのか」と国連の姿勢批判も含めて中国の人権問題を告発したデニス・ホーら著名人も参加しました。

　平和デモは午後3時すぎにビクトリアパークを出発し、湾仔《ワンチャイ》が終点地の予定でしたが、デモ隊の一部（主に勇武派）はそのまま上環《ションワン》まで進み、中国中央政府の香港における出先機関である中聯弁（中央政府駐香港連絡弁公室）を取り囲みました。平和デモの主催者である民陣サイドは、中聯弁まで行く予定はなかったそうです。

　午後8時前、中聯弁を取り囲んだ1000人前後の群衆の代表が中国語と英語でデモ隊が要求する「五大訴求」を読み上げ、「あらゆる方法で香港を守護する」と宣言。その後、彼らは中聯弁の正門に向かって、卵を投げつけたり、監視カメラにスプレーペンキを吹き付けたり、中華人民共和国の国徽に墨汁を投げかけるなどの暴行を開始しました。

デニス・ホー

　香港警察は8時7分に、中聯弁前の群衆を強制排除することを通告し、午後10時10分、ブラックフラッグ（武器使用の合図）を出したのち、陸橋の上から催涙弾やゴム弾を群衆に打ち込みました。およそ36発のゴム弾を撃ちこみ22日午前2時48分までにデモ隊の強制排除を完了、警戒線を解きました。

この中聯弁襲撃は、香港人の敵意がまっすぐ中国政府に向いたという意味で衝撃的でした。ですが、ほぼ同じ時刻に、それより恐ろしいことが深圳と香港の境界に近い新界地域の元朗《げんろう》で起きていたのです。

7月21日午後8時半ごろ、元朗に白いシャツを着て右手首に赤いリボンを結んだ、いかにもその筋の人間らしい強面《こわもて》の男たちが続々と集まってきました。人数は確認できませんが、目撃者があげた写真をみれば、100~200人ぐらいいたようです。このとき親中派立法会議員の何君堯《ユニウス・ホー》がこの白シャツの男たちと握手をして、「あんたは俺たちの英雄だ」といった言葉を掛けられている様子が、通行人に目撃されており、市民は警察に通報していました。

ですが警察は何もせず、やがて午後10時57分、白シャツの男たちは武器であるこん棒を手に持ち、地下鉄の元朗駅に集結、そこから構内に突入し、黒い服を着ている乗客を無差別に殴り始めました。

黒い服を狙うということは、昼間のデモ参加者を狙ったものと考えられます。ですが実際、デモ参加者でない人も黒い服を着ている場合もあり、負傷者のなかには黒服でない人もいました。つまり完全な無差別攻撃だったのです。市民はこのとき、再び警察に通報、

2人の警官が現場に来ましたが、白シャツ男の何人かと話しこんだあと、帰ってしまいました。

元朗駅構内では、数十名の負傷者が倒れ、いたるところに血痕《けっこん》が飛び散っている様子の写真や動画がネット上に上げられていました。妊娠女性が倒れている様子、その場に居合わせた立場新聞の女性記者が襲われている様子が、記者自身の撮影カメラにとらえられていました。

彼女自身も暴徒に殴られ、悲鳴を上げていました。立場新聞の報道によれば、妊娠中の女性は病院に搬送され、適切な措置を受けて母子ともに命に別状はないとのこと。ですが一人の男性は一時意識不明の重体に陥りました。

午後11時11分になって港鉄は西鉄線の列車を元朗駅に停車させない措置をとりました。午後11時26分になって、ようやく警察が到着しましたが、そのときには白シャツ軍団の嵐のような1回目の攻撃は終わっていました。

22日午前零時17分、白シャツ軍団は再び駅に突入、列車内に乗り込み、逃げ場のない状況の乗客を無差別に殴り始めました。乗客のなかには傘で応戦する者もおり、大混乱となりました。このとき駅構内に警官、警備員はいませんでした。

最終的に警察の防暴部隊が到着し、白シャツ軍団たちが防暴隊に保護されるような恰好で、現場から去ったのは午前2時を回ってからでした。

この事件で実に不可解なのが警察の対応です。私が人伝に調べてもらったところでは、21日の早朝、元朗区議の麥業成《まいぎょうせい》（ジョニー・マック）は、元朗の黒社会が金で請け負って雇われて「反送中デモ」の報復に出る可能性があるとの情報を得て、警察に連絡していました。すると警察側は「すでに対応のための配置を整えている」と答えたそうです。

麥業成は日本語も使える日本通で、反共、民主派の立場を比較的鮮明にしている人物です。香港で唯一といっていい台湾政界ともコネをもっていて、私は信頼しています。

20日、元朗のとあるホテルで、地元マフィアが襲撃参加者の募集をかけている、という噂が流れていたことも確認されました。麥業成の証言が正しければ、警察はこの夜の襲撃を事前に知っていたはずなのに、現場への到着は白シャツ軍団の襲撃が終わったあとでした。

元朗駅に最初にやってきた警官2人は白シャツの男がこん棒を持っているのを確認しながら何もしませんでした。警察側の言い分は2人の警官は装備が不足していて、白シャツ軍団を止めることができず、35分後に支援部隊が到着するまで待機していた、ということですが、納得できる説明ではありません。

警察側は出動が遅れたのは、上環の中聯弁前での官民衝突に警察の人手が取られて人員不足であったこと、この夜に元朗区で火事と3件の喧嘩の通報が同時にあったことを理由としていました。あたかも「お前らデモ隊のせい」と言わんばかりです。

一応、白シャツ側の24～54歳の男6人を現場で、違法集会容疑で逮捕した、と発表していますが、どう考えても殺人未遂、傷害罪の現行犯逮捕であるべきではないでしょうか。

警察の調べでは、この逮捕された6人は「三合会＝マフィア」関係者で14K及び和勝和と呼ばれる団体の構成員だとのこと。香港警察と香港マフィア、三合会が癒着《ゆちゃく》しているというのは、香港映画の世界だけの話ではなかったのです。警察、立法会議員の何君堯、三合会は癒着していたと考えられています。

何君堯は警察官僚の家庭に生まれ、香港警察とは親密な間柄です。また、香港青年関愛協会の名誉会長を務めていますが、この組織は中国の中央政法委員会、つまり中国公安組織を統括する委員会の支援を受けており、何君堯は有り体《てい》に言ってしまえば、中国公安警察と香港警察をつなぐ中国系暴力装置の代表人みたいな立ち位置にいる人物でした。

何君堯が事件直前、三合会メンバーと食事をしていたという目撃証言がありますが、これに対し、彼は「一緒に飯を食っていただけだ」と事件の関与を否定しています。でも、

警告を発する香港警察 ©Bono

香港警察と対峙する学生 ©Yip Chui Yu

議員とマフィアが一緒に食事をしていたら、日本なら大問題です。

その後、何君堯は両親の墓が荒らされたり、事務所が何者かに破壊されたり、嫌がらせを受けています。その背景には、支払われるべき三合会への金をケチったので、マフィアに報復されたのではないか、といった噂も流れました。

しばらくして韓国メディアＫＢＳが、警察内部の匿名告発者の情報として、この事件は、香港上層部が関与していると報じています。この事件以降、香港人のほとんどが、香港警察はマフィア、中国公安と癒着し、市民の敵となったという認識に至りました。

【国際社会も巻き込んだ空港占拠事件】

8月に入り、香港デモのステージは、アジアのハブ空港である香港国際空港に移りました。7月下旬から香港も学校が休みに入り、機動力がアップしたこと、国際社会に香港デモの主張を訴えるには、国際社会の窓口である国際空港が効果的であること、それから香港の真夏があまりにも暑いので、空港内の涼しいところで抗議するのがちょうどよかった、などの背景がありました。

7月26日に空港職員によるストライキがありました。続いて、8月5日にはゼネストが呼び掛けられ、空港も200便が運休になりました。さらに8月9日からは3日間にわたる「万人接機（みんなで飛行機を迎えよう）」集会が呼び掛けられ、デモ集会の許可を得ないまま数千人が空港構内で座り込みデモを行いました。

その3日間の座り込みデモは、各国言語でデモ隊の主張を掲げて座り込む比較的穏当なものでしたが、その3日運動の最終日の11日、尖沙咀で行われた野外デモで、女性が至近距離でビーンバック弾に撃たれ、右目が失明する事件が発生しました。

この女性は、ボランティア救急隊員でデモ参加者ではありません。香港警察はこのときすでに、デモ隊だけでなく、メディアやボランティア救急隊に対しても容赦《ようしゃ》のない暴力を振るっていました。いや、むしろ無防備で警察に反撃しないメディアや医療関係者をターゲットにする傾向がありました。

この女性ボランティア救急隊員が右目を失明する事件を受けて、市民の怒りが拡大。11日に終わるはずであった空港抗議集会は12日以降も継続しました。空港サイドは12日に、搭乗手続きに支障が出たとして飛行機の離発着を制限、13日も全便欠航措置をとりました。

12~13日の2日間、併せて600便前後の運行がキャンセルとなりました。航空機の離発着が取り消され、再開の目途《めど》が立たないことで、搭乗できない疲弊した旅客が空港構内にあふれました。香港政府及び空港側は、こうした混乱はデモ隊のせいと非難しましたが、出入国の旅客に対してメッセージを掲げるだけのデモを理由に、全便欠航措置をとる必要はなかったと空港の対応を非難する声も聞かれました。

13日は空港で待機している旅客に対し、デモ参加者が飲料を配りながら、理解を求める姿も見られました。

ですが13日深夜、武装した香港警察数十人が「負傷した旅客」救出目的に空港内に突入したのです。ペッパースプレーや警棒を振るう警察と、荷物用カートで対抗するデモ隊が激しく衝突する混乱も発生。この混乱はボイス・オブ・アメリカ（VOA）がライブで中継していましたが、14日未明まで続いていました。

このデモ隊と警察の衝突を引き起こした〝負傷した旅客〟とは、立場新聞などの報道によれば、中国から来た私服公安警察のようです。13日夜7時ごろ、深圳から香港空港に到着した男性客が、座り込むデモ隊と言い争い、躓《つまず》いた拍子に、バックパックから棍棒が出てきたことから、デモ隊が男性客の財布を調べたところ、深圳公安の身分証明書が発見されました。デモ隊は男性客を取り囲み、カートに縛り付けるなどの暴行を働いたわけです。この男性は数時間後、警官隊とともにやって来た救急隊員によって救出され、救急車で搬送されました。

また、人民日報傘下の環球時報ウェブサイト版記者・付国豪がデモ隊に紛《まぎ》れて取材中、香港警察支持のTシャツを持っていたことがみつかり、デモ隊に囲まれ、暴行され拘束されました。付国豪が「私は香港を愛している。香港警察を支持している。殴ればいい」と挑発すると、カートにくくりつけられました。

付国豪はその後、警察と救急隊員に救出され、その後も取材を続行しました。暴行を働いたデモ隊は、当初、付国豪をニセの記者だと思っていたようですが、結果的に「取材記者を妨害する香港のデモ隊」というイメージが国際社会に発信されました。この空港内の衝突事件は、国際社会にデモ隊の暴力のエスカレートを印象付ける事件となってしまいました。

空港内での集会 ©Yip Chui Yu

ボランティア女性の右目を失明させた警察への抗議に眼帯をつけて参加 ©Bono

デモに参加する娘を心配する母親 ©Bono

【香港デモ内に紛れる香港警察】

デモ隊の若者の気持ちを少し擁護すると8月11日に銅鑼湾のデモで、デモ内にデモ隊のふりをして紛れ込んでいる私服警官の存在が発覚していました。私服警官の目的はデモ隊の暴力を誘発して、それを現行犯逮捕するというかなり〝卑怯《ひきょう》〟なもので、仲間だと思っている集団のなかにこうした〝スパイ〟が紛れ込んでいるのではないか、とかなり過敏になっていたのです。

ちなみに8月に入って、香港警察が、デモ隊内への〝潜入〟による陽動作戦や、暴力的鎮圧をエスカレートさせている背景には、2019年11月に早期退職制度で引退していた鷹派警察幹部、劉業成《りゅうぎょうせい》（アラン・ラウ）元警察副総監が8月9日付けで臨時警務処副処長として現場に復帰したからだとも言われていました。

劉業成は雨傘運動、2016年春節の「旺角《おうかく》（モンコック）の争乱」などの鎮圧を含め、これまでも強硬姿勢で成果を上げてきたほか、2017年7月の香港返還20周年記念では、習近平の香港訪問中の警備責任を任されるほど、習近平政権からの信任も厚い人物でした。

中国当局の信任の厚い劉業成を責任者として、香港デモへの強硬路線が8月9日以降、はっきり打ち出されていました。

この劉業成路線によって、8月11日には、地下鉄太古駅の狭いエスカレーター通路で催涙弾を使用したり、深水埗《しんすいほ》（シャムスイポー）のデモに対しては一般車を装って近づき、いきなり鎮圧を仕掛けたり、尖沙咀のデモ隊では、至近距離からのビーンバック弾をデモ隊の顔面目掛けて打ち込み、女性看護師を失明させたり、銅鑼湾のデモに私服で紛れ込み、デモ隊を背後から襲って逮捕するなど、今までなかった過激で暴力的な方法でデモの鎮圧が行われました。

暴力をエスカレートさせる警察側にも言い分はあるでしょう。香港の警察官は当時3万人程度で、2カ月続くデモに疲弊しきっており、怪我人も続出。7月14日の沙田《さてん》（シャーティン）で発生したデモ隊との衝突では、抵抗するデモ参加者に警官が指をかみちぎられて負傷したり、8月11日のデモでは、火炎瓶を投げつけられた警官がひどい火傷を負ったり、デモ隊の抗議のレーザーポインターが目に当たり、網膜剥離《もうまくはくり》などの負傷をした警官が多数出たという情報もあります。

トイレに行く時間も食事をとる時間もなく、炎天下で25キロ前後のフル装備のまま30時間以上デモ隊と対峙《たいじ》し、揉み合った末に、疲労困憊《ひろうこんぱい》して道路上に倒れ込む警官の姿もネットなどでアップされていました。

警官たちにしてみれば任務を全うしているだけなのに、市民からは暴力の権化《ごんげ》のように罵倒を浴びせ掛けられ、そのストレスも限界に達していたとみられます。こうした警官自身の不満やうっぷんが、劉業成の現場復帰に伴って、デモ隊への暴力鎮圧路線を後押しすることになったのかもしれません。

一方、こうしたデモ隊と警官の衝突状況を見て、これまで抑制的な態度を維持していた中国側は、干渉の意志を見せ始めました。広東省あたりから私服公安を送り込んでいる状況は6月から指摘されていましたが、7月末ごろから解放軍出動の可能性をちらつかせ始めました。

沙田大会堂前で座り込み祈る若者 ©Yip Chui Yu

【人民解放軍出動の噂と北戴河会議】

解放軍香港駐留部隊のＳＮＳ微博オフィシャルアカウントは、２０１９年7月31日、暴徒を鎮圧する演習の様子を「香江（香港の旧名）を守る」とのタイトルをつけてアップしました。

装甲車や高圧放水、催涙弾で逃げ惑うデモ隊役の兵士を鎮圧する訓練の様子を見せつけたのです。中国国防部は24日の記者会見で駐軍法に基づいて解放軍が香港の治安回復のために出動する可能性をアナウンスしました。

また、国務院香港マカオ事務弁公室の楊光報道官は、８月12日「香港の過激化するデモが様々な危険な道具を使って警官を攻撃しており、〝テロリズム〟の萌芽が現れ始めている」と、初めて〝テロ〟という言葉を使用。デモ隊について〝心神喪失の狂気〟と表現し、この種の暴力を鎮圧するためには「手加減や情けは無用だ」と激しい警告を発しました。

８月７日には、国務院香港マカオ事務弁公室が香港の政財界関係者５００人を集めた会議を開催し、香港への対応についての方針を説明したとみられます。このときの冒頭で弁公室主任の張暁明《ちょうぎょうめい》が香港のデモを「カラー革命」にたとえ、「中央は十分な方法と十分強大なパワーもって出現しうる各種動乱を平定するだろう」と恫喝《どうかつ》しました。

また、会議では張暁明が「鄧小平《とうしょうへい》が今の香港で起きている動乱を見たら、きっと北京が干渉する判断を下すだろう」と語っていたと、会議参加者が伝えていました。これは天安門事件における戒厳令発令と武力鎮圧を成功体験としている習近平政権が、香港で同様の動乱が出現すれば、再び同じ判断を取りうるということを香港関係者に説明したということでしょう。

2019年6月9日の103万人デモは、米国民主党議員のナンシー・ペロシに「美しいデモ」と言わしめるほどの整然とした政治運動でしたが、その後2カ月の間に、警察の暴力に対抗する形で、ゼネラルストライキや交通機関の妨害、警察施設の襲撃といったデモ側の〝暴力性〟が増していきました。そのため、中国に解放軍・武装警察出動という大暴力行使の口実を与えかねない状況になったと、国際社会も固唾《かたず》を飲んで見守り始めました。

6月、7月は、習近平政権の香港デモへの対応は比較的抑制的でした。私が共産党中央の事情通に聞いた話では、この香港の6月9日の「反送中デモ」は習近平がまったく予想もしていなかった出来事だったようです。

この事情通は、香港デモは「習近平にとってはもらい事故だ」と評していました。中国にとって逃亡犯条例改正など、実はさほど必要としていなかったのです。香港側からの提案を中聯弁から受けて、それを容認しただけだったようです。

むしろ習近平は、6月4日の天安門事件30周年の香港における追悼集会の方を警戒しており、そのための警備強化を指示していました。その4日の天安門事件30周年記念日はさほど盛り上がらず、習近平はほっとして、ロシア、中央アジアの外遊に出たのでした。

これは上海協力機構首脳理事会合やアジア相互協力信頼醸成措置会議（ＣＩＣＡ）首脳会合などへの出席が目的で、対米貿易戦争に対抗するために、ロシア、中央アジアによる反米連合形成を国際メディアを通じてアピールする予定でした。

ところがロシア外遊中に香港103万人デモが発生し、10日の国際主要メディアのトップニュースは、香港デモ一色でした。習近平は驚き、慌てて林鄭月娥の無能を批判したそうです。反米連合のアピールどころか、米国が対中圧力に香港問題カードを振りかざし、低調だった台湾の蔡英文も香港問題を追い風に正式な民進党総統候補の座を勝ち取って、習近平は苦境に立たされました。

焦る習近平に対して「冷静になれ」と言ったのがロシアのウラジーミル・プーチンだったとか。

CICA参加のために、ともにタジキスタン・ドゥシャンベ入りしていたプーチンは、6月15日の習近平の66歳の誕生日に習近平のホテルの部屋を訪ね、アイスクリームをプレゼントし、「条例改正事案を事実上撤回するべきだ」とアドバイスした、という笑い話のような情報が党内で流れていました。

プーチンに言われたから、というのは一種の習近平を揶揄《やゆ》するジョークだとしても、習近平が15日にすぐに韓正《かんせい》と汪洋を通じて指示を出し、林鄭月娥に「条例改正案の審議延期」を発表させたというのは本当のようです。それでもデモは鎮静化しなかったので、中国側は、これを「香港デモの方が理不尽にゴネている」という方向に、SNSの書き込みや親中派メディアなどを使って世論誘導する作戦にでました。7月1日の立法会突

ウラジミール・プーチン

入は、まさにそういうデモ隊の「やりすぎ」感の演出に利用されました。

ですが、デモを早く鎮静化させよ、と強いプレッシャーを受けた林鄭月娥が、警察の過剰な暴力によって鎮圧しようとしたため、依然、国際社会はデモ隊の若者の方に同情的でした。

鄧小平

こうしてデモがなかなか鎮静化できないどころか、むしろ勢いづいていることに危機感を覚えた党内では、解放軍出動の選択肢も含める意見が出てきたのが7月の終わりごろです。

張暁明が「カラー革命」にたとえていることからもわかるように、党内ではこの一連の香港の問題の背後で、米国が糸を引いているとの疑いを持っていました。米中対立の延長として考えるならば、中国としても簡単には譲歩や妥協ができない、というわけです。

8月に入り中国では、北戴河《ほくたいが》会議（党中央の長老・現役指導部による秘密会議：8月3日〜14日）が始まりました。この会議では、8月9日以前に、解放軍から党中央に対し提出された「反香港デモ暴動鎮圧軍事作戦書」をもとに、軍・武装警察出動支持派の保守派と、朱鎔基《しゅようき》、曾慶紅、胡錦涛、温家宝《おんかほう》ら反対派に分かれてかなり激しい議論になったそうです。

このとき、鄧小平を支えて改革開放路線を推進してきた長老たち、田紀雲《でんきうん》や胡啓立《こけいりつ》が涙を流して、「鄧小平の改革開放の輝かしい成果である香港を損なった」と習近平を責めたとか、胡錦涛は現役指導部たちに対して、「絶対に香港に〝むごい役割〟をさせるな」と発言したとか。温家宝は「私は言うべきことを言った。あとはどうなってもあなたが責任を取ってください」と捨て台詞《ぜりふ》を吐いたとか。韓正は戒厳令や解放軍出動を主張したとか。そういう内幕の噂が漏れ伝えられていました。

蘋果日報《ひんかにっぽう》（8月12日）によれば、習近平は最終的に香港デモについて、「部隊を動かす必要はないが、厳格な刑罰と峻厳な法令によってできるだけ早く乱を平定し、寸土も譲らずに」と指示したということでした。つまり軍は動かさない、現行の香港の法律枠内で、中聯弁がコントロールした香港警察部隊によってできるだけ多くを逮捕し、暴動罪という重い判決でもって処罰する、という方針のようです。また、香港デモが要求する五大訴求については一切譲歩しないということでした。

習近平が「部隊を動かさない」と決めたのは、軍を出動させると香港金融が動揺し、中国経済に直接的な影響があると考えたため、と解説されていました。

それでも習近平が「乱を平定」という言葉を使い、8月17日に、深圳で武装警察11個師団1万兵士が集結し、高圧放水車や警棒、催涙弾、警察犬を使ったデモ制圧演習を行ったのは事実で、解放軍東部戦区陸軍の微信公式アカウント「人民前線」が、「香港のデモ現場まで10分で到着する」とあからさまな恫喝をしていました。

スタジアムに待機している11個師団の軍隊を上空から撮った写真を見せつけられれば、何かの拍子で、偶発的に衝突が発生したり、あるいは情報伝達の食い違いで軍が動いたりするんじゃないか、と想像してしまい、かなり恐ろしいものがあります。

ニューヨーク在住の政治評論家の陳破空《ちんはくう》は体制内知識人からの情報として、「中共ハイレベル政治は長老勢と、習近平・王滬寧《おうこねい》ペアの間での対立が大きく、長老はおおむね香港の武力鎮圧には反対、習近平の香港への対応方針（警察を使っての徹底鎮圧）についても賛成しなかったが、習近平の決定を覆すことはできなかった」と解説していました。

ネット上には、北戴河会議で、ある長老が習近平に対してかなり厳しい10の質問をした、という〝噂〟が流れていました。匿名の情報提供者が「来年、我々はまた北戴河で相まみえることができるか」と題した公開書簡の形でこれをまとめていましたが、まさしく国際社会も疑問に思って知りたいという質問であったので、ここで紹介しておきましょう。

①香港問題は最終的にどういう決着をつけるのか？

②中国経済はこのまま下降していくのか。中国共産党は来年もあるのか？

③高圧的な統治のやり方で、中国社会を、中国共産党は来年も支えることができるのか？

④米中関係がこのままで、中国共産党は来年まで乗り切れるのか？

⑤もし、新疆やチベットの少数民族の人民が、突然全員でデモを起こしたら、中共は再度、鎮圧できるのか？　どのように解決するつもりか？　全員捕まえるつもりか？

⑥中国共産党内部の人々は、誰もが自分の身の危険を感じている。党内でネガティブな意見を引き起こし、海外勢力の影響も受けたとき、中国でもし内部性の動乱や暴乱が起きたらどのように解決するのか？

⑦中国共産党はこのままインターネットやソーシャルメディアをコントロールできるのか？

⑧中国の財政赤字と外債が、もしダブルで弾けたら、どういう結果になるのか？

⑨米国をリーダーとした西側社会が、もし中国に対して海外に

6月9日の103万人デモ ©Yip Chui Yu

所有する国家資産を違法資産と見なして、封鎖したら、どう対応するのか?
⑩中国共産党の現在の国家安全委員会制度が、実質、政治局や政治局常務委員を排除するものだとしたら、このモデル(集団指導体制)は継続していくのか?

この10大疑問は、共産党内で、習近平指導部のやり方に疑問や不安を持っている人が多いということの現れだとみられています。

【二度目の現場取材】

2019年6月9日の103万人デモから100日目の9月15日の夕方、私は再び香港デモの現場にいました。

そのとき、香港デモはすでに〝戦闘〟になっていました。催涙ガスが飛び交い、その煙幕の隙間を縫って、黒い服の青年たちが政府庁舎に向かって火炎瓶を投げつけていました。やがて高圧放水車が投入され、ペッパー水と青い着色水を交互にデモ隊に発射し、デモ隊も、それを間近で撮影している記者たちも吹っ飛んでしまいました。

逃げ足に自信のない私は、少し離れた陸橋からこの光景を唖然として眺めていました。私はこのとき、3Mのフルフェイスの防ガスマスクをしていましたが、髪の毛を挟んでしまっていたので、隙間から催涙ガスが滲《にじ》んできて、顔面がヒリヒリしていました。

ひと通りの〝戦闘〟が終わって下に降りると、ペッパー水を浴びた青年たちをボランティア救護班が物陰で手当していました。「水！　水！」と叫んでいたので、とっさに持っていたミネラルウォーターのペットボトルを差し出すと、救護班員はその水を青年の背中にぶっかけました。痛みでゆがんだその顔は、びっくりするほど幼くて、こんな子供たちが、先ほどまで警察と渡り合っていたのかと、ショックをおぼえました。

フルフェイスの防ガスマスクをする筆者

それでも、若い抵抗者たちは私に向かって、「10月1日（中国の建国70周年記念日）はもっと、盛大に祝ってやる！」と口々に言っていました。彼らの怒りの矛先はすでに中国であり、もはや条例改正案撤回の問題ではなくなっていました。

9月13日に香港入りして、私が「週末のデモ現場に行く」と言うとウインタスは「前線取材は戦場取材と同じです」と言って、フルフェイス防ガスマスクを用意し、さらに逮捕されたときに保釈請求をしてくれる弁護士まで紹介されました。

「メディアも逮捕されるの？」と聞くと「メディアはむしろターゲットになります」。こういう会話を旺角のレストランでしていると、店長が、「サービスです」と言ってサーモンの刺身の小皿を置いていきました。「このデモの取材は危険だと市民はみんな知っているので、デモ取材のプレスに対してはみんな敬意を示してくれるんです」とウインタス。

この取材では、本当に、香港の普通の人たちが、あちこちでデモ隊やそれを取材する外国メディアを支援していることを体感しました。例えば市民がボランティアドライバーとして、無償で送り迎えをしてくれたり、企業家や商店主さんが高価なガスマスクやフィルターを無償、あるいはワンコインで提供してくれたりしていました。

こうした変化の理由は、8月30日の黄之鋒、周庭《しゅうてい》（アグネス・チョウ）といった雨傘運動から続く香港若者社会運動のアイコン的存在であった2人を含む社会運動家や立法議員ら8人が突然逮捕されたこと（いずれもその後釈放）、その翌日の8月31日デモで、地下鉄太子駅構内の警察によるデモ排除行動中に、デモ隊側に3人の死者が出たという噂のせいなのかもしれません。

8月31日というのは特別な日でした。２０１４年の雨傘運動が起きた切っ掛けとなる、行政長官選挙改革に対する中国全国人民代表大会常務委員会の決定があったのが同年8月31日で、この屈辱の日を思い起こすための大規模デモが予定されていました。

この直前の27日に林鄭月娥行政長官は、「あらゆる香港の法律を使って混乱を収める責任がある」と発言し、初めて緊急状況規則条例（緊急法）の発動をほのめかせました。そして30日に、雨傘運動のリーダーであった黄之鋒や雨傘運動の女神と呼ばれた周庭、陳浩天《ちんこうてん》（香港民族党創始者アンディ・チャン）、立法会議員の鄭松泰、區諾軒《くだくけん》、譚文豪《たんぶんごう》、区議の許鋭宇《きょえいう》ら、社会活動家や議員らを一斉に公務妨害容疑で逮捕しました。彼らはすぐに保釈されましたが、平和デモ主催者であった民間人権陣線はデモの開催取り消しを発表せざるをえませんでした。

黄之鋒

周庭

ですが結果として、8・31デモはこれまで以上になく激しいものとなってしまいました。警察は太子駅を封鎖してデモを暴力鎮圧し、また初めて暴動鎮圧用の高圧放水車を投入。実弾発射警告を行いました。この太子駅における デモ鎮圧で死者が3人出た、という未確認情報が流れました。死者はないという警察発表を多くの市民は信じませんでした。

この一連の出来事は、香港人に法治が完全に失われた象徴的事件として絶望を与えました。黄之鋒や周庭、立法会議員らは平和デモ派を支持する穏健派で、彼らとも話し合いができないというのは、「香港政府には、実は話し合いの意志がない」ということを意味するからです。

私が香港入りした9月13日は中秋節（中秋の名月）。その日の夕方、私は前月31日に〝死者〟が出た現場という太子駅に行ってみました。旺角警察署が近い太子駅の入り口は、白い花で飾られ、月餅が供えられ、まるで葬儀の祭壇のようでした。その前で、市民らが次々と線香をあげたり、中秋節用のランタンの火をつけたりしていました。

8月31日、太子駅でスピードドラゴンと呼ばれる警察が投入され、デモ隊を制圧しました。このときデモ隊側に重傷者が10人出ていると当初発表されたのですが、最終的に7人に修正されました。

重症者の数が急に3人減らされたのは、死亡したのを隠蔽したのではないか、という噂が広がりました。そういう疑心を持ったデモ隊や市民は、地下鉄駅に設置されている監視カメラの映像をすべて公開せよと主張しました。ですが地下鉄側はこの要請に応じませんでした。そのため疑いはさらに高じて、デモ隊側は地下鉄施設の破壊や政府庁舎への攻撃などの「戦闘」モードに転じていったのでした。

「香港警察がそこまでするか？」と友人たちに聞きまわったのですが、「彼らはもう香港警察ではなく中国公安だ」と言います。これはまんざら誇張ではなく、フランス・フィガロ紙によれば、中国政府は8月7日までに秘密裡に3万人の増援を香港警察に送っているといいます。これが本当なら、香港警察実動隊はもともと3万人程度なので、ほとんどまるごと香港警察が中国公安に入れ替えられたぐらいの話です。

別の消息筋によれば、中共中央政法委員会書記の郭声琨の指示で、北京、上海、広東の公安警察3000人前後が偽装記者や偽装親中派デモ隊、煽動家などの役割で、7月以降に香港入りしているという噂も流れていました。また一部の逮捕者は、香港の刑務所ではなく広東省の監獄に送られている、と中国内部に情報筋を持つ香港雑誌「前哨」（9月号）は報じていました。

こうしたことから、林鄭月娥が9月4日に、条例改正案完全撤回を宣言し、話し合いを提案しましたが、デモ参加者たちのほとんどが「今更、撤回しても遅すぎるし、譲歩も少なすぎる」と納得しませんでした。

あるデモ参加者は「あまりにもたくさんの血が流れすぎたし、逮捕者が増えすぎた。この程度の譲歩で、納得していたら、犠牲者がうかばれない」と言い、五大訴求が全部聞き届けられるまで、戦い続けると息巻いていました。

ちなみに林鄭月娥は、実業家らとの内部会合で「もし私に選択肢があるなら、（私がすべき）最初のことは辞任であり、深く謝罪すること」「残念ながら憲法で2つの主人、つまり香港市民と中国政府に仕えなければならない行政長官として、政治的な余地は、非常に、非常に限られている」と妥協したくても妥協できない苦しみを吐露しており、その音声が9月2日のロイター通信でスクープとして公開されています。

おそらく林鄭月娥の音声リークが、北戴河会議では「妥協は一切しない」と強く言っていた中国の妥協を引き出したのでしょう。

私が仄聞《そくぶん》した限りでは、習近平政権は8月の段階では林鄭月娥に対し、あくまで香港政府の法令執行によって香港デモを「平定」するように命じていたそうです。具体的には、緊急状況規則条例（緊急法）という、立法会を通さずに行政長官と行政会議のみで立法できる事実上の戒厳令を発動して、外出禁止令や交通、通信の遮断などの措置を行って、違反者の一斉逮捕という暴力的な方法を林鄭月娥の責任でやらせようということだったようです。

ですが、林鄭月娥は、それを自分の責任で行うのを嫌がった。だから、ロイター通信を通じてリークを行った。今後、香港に対して行う一切の措置が自分の意志ではないことを香港市民に弁解する意味と、北京に対して、これ以上のことはもうできないという、ささやかな抵抗の意志であった、ということらしいです。

林鄭月娥をここまで追い詰めたのが、勇武派の抵抗だったということもあり、その後の抵抗は、さらに過激化していったのです。

林鄭月娥は条例改正案撤回とともに、警監会（警察監視のための第三機関）に外国人専門家を加えることや、社会各層からのリーダー、専門、学者を加えた諮問機関を設けて政府にアドバイスしてもらうことや、あらたな対話プラットフォームをつくることなどを挙げましたが、8月30日の黄之鋒らの逮捕事件などをみたあとでは、そんな提案も信じられるわけがありません。デモ参加者らは「中国の建国記念日の10月1日までを穏便に過ごすための方便で、10月1日を過ぎたら手の平を返すと思う」と言っていました。

私が共産党内部に精通している消息筋から聞いたところでは、習近平政権にとってのボトムラインは、「中国のメンツを守る」「死者を出さない」「軍を派遣しない」の3つであり、その範囲内でデモを平定せよ、というのが、当時、香港政府に課された任務だったようです。だからといって、解放軍が出動することは絶対にないとはいいきれません。「天安門事件の再来のようになるかもしれないではないか」と知り合いの勇武派デモ参加者に聞くと、彼らは「恐れるくらいなら、やらない。望むところだ」「遺書はもう書いた」と勇ましく答えます。「どうせこのままでも香港の自由は死ぬ。ならば、せめて中国がどんなひどい国であるかを国際社会に見せつけるために死ぬ」と言う人もいました。

【間欠泉式の多様化する抗議活動】

こうした香港デモの〝戦闘化〟傾向の一方で、一般市民たちのデモの参加形式も変化してきました。平和デモ派の黄之鋒、周庭は9月12日から前後して、ドイツや米国に行き、香港支持の国際世論形成に動きました。9月15日の昼間には平和デモの行進(10万人規模)も行われたのですが、このとき、元宗主国の英国旗のみならず、たくさんの星条旗が翻り、トランプ大統領やペロシ下院議長の名前が叫ばれました。

このフラッグ部隊をＳＮＳで呼び掛けた一人は、私の友人の外資系バンカーだったのですが、彼によれば、「勇武派のやり方も、平和デモ派のやり方も、効果が薄いと思った、一番効果的なのは米国の支援を得ることだと思って星条旗を振る運動を呼び掛けた」とのこと。つまり、市民一人ひとりが、自分のやり方で五大訴求を実現するために最善の方法を自分なりに考えて行動する多元的な運動になってきたのです。

そんななかで、私が非常に感動したのは、市民が夜、ショッピングモールや広場に集まって「願栄光帰香港（香港に再び栄えあれ）」という〝香港国歌〟を合唱し、時代革命ダンスを踊るという、パフォーマンスでした。平和デモの許可はすでに下りなくなっていました。市民は、フラッシュモブのようにどこで起こるかわからない数百人から千人規模の合唱集会を同時多発的に香港各地で行っていました。

９月に入ってから、香港のネット上に集う有志が創ったこの〝香港国歌〟は、今の香港人の気持ちを最もよく表していました。

「みんな、正義のために時代革命を」「民主と自由よ、永遠なれ」

守護孩子行動（子供を守る会）のボランティアの有名なご老人

9月13日夜、沙田のショッピングモールで、大勢の市民がこの歌を合唱している様子を目撃しました。隣で歌っていた若い女性が「この歌を歌っていると、本当に自由が取り戻せるって信じられる」と涙を拭いていました。

　中国政府がいかに策を弄《ろう》し、暴力を使って大規模デモと勇武派暴力デモを鎮圧したとしても、市民全体が歌い出す〝時代革命〟は、誰にも止められないのだ、と隣にいたウインタスが言います。香港人には国際社会が思っている以上の覚悟ができているのだと感じた瞬間でした。

　大規模な平和デモから始まり、それでも香港や中国から譲歩を引き出せないとなるや、手製のプロテクターに身を包んで、火炎瓶を投げて抵抗する。一方で、そういう暴力を良しとしない人たちは、声を揃えて〝時代革命〟を謳い上げる。星条旗を振り、米国領事に手紙を書く若者もいる。そんな若者のためにクラウドファンディングで資金支援しているグループ、ボランティアでドライバーとなって移動の手伝いをしたり、未成年の子供たちへの警察の不当な暴力を防ごうとパトロールする大人たちもいる。この香港のデモは、日本の人たちが思っているよりも、ずっと多くの人が、多様な形で関わり合って形成されていました。

「この人」といったリーダー的存在はなく、組織らしい組織もなく、ただSNSでつながっているとらえどころのない、一見脆弱《ぜいじゃく》だけれども、状況に合わせて変容し、長続きしていくこの運動は、ブルース・リーの格言「Be Water」（水になれ）の精神に倣《なら》うものとして欧米メディアは「水の革命」と呼び始めていました。

【国慶節デモの衝撃】

2019年10月1日の中国建国70周年目の国慶節の日、私は香港反送中デモが始まってから三度目の現場取材を行いました。このときの現場の激しさは、もはや「市街戦」と形容していいと思います。

10月1日夕刻、私は湾仔のど真ん中にいました。そこで勇武派デモ隊と警察防暴隊の火炎瓶と催涙弾の応酬の狭間で右往左往していました。

ほんの1メートルほど離れたところでガチャンと音がして、デモ隊が投げた火炎瓶がぼっと炎上します。それが、ちょうどガソリンスタンド前だったので慌てて駆け出すと、後方から警察が発射した催涙弾が降ってきました。顔はフルフェイスの3M防ガスマスクをしているのですが、首筋など肌の露出している部分は催涙弾のガスが染み込みヒリヒリと痛みました。

9月下旬ごろから香港デモは週末どころかほとんど毎日、どこかで起きていました。また、始まりが平和デモであっても、最終的には〝市街戦〟になるのが常態化していました。ですが、この日は特に激しかったのです。「中国の建国70周年の国慶節を、盛大な破壊行為でお祝いしてやる」と若者たちは息巻いており、一方、香港政府はこの日のデモを封じ込めるためなら、いかなる手段を使ってもよい、実弾使用も許可する、と香港警察に伝えていた、と言われています。

催涙弾などで武装する香港警察 ©Bono

私が湾仔で火炎瓶と催涙弾から逃げまどいながら、細い路地に逃げ込み、一息ついたとき、SNSのテレグラムに18歳の男子高校生が警察の銃弾を胸に受けて重体となったというメッセージが流れてきました。実弾使用許可が出ているという噂は聞いていましたが、まさか本当に警察が未成年者の胸に向かって銃弾を撃ち込むなんてことがあるとは、そのときは思いもよりませんでした。

香港の法治は完全に死んだと気づかされた瞬間でした。これは、まるで白色テロです。

地下鉄駅は破壊され、公道のタイルは剥がされ、火炎瓶の炎があちこちでくすぶっていました。スターバックスや元気寿司といった親中派香港企業、美心食品が展開しているフランチャイズ企業も打ち壊しにあっていました。立ち込める催涙ガスは、マスクがなければ息もできないほどの刺激臭です。このときは気づいていませんでしたが、この催涙ガスは中国製で、ダイオキシンなどの猛毒を発生するものでした。これを日常的に吸いながら取材していた記者のなかには、クロロアクネという皮膚障害の症状を訴える人もあとから出てきたのでした。

警察の暴力はデモ隊だけでなく、デモに同情的なメディア、ボランティア医療隊、店舗、一般市民にまで、ますます容赦のないものになっていました。

例えば、私の友人のセルフメディアの若者二人は10月1日の朝、突然逮捕されました。逮捕されたうちの一人、アレックスは、その日、私の取材に同行してくれる約束だったのが、いつまでたっても待ち合わせの場所に現れませんでした。あとになって逮捕されたと知らされたのです。

彼らが逮捕された理由とは、取材中に首にぶら下げている自作のプレスカードを「私文書偽造」であるとする信じがたいものでした。翌日には一応釈放されたのですが、これは香港デモ取材者全体への恫喝といっていいでしょう。警察はデモ取材中のメディアにゴム弾や催涙弾をあえて撃ってくるぐらい、メディアを憎んでいます。実際に9月30日にはインドネシア記者が顔にゴム弾を受けて眼球破裂の重傷を負いました。

また、医療ボランティアへの暴行もひどいものがあります。医療ボランティアとは、非番の医師や看護師、救急隊員や救急医療の心得がある人たちが、自前の医療器具や医薬品を持ってデモでの負傷者に対して救護活動を行う善意の人たちです。彼らはSNSでネットワークをつくり、助けを求められれば、怪我人がデモ隊であっても警官であってもマフィアであっても救護する、という赤十字精神を遵守しています。

ですが、警官はそういう医療ボランティアをあえて痛めつけるのです。知り合いの医療ボランティアの青年は、負傷者救護中に警官から背中や頭を殴る蹴るなどされた、と言います。

また、デモ隊の負傷者を治療したボランティア医療隊員を「地下医師」として摘発、逮捕したケースも相次ぎました。警察はデモ隊を暴徒、犯罪者として扱い、それを助けるボランティア医師もデモ隊の言い分も公平に報じるメディアも、犯罪の共犯者、というわけです。

ですが、ボランティア医師は目の前の怪我人が警官であろうが親中派であろうが助けますし、私たちメディアも警察や親中派が取材に応じてくれるなら、その言い分を報じます。戦場では医療関係者とメディア、民間人を狙わないのは世界のルールです。

また、香港警察が、デモの若者たちを制圧して捕らえたあとも執拗に暴力をふるいます。

医療ボランティアにも催涙ガスが撒かれる ©Bono

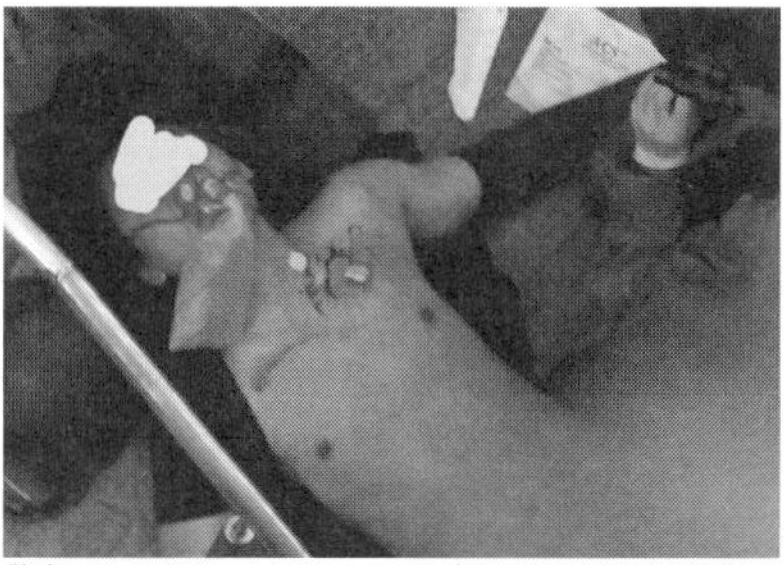

警察による暴行は至るところで起こっている ©Alex

確かに火炎瓶を投げ、警官を襲う若者を警察が武器を持って制圧するのは当然の治安維持行為かもしれません。ですが、制圧して無力化した抵抗者や、武器を捨て両手を上げて投降の意を示した者を執拗に痛めつけるのは暴行でしかないでしょう。

私は、湾仔の〝市街戦〟の現場で、スピードドラゴンと呼ばれる重装備の警官が抵抗者を地面に押さえつけて制圧したあと、身動きできない若者の肘を外側にねじ曲げるのを目撃しました。おそらく腕の骨を折ったのだと思います。本物の武器を持ち合って戦う戦争でも、捕虜に対しての暴行は戦争犯罪です。

つまり、香港デモは、戦場よりも無秩序で、香港警察は、本来あるべき統制もとれておらず、法の執行者としての正義も失っている〝暴力装置〟にすぎなくなっていたのです。デモ隊の五大訴求に「香港警察に対する独立調査委員会の設置と調査が必要だ」とあるのは当然の主張だと思いました。

10月1日デモ©Bono

10月1日、香港行政長官の林鄭月娥は北京に行き、建国70周年の式典に参加していました。おそらく、そこで北京と今後の香港デモへの対応についての指示も受けたと思われます。

香港に戻ってきた林鄭は、10月5日、ついに1967年の香港左派暴動以来の緊急法（緊急状況規則条例）を発動し、それに基づいて覆面禁止令が発令されました。緊急法は、秩序を取り戻すためならば、いかなる命令も行政長官と行政会議の判断で発令できるという、一種の戒厳令です。

さらに林鄭は8日、香港自身で問題を対処するとしながらも、「状況が悪化すれば、中央政府への支援要請を排除しない」と、コメント。香港基本法18条では、香港が警察力だけで対処できないと判断した場合、解放軍出動を要請できることになっています。これは、人々に1989年の天安門事件のような状況が起こりうることを覚悟させました。

建国70周年の10月1日のイベントを終えた中国は、もはや香港に対していかなる残酷な手段をも取りうるという意思を林鄭の決定を通じて示したのでした。

【周庭へのインタビュー】

私は香港のデモに対する警察の暴力を目の当たりにして、かなり香港のデモ隊に対して同情的でしたし、香港の勇武派の若者が過激化するのもいたしかたない面がある、と思っていました。

ですが、日本のテレビメディアでは、有識者のコメンテーターが香港の若者の方が悪い、というニュアンスで批判することも多いのでした。警察が高校生の胸を実弾で撃ったことについても、「警察も怖かったに違いない」「正当防衛だろう」「日本の警察も同じことをする」というコメントが出ていました。香港の若者が、香港市民の迷惑を顧みずに暴れている、という見方をする人もいました。ですが、これはかなり香港の世論とかけ離れていると思います。

10月初旬に香港を訪れたとき、香港自決を掲げる若い政党・香港衆志（デモシスト）常務委員で、雨傘運動のとき学民思潮のスポークスパーソンとして活動し、「雨傘運動の女神」と呼ばれた周庭にインタビューすることができました。

周庭（右）と筆者

彼女は1996年生まれで、まだ大学生ですが、非常に聡明な人で、雨傘運動以来の知名度と堪能な日本語や英語で、日本や英米などの海外向けに、香港の若者の代弁者として発信し続けていました。6月21日の警察本部包囲デモに関与した疑いで8月30日に逮捕、起訴されましたが、夜間外出禁止などの条件をのんで保釈され、昼間の時間なら自由に外出できるということで、インタビューに応じてもらったのです。

彼女自身は平和デモ派ですが、勇武派の立場も理解した彼女の発言は、たぶん香港デモの実相がよくわかり、私が言葉を尽くすよりも、今の香港人の本音がわかると思うので、以下、そのやりとりをまとめて紹介しましょう。

福島：雨傘運動のころから存じあげていますが、そのころから日本語が大変お上手でしたが、さらにうまくなりましたね。このまま日本語でインタビューしていいですか？

周庭：はい。日本語はアニメやＪ－ｐｏｐを通しての独学なんですが、雨傘運動から日本のメディアが香港に注目してくれて、日本語メディアで取材を受けることで、ずいぶん練習機会を与えてもらいました。

福島：香港デモは６月９日の１０３万人デモからいろんなことが起きました。10月１日のデモでは、警察の銃弾で青年が胸を撃たれる事件が発生するなど激しくなっています。これまでを振り返ってみて、何をお感じになっていますか？

周庭：このデモは、確かに逃亡犯条例改正問題から始まったのですが、６月12日以降、警察の権力乱用について香港政府が何も批判しないということに怒りを覚え、５つの要求（五大訴求）を打ち出すようになりました。もちろん条例改正案撤廃は重要ですが、警察の暴力、警察の行為に対して外部調査委員会を設立し、本当の民主主義を実現するために普通選挙を行うことが、より重要だと考えるようになりました。10月1日は、中国にとっては国慶節ですが、私たちはお祝いする気持ちにはなりません。香港人を含めてたくさんの人が中国に苦しめられていることを知っているからです。中国には報道統制があります。中国の人たちにはわからないかもしれませんが、国内でも、多くのウイグルやチベットの人たち、信仰を持つ人たちが弾圧されています。

ですから、10月1日のデモの目標は、五大訴求だけでなく、中国政府の政治的弾圧、暴力的弾圧に対して反対するという気持ちを持って、たくさんの市民が参加しました。この日のデモで、18歳の男子高校生が左胸を警察の銃弾で撃たれました。警察が実弾を使ったのは初めてではないんですけれど、デモの参加者の心臓を狙って実弾を撃ったのは初めてでした。警察発表は嘘ばかりです。記者会見では「左肩を撃った」「正当防衛だ」とか発表していますが、明らかに心臓を狙って撃っています。殺すつもりで撃ったのだと思います。

警察はどんどんコントロールできない状況になっています。警察の権力乱用は今回だけでなく、過去3カ月間、たくさんありました。例えば逮捕された人が警察に虐待されたり、セクハラされたり、殴られたり。そういう証言もたくさんあります。警察はやりたい放題です。

10月1日の話だけでなく、警察側はデモ隊を殺すつもりで暴力を振るっていると思います。実弾だけではなく、催涙弾でも人を殺せるし、放水車でも人は殺せます。そういう武器を持っている法的権力がある警察が、こんなにコントロールできていないことが、香港人にとっては恐怖なのです。もともと警察は市民の安全と命を守る責任があるのですが、今の香港警察は、まったくそういう責任を負っていません。警察は市民の税金から給与をもらっているのに、市民を傷つける側になったのです。

福島：国慶節の日に警察の実弾発砲のような大事件が起きることは予測していましたか？

周庭：警察の暴力がエスカレートするということは予測できました。ですが、今の香港では予測できないことが多いです。警察、政府だけでなく、親北京派のマフィアが結託して、無差別に市民を攻撃したり、黒い服を着ている人たちを攻撃することもよくあります。明日、どうなるのかわからない状況になってしまいました。

福島：10月1日のデモでは、周庭さんはどこにおられましたか？　危険な目にはあっていいませんか？

周庭：私は沙田のデモに参加しました。今の香港は、デモに参加すればどこであっても危険です。この100日余り、私だけでなく、香港人はみんなずっと恐怖のなかにいました。

福島：こういう混乱の香港を放っておいて、10月1日に林鄭月娥行政長官ら香港政府の幹部たち240人が北京に行ったことはどう思いますか？

周庭：この時期に北京に行ったことは、彼女は香港のための行政長官ではなく、北京政府のための行政長官であることを改めて示したということです。これは香港に民主主義がないせいだと思いました。

福島：林鄭月娥行政長官は五大訴求のうちの1つ、条例改正案を完全撤廃すると発表しました。これは部分的とはいえデモ隊側の勝利ではないでしょうか？

周庭：まったく勝利だとは思いません。もし、6月の100万人、200万人のデモが起きたとき、この撤回が発表されたのなら、香港は今、こういう状況になっていなかったでしょう。この100日あまり、自殺した仲間たち、怪我をした仲間たち、警察に逮捕され虐待された人たちがたくさん出て、今更、何もなかったふりをして、条例改正案を撤回するといっても、遅すぎるし、まったく納得できません。林鄭月娥は五大訴求の他の4つの要求に応えねばなりません。特に警察の暴力に対して、外部調査を行うことが必要だと思います。

福島：警察監督会は役にたちませんか？

周庭：あの組織の役割は、確かに警察を監督、監察することなのですが、あの組織には法的な権力はまったくありません。権力がないので影響力もありません。私たちが望んでいるのは、法的権力を与えられた、本当に警察に対して監督・観察ができる外部組織の設立です。

福島：9月中旬、周庭さんはドイツ、黄之鋒さんは米国に行かれて、国際社会に香港への支援を訴えてこられましたね。米国は香港人権・民主法案を可決しようとしています。米国のこの法律が通り、国際社会が香港を支援すれば、あなた方の五大訴求が認められると思いますか？

周庭：まずは国際社会から香港政府にプレッシャーをかけることは非常に大事だと思っています。香港は国際金融都市なので、いろんな国の人、企業、資金が香港に集まっています。米国で審議されている香港人権・民主法案は、本当にこの法案が施行されたら、香港の人権を弾圧する人たちの米国入国禁止や資産凍結も行われます。これは確実なプレッシャーになると思います。

福島：中国がそれでも香港に対して人権弾圧や一国二制度を破壊するような行動を取り続けると、香港に対する経済的優遇、例えば関税優遇やビザ優遇も取り消され、事実上、香港が経済制裁を受ける格好になります。そうなると、香港の繁栄が失われるのではないですか？

周庭：私にとって強い国、繁栄した国というのは、経済力があるだけでなく、人権や人の命に対する尊重ができる国です。中国は世界の経済大国と言われていますが、自治を求めるだけで、弾圧されます。不可解な死に方をした人たちもたくさんいます。こういう国のどこが経済大国なのか。この運動が始まる前の香港は、たぶん外部から経済的には繁栄しているように見えていたかもしれません。ですが、実はこの20年間、香港人はさまざまな苦しみを経験してきました。政治的な問題だけではなく、社会、生活の問題もあります。

今の政府に対する運動は、これまでの怒り、不満が一斉に出てきた感があります。政治的な問題を根本的に解決することが、香港の本当の繁栄のために必要なことだと思います。
もともと香港は、中国に返還される前から国際金融都市でした。香港がなぜ経済的に繁栄したか、今まで国際金融都市であり続けたか、これは中国のおかげというより、一国二制度のおかげです。香港経済の繁栄は、公平な制度や、法律で守られたシステム、政治と経済の自由があるからこそ守られるのだと思いますね。
ですが、今、中国政府はこの一国二制度を破壊してきている。今、私たちが直面していることは、政治問題を解決することと、香港経済の繁栄を守ることの二者択一ではなく、この政治問題を解決し、一国二制度をちゃんと機能させないと、香港の繁栄もなくなる、という現実です。

福島：デモが暴力的になっていることはどう思いますか？

周庭：この3カ月間、何度となく日本メディアからそういう質問を受けました。デモのことを、あまり軽々しく暴力的とか暴徒化というのはフェアではないと思います。
私たち香港人は民主主義のために、この20年間、いろんな手段を使ってきました。今回の運動のなかでも、デモやストライキ、授業ボイコットなどさまざまな穏健で平和的手段で訴えてきました。でも、こういう手段を使っても香港政府はまったく民意に向き合わなかった。私はもともと非暴力を主張してきましたが、日本の皆さんにはまず、香港人の怒りを理解していただきたい。普通の平和的デモには政府も慣れてしまい、まったく動かない。今のような激しいデモになって、経済にも影響が出て、予測できない事態が起こりうるようになって、政府にとってプレッシャーが強くなった。条例改正案撤回を発表したのも、デモが過激化してからです。平和的手段と急進的な手段、両方も必要だなと今は思うようになりました。

福島：でも、火炎瓶を投げたり地下鉄を破壊したりするのは日本人から見ると、やりすぎではないか、と思ってしまいます。

周庭：日本人の方には、まず事実を知ってほしいです。警察がデモの参加者になりすましていることも多いのです。8月中旬から警官がデモの参加者になりすます例が確認されています。デモの参加者になりすまして何をするか。デモ隊になりすまして火炎瓶を投げていた警官がいたことはニュースにもなりました。次にデモの参加者の気持ちも考えてほしい。私たちはすでに平和的な手段を使って何度も訴えてきました。外国だったら100万人のデモ隊が街に出てきたら、政権が交代しますよね。
香港人は今、五大訴求だけのために戦っているのではありません。死んだ仲間、虐待された仲間、銃に撃たれた仲間、セクハラされた仲間がたくさんいます。現場では警察の暴力がエスカレートしています。10月1日のときも、警察官が銃を構えながら、デモの参加者を追いかける場面がたくさんありました。デモの最前線は、反撃をしないと殺されるかもしれない、という緊迫した状況があります。そもそも、権力を持ちいくつもの武器を携えた警察の暴力とデモ隊の暴力を比較すること自体、フェアじゃないです。

福島：中国のメディアで、デモの背後に米国がいて、CIAが操っている、CIAから工作費や工作員が来ていると言っていますね。それについてはどう思いますか？

周庭：笑ってしまいますね。中国人は独裁体制のなかで、命令に従うことに慣れてしまって、自分の判断で行動することができないから、そう思うんでしょう。

福島：五大訴求の最後に普通選挙の要求がありますが、普通選挙が実現すれば、香港は変わると思いますか？

周庭：普通選挙があれば社会問題が全部解決されるということではありませんが、民主主義を実現するということになります。民主主義がないのは香港の根本的政治問題のすごく重要な部分です。

福島：周庭さんは今度の区議選挙には出馬されるつもりはありませんか？　黄之鋒さんは出馬されますね。黄之鋒さんたちが当選すれば、香港の現状は変わりますか？

周庭：私は出馬しません。黄之鋒は出馬すると言っていますが、まずは出馬できるかどうか、まだわかりません。資格が取り消される可能性もあります。

あと、親北京派が区議会選挙を延期させようとしているという噂があります。今回の運動を通して、民主派への支持率が上昇し、親北京派の支持率が急落しています。区議会選挙は小さい選挙ですが、香港の選挙のなかでは最も民主的なので、もし予定通り実施されれば、親北京派が惨敗すると思います。中国政府は、この選挙で負けることを非常に怖がっていると言われています。資格が取り消される前に、区議会選挙が実施されるかどうかもわかりません。

福島：香港デモは今後、どうなると思いますか。五大訴求をかなえることはできると思いますか？

周庭：それは林鄭月娥に聞いた方がいいんじゃないかな。

福島：では、要求が通るまで運動は続くと思いますか？

周庭：今、なぜ、みんなの怒りが続いているかというと、五大訴求の問題だけでなく、警察や政府からの弾圧がどんどん強くなっているということが大きい。武器の使用も増えました。怪我をする人も増えました。この弾圧が続く限り、運動も続くと思います。弾圧をまずやめないと、何も終わらない。

福島：あなたは雨傘運動以来、〝雨傘運動の女神〟〝民主化運動の女神〟と、シンボルになってしまいましたが、そのことについてはどう思っていますか？

周庭：今回の運動はリーダーのない運動、〝水のように変化する運動〟です。それに、私はもともとリーダーでもありません。普通の参加者の一人です。日本語ができるから、日本メディアに香港の状況を説明したりするだけです。女神という呼び方は、好きじゃないですね。

福島：社会運動活動に身を投じずに、普通の人生を歩む方がよかったかな、と思うことはありますか？　こういう運動をしたために、8月30日には逮捕され、起訴されましたね。後悔はありませんか。

周庭：私は普通の人生を歩んでいると思っていますよ。普通って何だろう？　香港人としては、この時代に生きているからには、自分の街を守る責任がある。これが今の私たちの〝普通〟なんです。たくさんの香港人が街にデモに出てきています。みんな一般市民で普通です。一般市民だからこそ、権力がない普通の私たちだからこそ、何かする必要があると思います。

特に私たち若者は、これから何十年も、香港に住みたいんです。私たちのためだけでなく、私たちの次の世代の人たちのためにも戦わないといけない。

「一国二制度は2047年で終わる」という言い方がありますが、実はもう一国二制度はほぼ終わっているんですね。一国一・一制度くらいに壊されています。だから、私は2047年の未来のために、というわけではなく、〝明日の香港〟のために、戦っているんです。明日の香港がどうなるかもわからない状況ですから。

あと、私が逮捕されたのは6月21日の警察本部前のデモに参加したことで、デモを煽動したという容疑ですが、なぜ逮捕されたかというと、純粋な司法判断ではなく、8月31日に大きなデモをする予定がありましたから、知名度のある人たちを逮捕して恐怖を与えて、そのデモに参加させないようにしようという政治的な判断だと思います。私だけでなく黄之鋒も、3人の民主派の立法会議員もほぼ同時に逮捕されました。

福島：香港市民にはデモに反対している人たちも多くはないとしても、いますね。デモは市民を分断していると言う人もいますが、それについてはどう思いますか？

周庭：もちろん、デモに反対する人たちはいます。でも、分断というのは、この運動によって分断されたのではなく、もともと香港市民のなかに、さまざまな政治的なスタンスを持っている人がいるのです。どの社会でも異なる意見、異なる政治スタンスの人たちが共存しているのです。日本でも、そうでしょう？

私たちが戦っているのは民主主義のため、そして警察の権力乱用を止めるためです。民主主義とは、異なる意見を持つ人の権利を守るための制度です。デモの参加者は自分のためだけでなく、異なる意見を持つ人を含めて香港人全体のために戦っていると思います。

福島：台湾の総統選が来年1月に予定されています。非常に香港の運動に世論が影響を受けているようです。香港と台湾の連携についてはどう思いますか？

周庭：香港の状況は台湾の選挙結果に大きな影響があると思います。台湾には親中派政党もありますし、中国政府は、「台湾でこれから一国二制度をやろう」と言っていますね。香港を見れば、一国二制度の真実がわかると思います。

福島：習近平政権に対してどういう意見を持っていますか？

周庭：習近平が国家主席になってから香港に対する政策が強硬になったことは、みんなが感じていることです。本当の政府とは、市民から選ばれる存在だと思います。ですが、香港も中国もそうではなく、独裁体制で、市民の意見など聞かなくていい、反対意見を持っている市民は殺せばいい、という国です。そういう国は普通ではありません。私たち香港人は、中国から様々な弾圧、暴力、恐怖を受けています。ですが、決して諦めず、この独裁国家に抵抗し続けたいと思います。

福島：日本のメディア、日本に求めることはありますか？

周庭：軽々しく、香港のデモを暴力的だとか暴徒化だと言ってほしくありません。日本政府にも、香港の状況に注目して、香港の人権問題、中国の人権問題に関して意見を表明してほしいと思います。

あと、選挙に行く権利を大事にしてください。たぶん、民主主義は日本人にとって当たり前のことなんでしょう。でも私たち香港人はそんな当たり前の権利すらなく、その当たり前の権利を獲得するために懸命に戦い、犠牲になっている人もいるのです。

民主主義があるのに、自分の持っている権利を大切にしない日本の人たちに対しては、実は悔しい気持ちがいっぱいあります。せっかく持っている選挙の権利、言論の自由、民主主義をなぜ大切にしないんですか、と複雑な気持ちになります。

ゴム弾を水平に撃つ警察、10月1日©Yip Chui Yu

炎のバリケード、銅鑼湾近郊©Bono

デモ隊に向かう放水車©Bono

3　大学戦争の実相

【初の公式の犠牲者】

2019年11月9日はベルリンの壁崩壊から30年目。あの東西の激しいイデオロギー対決が終焉《しゅうえん》するまでの困難と多くの犠牲の再現にも思える状況が香港で起きていました。

11月8日、初めてデモの参加の最中に犠牲者が出たことが公式に確認され、警察の暴力に対する怒りと犠牲者追悼のために9日はより大規模なデモに発展しました。

犠牲者は香港科技大学の22歳の男子学生です。5日、軍澳の近くで警官隊の放つ催涙ガス弾に追われて立体駐車場の3階から2階に転落、脳内出血、骨盤骨折で重体となり搬送先の病院で死亡しました。警察は警察側に責任はないとコメントしましたが、救急車の到着が警察の妨害で少なくとも20分遅れており、香港科技大学の学長は、第三者による死因調査と情報公開を求め、警察の責任を問いました。

11日にはゼネストが呼び掛けられ、デモ隊は交通をマヒさせるためにあらゆるところで交通妨害活動を行いました。これに対し、出動した警官の暴力は常軌を逸していました。金融街のある中環（セントラル）では通勤客を巻き込む形で、高温で毒性の強い中国製の催涙弾を容赦なく打ち込みました。この中国製の催涙弾は250度の高温で、アスファルトに着弾するとアスファルトが溶けました。こんな兵器を一般人もいる市街地で何百発、何千発と打ち込みました。香港警察は従来、英国製の催涙弾を使用していたのですが、英国側が香港警察のやり方に抗議して、こうした武器の輸出停止を宣言したため、香港警察は中国製武器を使うようになっていました。

ですが、中国製の催涙弾は、英国製よりも殺傷能力が高く、しかもガスの成分が公表されていません。この中国製催涙弾が使われるようになってから、市民に喘息やクロロアクネに似た皮膚障害などの健康被害が多く寄せられるようになりました。

香港島東部の西湾河では、道路にバリケードをつくっていたデモ参加者に向けて、交通警察が実弾を3発発砲、そのうちの1発が柴湾大学生（21歳）の腹部に当たり、腎臓と肝臓を損傷して、学生は重体となりました。九龍半島側のバス通りで、交通妨害をしていたデモ隊を白バイが轢《ひ》き殺そうとでもするかのように追い回す映像もネットに上がっていました。

中国は北戴河会議から2019年10月末の四中全会（第4回中央委員会全体会議：10月28日〜31日）までは、「死者を出さない」ことを香港政府に要求していたと私は共産党内部事情通から聞いていましたが、11月には犠牲を出しても香港デモの鎮圧を急ぐ方針に変えたようでした。

こう考える根拠は、こうした香港警察の過激化が11月4日、香港行政長官の林鄭月娥が上海で習近平と会談して戻ってきて以降に顕著になったからです。

当初、いよいよ林鄭は中国から辞任させられるのではないかと思われていたのですが、この北京行きで、林鄭は習近平から「高度な信頼」を寄せられていることが改めてアナウンスされました。

その直後に新華社を通じて四中全会のコミュニケ全文が発表されました。その内容を参考にみると、習近平の香港への対処方針は、中国憲法と香港基本法を盾に取った〝法規〟に基づく抵抗者の徹底鎮圧でまとまったとみられました。これをもって、香港警察に「殺人許可証」が出た、ということです。

林鄭に対する習近平の信頼アピールは、林鄭に「汚れ仕事をやれ」と命じたようにも受け取られました。

【本当の犠牲者はいったい何人？】

公式の犠牲者が出たのは11月になってからですが、多くの香港人は他にもたくさん犠牲者がいる、と言います。太子駅で3人が死亡した疑いは依然晴れていません。このため警察とデモ隊の衝突によって死者が出た場合も〝隠蔽〟されているのではないか、という疑心暗鬼が市民に広がっています。というのも2019年6月から10月の間の「自殺者」は例年よりも1割以上も多く、警察発表で256人もいるのです。死因の不明な死亡ケースが2537件。これは前年同期より311件多いのです。

警察に殺害された抵抗者の〝偽装自殺〟があるのではないか、という噂は消えません。疑わしい〝自殺〟の例として、香港で生前積極的に「反送中デモ」に参加していた15歳の少女、陳彦霖《ちんげんりん》さんが全裸の遺体で海から発見された事件があります。これは警察から「自殺」と断定されましたが、その後も多くの疑惑や謎が残っていることから同級生らが真相究明を求め続けています。

時系列的にいえば9月19日、知専設計学院に通い、地区の水泳飛び込み選手としても活躍していた陳彦霖さんが下校中、友人と別れて以降、行方がわからなくなっていました。家族は21日に警察に捜査願いを出しました。9月22日に、新界区の軍澳海浜《ぐんおうかいひん》公園のデビルズピーク沿海部で釣りをしていた男性が浮遊していた女性の遺体を発見。警察は当初、22歳から25歳の女性の遺体を発見と発表していました。

一方、25日からデモ参加者が連絡を取り合うテレグラムや掲示板LIHKGなどに陳彦霖さんの行方を捜すために、その写真や特徴などの情報が拡散されていました。香港・蘋果日報の記者がこの特徴と22日に発見された女性の遺体が一致するのではないかと警察に問い合わせたところ、警察は10月9日までに、陳彦霖さんであることを認めました。蘋果日報は10月11日にスクープとして22日に海上で発見された身元不明遺体が陳彦霖であることを報じました。ところが、警察は外傷がないことから死因を自殺と断定し、家族は10日に葬式を行い、すでに遺体は火葬されてしまったのです。

彼女自身の性格の明るさや飛び込み選手としての強靭な精神力を備えていたこと、積極的にデモに参加し、生前に撮った自撮りビデオで「あなたに何かあっても、私がついている！」といった人を励ますようなポジティブなメッセージを撮影していたことなどから、自殺とは考えにくいと、親しい友人たちは主張しました。

彼女はボーイフレンドがデモ参加中に逮捕され拘留中で、面会に行ったとき女性警務官を蹴ったことにより公務執行妨害で逮捕され、その後、児童院（少年院に相当）に入院していたことが確認されていました。

彼女の母校側（知専設計学院）は、14日に陳彦霖が自殺であることを示す根拠として、校内の監視カメラに写っていた映像の一部を公開しました。そこには校内を徘徊する奇妙な様子の陳霖彦が映っており、彼女が心の問題を抱えていたことの根拠とされました。ですが、この映像は切り張りで不自然なところがあるとして、同級生たちは10月15日に学校で、追悼集会を行い、学校側にすべてのビデオを公開するように迫りました。

学校側は当初、その提出を渋っていましたが、要求に従い2本のビデオを公開。ですが、ネットユーザーたちは、このビデオに映っている陳彦霖が背の高さが違う、と指摘し、本人ではないのではないか、と怪しみました。また同じ服装をした陳彦霖らしき人物を地下鉄駅付近で見かけたという目撃情報が寄られました。

17日にTVB（親中派の香港無線テレビ）が報じた陳彦霖の母親のインタビュー報道もおかしなところがありました。母親は娘が心の病であったと証言し、「娘は自殺であり、他殺ではない。みんな騒いで私や家族に〝騒擾（嫌がらせ）〟を与えないで」とコメントしています。ですがこの女性はあとから、本当の母親ではないという指摘があがりました。そして11月11日に、不思議な〝飛び降り自殺体〟が発見されました。建物から飛び降りた自殺なのに、周辺に流血がない中年女性の遺体でした。その遺体の写真がネットに流出しましたが、陳彦霖の母親にそっくりだと噂になりました。

その後、韓国メディアのKBSのスクープで警察内部の匿名告発がありました。それによれば、陳彦霖事件は上層部から自殺以外の方針で捜査するなと現場への指示が下っていたそうです。

こういう背景を考えると、実は香港デモの犠牲者は私たちが考えるよりも多いのかもしれないのです。

【性虐待被害にあうデモ参加者たち】

香港警察に対する不信は、こうした〝不思議な自殺〟の問題だけでなく、逮捕されたデモ参加者たちへの虐待の噂も関係しています。特に性虐待問題です。

香港には深圳に近い新屋嶺という場所に拘置所がありますが、そこで一部の逮捕者が暴行されたり、裸で縛られるなどの虐待を受けたという告発がありました。ある少女は複数の警官に強姦《ごうかん》されて、妊娠したとの報道もありました。

ＫＢＳが報じた匿名の警察内部告発では、この噂を裏付けるように、実は拘留中のデモ隊の少年少女に対するレイプが起きているという証言もありました。レイプを働いた警官は少なくとも４人いて、それは署内でも把握され、医学的証拠があげられているものに限ってなので、本当はもっと多いはずだ、ということです。

拘置所内で起きている警察によるデモ参加者のレイプや性虐待についての告発を実名で最初に行ったのは、香港中文大学逸夫書院の女子学生のソニアさんです。

インタビューに答えるソニア

彼女は10月10日夜、中文大学で開催された学長と学生の公開対話で、泣きながら、「学長先生、あなたは知らないでしょうけど、私たちは警察に携帯電話も取り上げられ、汚い言葉でなじられたんですよ。スピードドラゴン（対暴動用特別警察）に殴られたまま、怪我をして放置されていた仲間もいたんですよ」と訴え、マスクを外して、顔をメディアに晒しました。そして、自分が拘置所で受けたセクハラ体験を訴えたのです。私はソニアさんに直接インタビューする機会があり、彼女がなぜ実名で告発したのかを聞きました。

以下、簡単にそのときのやり取りを紹介しましょう。

福島　：ソニアさん、あなたが警察に逮捕された8月31日に経験したことを教えてください。

ソニア：8月31日、夜11時頃、私は地下鉄に乗っていました。太子駅でアナウンスがあり、乗客は全員列車を降りるようにと言われました。それに従ってプラットフォームに降りると、スピードドラゴンが乗り込んできました。私は促されてエスカレーターの方に歩いていきました。エスカレーターを上がると、防暴隊が待ち受けていて、私は何もしていないのに、防暴隊に逮捕されました。腕を結束バンドで後ろ手に結ばれて、何の説明をする間もなくひざまずかされました。他の乗客も逮捕されました。

福島　：逮捕されたときに暴行は？

ソニア：警察が殴ろうとしてきましたが、一緒に出てきた他の乗客が私をかばってくれました。ひざまずいた姿勢のままで2時間ぐらい待たされました。

福島　：あなたはデモ参加者だったの？

ソニア：違うわ。その時間、たまたま地下鉄に乗り合わせただけよ。

福島　：逮捕される理由は聞いた？

ソニア：〝違法集会〟容疑だと言われたけれど、身に覚えはなかった。でも説明することもできませんでした。何か言えば、殴られることがわかったから。私は喘息の持病があるのだけど、スピードドラゴンが乗客の一人の頭を警棒で殴るのを見て、恐怖で発作が出ました。それで、とりあえずマーガレット病院に運ばれ、それで警察の監視のもと治療を受けて、4、5時間ほど様子をみたあと、葵涌警察署に連行されました。このとき、その場に居合わせた弁護士が、何か助けが必要なら連絡してくれるように、と言いました。

病院には逮捕者が（逮捕時に暴力を受けて）他にも来ていたので、弁護士がいたのだと思います。

問題は警察署で起きました。私の身に起きたことはセクハラだと思います。取調べのとき一人の男性警官が私の胸を強く叩きました。また女性警官は私の体を金属探知機で調べるとき、男性警官も見ているなかで、私のシャツをめくって、下着のなかに指を入れて体を調べました。私はTシャツとホットパンツ姿でした(性器は触られませんでした)。

私はトイレに行きたくなり、そう訴えましたが、女性警官はトイレの戸を閉めることを許しませんでした。しかも、用を足すときも、正面から凝視していました。性器を見られたと思います。トイレの外には男性警官もいましたし、監視カメラもついてました。

私はレベル2の身体検査を受けたのですが、これは違法だと思いました。警察の身体検査は容疑の重さに合わせてレベルがあるのですが、違法集会容疑の身体検査はレベル1のはずです。レベル1は服の上からの検査だけです。レベル2の検査は服を一部脱がせて下着のなかまでチェックしますが、それは本来、薬物犯罪など、下着のなかに証拠物を隠すような犯罪容疑者に適応されるものです。なので、なぜ私の下着のなかまで調べる必要があったのかわかりません。恥ずかしく怖く、そして腹立たしかった。

逮捕されて9時間してから、病院で会った弁護士が、来てくれました。弁護士は忙しく、接見時間が5分ぐらいしかなくて、セクハラのことは、何も言えなかった。弁護士から「黙秘しろ」とだけ言われました。

拘置所でしばらく寝ていました。うとうととしていたら、女性警官からたたき起こされました。まだ暗い時間でした。私は他の逮捕者とともにバスに乗せられました。13人の男性、私を含めて女性は4人。ほとんどが大学生でした。新屋嶺拘置所に連れていかれることになりました。逮捕者1人につき2人以上の警官の見張りがついていました。

バスのなかで「弁護士に連絡してはならない」と告げられました。私たちは手荷物は携帯電話を含めて1つに入れて持つように命じられていたので、誰にも連絡できない状態でした。

新屋嶺に着いたのは2日の午前4時ごろでした。新屋嶺に入るとき、名簿を見せられて、自分の名前を指さすように言われました。その名簿を見ると、私の名前の横に★がついていました。さらに中文大学学生会副会長という肩書がついていました。私は中文大学学生会副会長なんてやったことはありません（選挙には出ましたが落選しました）。

別の人の名前の横には★が5つあり、肩書にソーシャルワーカーと書いてありました。このとき、この逮捕は公平な現行犯逮捕ではなく、仕事や肩書によってこじつけ的に逮捕したのではないか、と疑いました。でも、私の場合は、学生会副会長というのも誤解です。

新屋嶺でもレベル2の身体検査を受けることになりました。ですが、先ほどの名簿にあったソーシャルワーカー（女性）が、レベル2の身体検査には法的根拠がないと抵抗しました。この抵抗によって身体検査がレベル1に下がりました。だとすれば、警察署のレベル2の身体検査はいったい何だったのかと思いました。

女性の逮捕者はプリズンCと呼ばれる部屋に入れられ、身体検査を受けました。最初はドアが開けっぱなしで、男性警官が中をのぞけるようなっていました。それでやはり、ソーシャルワーカーが抗議したので、ドアが閉められることになりました。私を含めて女性拘留者は7人でした。

新屋嶺に着いたのは2日の午前4時ごろ、そして午前7時に釈放されることになりました。拘留時間48時間目がきたからでした。私が違法集会したという証拠は何もなかった。ただ、私が学生会副会長（誤認）だと思い込んで、嫌がらせをしただけだったのでしょう。

福島：深圳との境界に近い新屋嶺まで、連行する必要はなかったですよね。どうして、顔や実名を晒してまで、この問題を抗議しようと思ったのですか？

ソニア：私の受けた仕打ちは、性虐待というレベルのことかもしれませんが、他にもっとひどい目にあった人たちがいることを知っているからです。私の知り合いの中学生の少年は新屋嶺でレイプされました。ひどいショックを受けているのを見て、私が代わりにこうした告発をしなければいけない、と思ったのです。他にも直接の知り合いではないけれども、女子学生が拘置所内で警官にレイプされた話を聞きました。

福島：親中派メディアの星島日報が裏をとって報じていますが、16歳の少女が9月27日に警察署で複数の警官に何度もレイプされて、妊娠していたことが11月に判明しています。彼女はエリザベス病院で堕胎《だたい》手術を受けていたとも、台湾紙・自由時報が病院側に裏をとって報じました。香港当局はネット上の噂については論評しない、としていますが、これはかなり悪質な事件で警察内部でも問題になっているようです。

韓国メディアKBSも拘置所内のレイプ事件については、匿名の警官の証言をとって報じました。あなたの勇気ある告発のおかげで、メディアも真剣に取材し、この事件が隠蔽されずに表沙汰《おもてざた》になったのかもしれませんね。

ソニア：顔と名前を出して告発したことで、私はずいぶん親中派メディアから叩かれました。また、外を歩いていても親中派市民から罵声を浴びたり、「お前を一年以内にレイプしてやる」といった脅迫メールを受けたりもしました。でも、後悔はしていません。

以上です。

新屋嶺拘置センターは、香港にもともとある古い拘置所です。8月5日からデモで逮捕された市民が送り込まれるようになりました。

8月11日にデモに参加していた54人が送られたときは、全裸で四肢を縛られ、顔に袋をかぶせられ、警官から暴行を受けた人もいるとの告発がありました。

また、新屋嶺に収容されていた31人が、北区医院に移送されたとき、病院側は6人が重傷骨折や皮膚が傷でくっつくような負傷や、打撲で歯が抜け落ちるような怪我、脳内出血などの重傷を負っていたことを証言し、ひどい暴行があったのではないか、という疑いが出ていました。

こうしたことから新屋嶺はデモ参加者から「恐怖の象徴」とみられるようになり、告発や抗議を受けたことから、11月以降は使われなくなりました。

ですが、この近くに、新たにさらに「反テロ訓練センター」の建設予定があり、予算19億香港ドルが計上されていることが、香港の人権団体・本土研究社の調べでわかっています。この施設は新疆ウイグル自治区のテロ対策施設を参考にしており、実際、香港警察は２０１１年から毎年エリート警官を７人ずつ新疆ウイグル自治区のテロ対策施設での研修に派遣しているそうです。

今の香港デモに対する香港警察の苛烈な暴力は新疆の公安から学んだと言われています。訓練センターには新疆と同じく反テロ再教育施設のような洗脳施設も併設されるのではないか、と噂になりました。

こうした香港の新疆化に怯え、若者たちはさらに過激な抵抗に訴えていくようになりました。林鄭月娥はそうした抵抗に対し「中央政府に支援を求める選択肢を排除しない」と、解放軍の出動要請を念頭に置いた発言をしたわけです。

【香港大学戦争へ】

２０１９年11月８日、初の公式の犠牲者が出たことから香港の若者の怒りは頂点に達し、香港では11日から三ゼネスト（授業スト、商業スト、交通スト）が呼び掛けられ、同時に「交通妨害作戦」という道路封鎖作戦が展開されました。

そして香港五大学（中文大学、理工大学、城市大学、香港大学、浸会大学）でいわゆる「大学戦争」が始まりました。抵抗者に大学に集まるよう呼び掛けられ、戦闘の布陣を敷いたのです。なかでも激しい現場が中文大学と理工大学でした。

どうして大学が戦闘現場になったのか。

２つ説があります。

１つは香港警察側に五大学を同時に制圧するという噂があり、それまで街中で破壊と戦闘を行っていた勇武派の若者たちが「大学を守れ」と集結したという説。

大学には勇武派の頭脳やキャンパスメディア、ＳＮＳ発信者グループなどが集中しており、また中文大学にはＨＫＩＸと呼ばれるインターネットエクスチェンジセンターがあり、警察はインターネットの拠点や頭脳が集中する大学を狙ったという言説も流れました。

もう1つは、市民にストレスを与える市街地での〝戦闘〟を減らそうと勇武派たちが、警察を大学に引き付けようとしたという説。

大学は聖域であり、警察も簡単に攻め入れまいと考えたのです。特に中文大学は山岳要塞にも似て難攻不落と言われていました。中文大学2号橋の下は香港の主要幹線道路のひとつで、吐露港公路と鉄道路線東鉄線が通っており、橋の上から物を落下させる「交通妨害作戦」を取りやすい、ということもありました。

結果から言えば、この大学を拠点とした「戦争」は完全に戦略ミスであり、勇武派たちの多くが一網打尽に逮捕されました。理工大学での逮捕者は未成年も含めて1100人を超えるといいます。

中文大学では11月12日夜、防暴警察（機動隊に相当）が2号橋付近に立てこもるプロテスター（若者たち、以下・抵抗者）に対して、学校側の許可を得ずに突入し、数時間にわたる激しい〝戦闘〟を行いました。

このとき抵抗者と学生たち合わせて4000人以上はいたと言います。警察からは催涙弾、ゴム弾2000発以上が発射され、学生側は火炎瓶などで応酬、70人以上の学生が負傷しました。

衝突のあと、警察はいったん引いて、その後、5日間に及び、若者たちが立てこもる形で戦闘が続きました。中文大学の各門や入口はデモ隊がバリケードを築き、廃車を燃やすなどの激しい抵抗をしました。自前の爆弾でキャンパスに通じる2号橋を落とす準備もしていたという噂が広がりました（現場に居合わせた複数のセルフメディアにデモ隊に確認してもらったところ、爆弾準備はデマだったとのこと。また抵抗のために廃棄自動車を燃やしたのは、意図したものではなく、廃車を火炎瓶の貯蔵庫として利用していたところ、近くで若者の一人が吸っていたたばこが引火したのが真相だとのこと）。

抵抗者たちは大量の火炎瓶、手製の槍や、アーチェリー部の弓を持ち出したり、ボウガンを作ったり、鉄菱を作ったりして、玉砕覚悟の白兵戦の構えを見せていました。また、キャンパスバスのキーを壊し、運転して仲間の移動支援を行いました。さらにパトロールや給食、衛生管理といったシステムを構築し、戦闘に備えて投擲《とうてき》練習や肉体の鍛錬などを行いました。木材や竹竿を立てて壁を作り、一人がやっと通れるくらいの出入り口を作り、黒衣の抵抗者たちが身分チェックや携帯品チェックを行いました。これは警察がデモ隊に紛れて侵入するのを防ぐためでした。

11月12日の「戦闘」以降、中文大キャンパス内には、大量の戦闘物資、雨傘やヘルメット、ガスマスク、ペットボトル水などが持ち込まれ長期戦に備えました。一方、留学生らは安全のため撤退を始めました。日本人留学生も50人ほどいたようですが、大使館の指示もあってほとんど退去しました。

11月15日未明ごろ、抵抗者は吐露港公路の障害物を取り除き、片側車線を通行可能にしました。彼らはこの幹線道路を開放したり塞いだりして、幹線道路を支配しているところを見せて、香港政府に24日に予定されている区議会選挙を予定通り行うことを保証するように求め、同時に逮捕者を釈放し、警察に対する独立調査委員会を設置するよう求めたのです。24時間以内に答えを出さねば、再び道路を封鎖するとして、本格的な交渉を行うつもりでした。

ですが、この作戦が、思わぬ内部分裂を生みます。

この要求は勇武派のなかでも「黒服」と呼ばれる好戦的なチームが勝手に発表し、学生会を中心とした理性派は、こうした駆け引きを「黒服」チームが勝手に始めたといって不満をぶつけました。こうした仲間割れが起きたところで、香港政府と中国側は大学に揺さぶりをかけてきました。

香港中文大学デモ ©Bono

香港中文大学のキャンパス ©Alex

新華社は11月15日に中文大学を名指しで、香港の大学は無法の地となり、〝すべての暴徒〟は法的制裁を受けるだろう、と社説を発表。社説は香港の大学と学長らに暴徒を制止する責任があるとし、秩序回復の共同責任を負って警察の執法行為に協力せよ、と要求しました。

中文大学の崇智学長はこの日公開書簡を発表し、2号橋はキャンパス内にあるが、政府用地に属するものだ、として抵抗者たちに即刻退去するよう呼び掛けました。でなければ、学長としては香港政府に協力せざるをえない、と。

この呼び掛けに応じて、すでに仲間割れを起こしていた若者たち、学生がかなり自主的に撤退しました。

断固抵抗を続けるグループが、2号橋を挟んで警官隊と対峙、15日夕方ごろ、手製爆弾で橋を落とす計画がある、との噂が広まりました。断固抵抗グループは撤退するか、死ぬまで戦うか二者択一を迫られ、15日午後8時半には、2号橋付近で徹底抗戦を決意した30人ほどが残りました。

最終的には11月16日未明には、全員が撤退を選び、最悪の事態は回避されたのでした。このとき、不思議なことに警察は2号橋から遠く引いて、中文大学から出てきた抵抗者たちが理工大学に再集結することを許したのです。

【袋の鼠となった理工大学での戦闘】

理工大学の抵抗は11月17日から激化しました。

17日夜、警察は漆咸道南《チャタムロード》から装甲車や高圧放水車を使って抵抗者たちの封鎖を突破して学内に侵入しようとしましたが、彼らは大量の火炎瓶を投げつけ、装甲車が燃え上がる事態になりました。

18日に警察は再び学内に突入、抵抗者たちは火炎瓶やボウガンで抵抗し、この衝突で多数の負傷者、逮捕者が出ました。香港警察側は理工大学の抵抗者たちに対しては、ＬＲＡ

理工大学

Dと呼ばれる音響兵器を初めて持ち出した他、AR－15式アサルトライフルやMP－5サブマシンガンを携帯し、実弾使用許可も出ていました。

17日昼から大学内で取材をしていたセルフメディアの友人、ボノによれば、夜になって警察は理工大学のすべての入り口を包囲し封鎖、抵抗者や記者たちはなかに閉じ込められるかっこうになりました。この大学は九龍半島の紅磡《こうかん》（ホンハム）湾に近いところにある東洋有数の理工大学で、中文大学と違い、比較的狭く、都市部にあるので警察にとっては包囲がしやすかったのです。

投降の呼び掛けに応じて出てきた者は、無差別に逮捕され、激しい暴行を受ける者もありました。ボノは自分が逮捕されかねない状況に陥って、東京にいる私にも、彼のSOSが伝えられました。

彼によれば、手製のボウガンや火炎瓶で応戦しようとする抵抗者たちに、警察は「実弾をもって反撃する」と警告していたそうです。そのあと、投降して出てくるようにとの呼び掛けに応じて、一部の若者が武器を捨て指定された入り口から出ると、すでに無抵抗なのにもかかわらず地面に押し倒され殴る蹴るなどの激しい暴行を受けました。顔を蹴られる者もいたそうです。セルフメディアや医療ボランティアまでが、そうした暴行を受けたうえで問答無用で逮捕されていきました。

この様子を見て、投降したくとも怖くて抵抗者たちは投降できなくなったそうです。逮捕されたあと、拘置所での性暴力を含む暴行、虐待にあうとも言われていましたから、その恐怖は理解できました。

彼は言います。いっそ、瀕死《ひんし》の重傷を負った方がいい、と。瀕死の重傷なら病院に運ばれるだけです。ですが、逮捕されて拘置所に連れていかれると、そのまま、行方不明になって、ひどい虐待と暴行を受けて、最後には身元不明の自殺体になってしまうかもしれない、と。

日本では抵抗者たちが大学に立てこもり籠城戦を行っているように報じられていましたが、実際は、彼らはキャンパス内に閉じ込められ、心理戦でいたぶられていたのです。

ボノは閉じ込められた学内からSNSでこう訴えていました。「選択肢は2つしかない。投降して暴行されて逮捕されるか、キャンパス内で警察の突入を待って暴行されて逮捕されるか」。

私は友人のセルフメディア記者たちに、仕事を手伝ってもらっている代わりに、日本のCSテレビ局「チャンネル桜」の協力を得て、「チャンネル桜」のプレスカードを渡していました。日本メディアのプレスカードがあれば、警察に捕まったとき、日本メディア記者として釈放してもらえるかもしれないと思ったからです。

「日本のメディア関係者に香港警察は手を出せるのか？」と私が聞くと、「公認メディアでないとニセメディアとして逮捕される。実際、キャンパスメディアやセルフメディア記者が何人も逮捕されている」とボノは答えました。「警察がそんなメディアなど知らない、といえばそれで終わりだ」と。

結局、私は「近くにAP、ロイター、共同といった大手メディアの記者がいれば彼らと行動を共にして。いざとなったら、彼らの助手だと証言してもらうように頼みなさい」としかアドバイスできませんでした。この後、ボノくんはヘルメットにつけたゴープロ（アクションカメラ）を回しながら、キャンパス内を取材し、紆余曲折《うよきょくせつ》を経て無事警察の包囲網を突破して、19日に私たちの元に帰ってくるのですが、それまでは本当に心配で気が気ではありませんでした。

私は11月22日に香港デモ開始から4日目の香港現地取材に入り、23日夜にボノの無事な姿に会えて、本当にほっとしました。

以下は、ボノから聞いた話です。

彼は17日昼頃から香港理工大学内で現場取材をしていました。11月17日午後に、大学が警察に包囲され、閉じ込められる形になりました。警察は17日深夜に装甲車を燃やされたことで、頭にきていた様子だったといいます。その怒りは逮捕者に対する激しい暴行という形で現れ、それは医療ボランティアであろうがセルフメディアであろうが容赦なしでした。

キャンパス内に閉じ込められた学生や抵抗者たち
©Bono

それで彼は投降呼び掛けに応じず、学内の若者と一緒に脱出を試みることにしました。

理工大学の建物は迷宮に似た構造であり、一本の廊下で校舎と校舎がつながる構造になっていました。その廊下の通行を妨害すれば、警察も絶対に入ってこれないので、上層のプラットフォームにある建築群を若者たちが占拠し、もし警察が突入してきても、階段から上がろうとしたとき、上のプラットフォームから物を投げて警察の侵入を阻止しようという作戦を練っていたそうです。

抵抗者たちは理工大学の裏側に医療ステーションや休息室、記者休息室などを作っており、シャワーは浴びることができたそうです。学内食堂に「抗争食堂」と名前が付けられ、学生たちを応援するためのボランティアコックが温かい食事を提供してくれていたそうです。

抵抗者たちは交代で「歩哨《ほしょう》」に立ち、24時間体制で、警察の動きを見張っていました。また、広場で火炎瓶弾、ボウガン、さらには数台の巨大ボウガン、投石機などを作りテスト運転を繰り返し戦いに備えていました。

ですが警察が徹底包囲したあとは、新鮮な食糧が減っていくこともあって、皆不安になってきました。警察は夜に拡声器で音楽を流し、狙撃手、高圧放水車、装甲車、無数の防暴警察が包囲しているぞーと訴え、投降するように呼び掛けていました。当初、なかの若者たちは、民間記者会の呼び掛けで集まった市民たちが、警察の包囲網を突破してきてくれることに期待していたのですが、市民たちも逮捕されるのが怖いものですから、いつまでたっても助けはきません。学内には負傷者が多くおり、手当も十分でなかったので、皆不安感にいたたまれなくなってきていました。18日には完全に士気が落ち、皆警察の包囲網を突破して脱出しようと試み始めました。

18日の朝に最初の集団脱走が試みられました。門などからみんなで、一斉に走りだして突破しようという単純なもので、これは外に出た全員が、制圧されて逮捕されたようです。昼にもう一度脱走を試みましたが、１００人くらいで一斉に外に出て、５人くらいしか無事逃げおおせることができませんでした。ボノは、脱出場所を間違って、あやうくキャンパスに隣接する解放軍キャンプの敷地に侵入してしまうところだったそうです。

　あとで、学内でずっと取材していた著名な戦場カメラマン・宮嶋茂樹さんから聞いたのですが、香港の若者たちはやはり恐怖から一人で行動できず、ついつい群れて行動してしまうため、警察に感づかれて脱出が失敗していたようです。

煙が充満する大学構内 ©Bono

雨傘で警察の攻撃を少しでも防ぐ ©Bono

　宮嶋さんのようなプロの戦場カメラマンからみれば、香港警察の包囲網は必ずしも厳密ではなく、外から出入りできる隙はあったとか。

　何度か脱走に失敗しているうちに、彼らも大人数で動くことが失敗の原因だと気づき、脱出計画は各小グループに分かれて独自で脱出ルートを探る形になっていきました。

すると、成功率が上がっていきました。ある者は下水道工事の会社のホームページから下水道地図を見つけ出し、学内から学外へ通じる最短の下水道を通って脱出に成功しました。ですが数人がそのルートを使ったところで、警察側に察知されて封鎖されてしまいました。ある者は陸橋からロープを使って降りる方法を見つけました。ですが、それにはかなり運動能力、腕力が必要で、途中で落ちて骨折して動けなくなる人もいました。

ボノは抵抗者の若者5人とともに脱出を試みました。

夜の闇に紛れて、懐中電灯を消し、怯えながらフェンス際を静かに移動しながら、脱出できそうな場所を探しました。貯水槽の上に下水道を見つけたのですが、ものすごい悪臭で、そこから脱出する気にはなれませんでした。さらに大学の外郭をなぞるように前進していくと、高台の上にフェンスが少し倒れて乗り越えられそうなところを見つけました。見たところ警察の数も多くなさそうでした。安全な場所までは数百メートルの距離だとみて、そこから脱出を試みました。

ですがフェンスを越えると、防暴警察が高所から脱出する者たちの前方を見張っているのが見えました。ボノはこの監視網をくぐって脱出するのは難しいので、無理だと判断して、学内に一度戻った方がいいのではないかと言いました。２人が学校内に戻りましたが、残りの３人は強硬突破すると言いました。

ちょうどそのとき、見張りの警官が別の場所から飛び出た脱出グループを見つけて拡声器で投降を呼び掛けました。さらに、突然十数名の防暴警察が突進してきて、平衡に催涙弾を撃ち放ったのです。煙幕がもうもうと上がり、混乱状態になりました。ボノと強硬突破しようとした３人はその隙に、走り出しました。後ろの方で催涙弾の発砲音と罵声を聞きながら、ひたすら走ったといいます。

凄まじい負傷者が出た理工大学 ©Bono

そのときボノにサーチライトが当たりました。観念して、せめて他の３人をうまく逃がそうと思い、一人で見張りの警官の注意を引くことにしたそうです。大声で「私は日本の記者だ」と叫んで両手を上げました。２人の警官がボノを拘束し、警察の包囲網の防衛線まで連行し、身体検査と尋問が始まりました。

彼は私が渡したチャンネル桜の記者証を見せて、もともと学外にいたようなふりをしましたが、警察は、「あのフェンスあたりから、よく鼠が出てくるんだよなあ。かわいいよなあ」と笑いました。さらに「お前を逮捕する権利があるんだぞ」と恫喝してきました。

ボノは、「私は日本の大手メディアの公認記者だから、逮捕できないはずだ」と言い返しました。

すると警察官らは、「いったい誰がそんなこと言ったのだ?」と聞くので、「あなたたち警察がそのように発表している」と答えました。

最終的に、彼らはボノを釈放してくれました。面倒臭くなったのか、あるいは日本メディアとトラブルになるのが嫌だったのかはわかりません。

警察の防衛線から離れたところで、ボランティア運転手たちが、デモの若者たちを家に送り届けようと待機していました。ボノの知り合いの運転手もいたので、彼の車に乗り込んで、ようやく脱出できたことが実感できたそうです。

脱出したあと、彼は家で熱を出して丸二日寝込んだといいます。

4　香港区議会選挙の民主派大勝利は習近平の大敗北

【24日の区議会選挙の民主派大勝利】

こうした大学戦争というべき激しい戦闘を経て、勇武派の若者たちの多くが制圧されていきました。これは、香港警察側の作戦というべきものだったでしょう。11月24日に区議会選挙が予定されていたのですが、その前に、抵抗勢力を徹底的に封じ込めようと考えたのかもしれません。ですが、その作戦の方向性自体が中国の判断ミスではなかったかと、あとから見れば思うのです。なぜなら、24日の区議会選挙は民主派が空前の大勝利を収めるからです。

私が香港入りしたのは11月22日ですが、警察に包囲された香港理工大学内にはまだ抵抗者たちが残っているとはいえ、数十人から数人に減っており、市民は久しぶりに催涙弾も勇武派デモも火炎瓶もない穏やかな日常を満喫していました。「大学に闘争の場を移したのは失敗だった」という評価がデモ参加者や支持者の間でも流れていました。

こうした状況から、親中派の間では「市民はやはりデモが繰り返される日常より平穏を望んでいる」という見方が共有されていたようです。選挙に関しては、私は民主派の圧勝を疑っていなかったのですが、デモ支持者の友人たちは「圧勝といかないかもしれない。親中派のバラマキも例年より多いし、大学闘争も敗北したし」と、いつになく気弱な発言をしていたのが印象的でした。

道行く人に「選挙ではどちらに入れるか？」と尋ねると、皆口ごもりました。また、選挙自体が午前中で終わるのではないか、中止になるのではないか、といった噂も当日の朝まで流れていました。

「中国系企業に勤めている知り合いから聞いたのだが、午前中に投票を済ますようにとの通達が上層部からあったそうだ。昼過ぎに何か事件が起きるかもしれない」と香港人の友人たちがメッセージを寄こしてきました。私は投票当日は、事件が起こるかもしれない、と緊張して、幾つかの選挙区を見回っていました。

香港の区議選挙は479議席中、452議席が直接選挙で選ばれ、香港の選挙のなかで最も民意を反映しやすい選挙です。ですが、区議の仕事自体の政治権限は狭く、議員というよりは町内会の役員を選ぶような感覚です。投票日当日に投票場近くで福袋を配って集票したり、コネを使って票を取りまとめたり、実にゆるい選挙なのです。

従来、若者はあまり投票に行かず、投票率も前回は47％程度。資金力があり、組織票を持ち、政府や立法会にコネをもつ建制派（体制派）、親中派が圧倒的に有利で、実際前回選挙は議席の7割が親中派、建制派でした。

ただ、今回の区議選は誰を選ぶかではなく、民意を示す行動という意味の方が大きいので、海外メディアも注目していました。つまり香港人はこの若者たちの中国への抵抗を支持し続けるかどうかが投票で示されるわけです。

普通に考えれば民主派が過半数をとるでしょうが、中国及び香港政府としてはそのような結果は絶対出すわけにはいかないでしょう。ですから、選挙中止の可能性は当日までありうる、と懸念していました。

林鄭月娥行政長官は11月20日の段階でも区議選挙延期・中止の可能性を示唆していました。なので、反体制派は香港政府側に選挙中止の口実を与えないためにもデモを控え、言動も控えていたとみられます。この慎重さのおかげで「市民はデモに疲れており、秩序の回復を願っている」といった親中派の主張が本当のように聞こえるムードができ上がっていました。

そして投票日。各投票場は早朝から長蛇の列でした。中止されるかと心配したのが嘘のように、午後も続々と有権者たちが投票場を訪れていました。午後3時の時点で前回の選挙の投票率を超えました。投票率が高いほど民主派が有利なので、夕方には民主派の圧勝が確信されていました。午後10時半の投票締め切りまで、あっけないほど何事もなく選挙は終了。深夜に大勢が判明したときは、各選挙区で有権者が香港国歌ともいえるプロテストソング「願栄光帰香港（香港に再び光あれ）」の合唱が響いていました。

区議選の結果は452議席中、民主派が515人立候補し388議席を獲得。建制派は498人立候補し62議席獲得。あと2議席が独立派、非同盟系となりました。民主派の圧勝でした。全得票数を比較しても294万票中167万3991票（約57％）が民主派で、建制派はあからさまなバラマキ選挙運動をやったにもかかわらず、122万999票（約42％）にとどまり、大差をつけました。当選者のなかには、選挙運動中に暴漢に襲われて大怪我を負った、大規模デモの主催組織・民間人権陣線（民陣）の招集人、岑子杰はじめデモ参加者が数多くいました。

興味深いのはデモに参加して逮捕された経験を持つ候補者26人中、21人が当選したことと、香港警察や中国公安に強いコネと利権を持つ「警察の顔」ともいえる現職の何君堯が落選したことです。何君堯は警察官僚家庭に生まれ、現職の立法会議員でもあり、香港警察と香港マフィア、そして中国公安との癒着がささやかれる大物政治家です。何君堯は選挙運動中、民主派の暴漢にナイフで刺される事件にあい、同情票を買うかと思われたのですが、そんな予想は完璧に裏切られました。おそらく、ほとんどの有権者がその事件自体が自作自演の演出だと見透かしていたのでしょう。

「前科あり」のデモ参加者候補の多くが当選し、警察の代理人の何君堯が落選した結果は、香港市民がいかに香港警察に不信感を募らせているのかを示したともいえます。

選挙翌日、香港親中派紙・大公報は「反体制派が選挙の公平性を破壊した」「外国勢力が干渉した」「陰謀のせいだ」と、この選挙結果が民意でないと懸命に言い訳していました。中国紙は、新華社の「社会の動揺が選挙のプロセスを妨害した」といった短い論評を転載するにとどまりました。

選挙翌日の中国外交部の定例記者会見で報道官は、選挙結果についての受け止めの感想を聞かれても「中国政府は国家主権、安全、発展利益を守る決心を変えることなく、〝一国二制度〟の方針を変えず、いかなる外部勢力の干渉にも反対する」などと香港デモに関する定型文の答えを繰り返すのみでした。

この親中派、中国側の硬直した反応を見るに、相当衝撃を受けていることがうかがえます。

ここで奇妙に思えるのは、中国サイド、香港政府側が区議選挙を延期、中止しなかったことでした。すでに緊急法が施行されており、大学での戦闘の激化を理由に林鄭長官の判断で選挙を中止するタイミングはあったにもかかわらず。中国の立場からいえば、選挙を中止して、大学で〝暴れた若者たち〟を「テロリスト」として粛清した方が、香港問題を一気に片付けられたはずです。でも、選挙による民意で、市民の6割が警察の暴力を批判しているということを示してしまった以上は、今後、大規模デモを許可しなかったり、催涙弾で強制排除したりするやり方は、どんな理由をあげても正当性をもたなくなってしまいます。だから、私は投票日当日まで、選挙中止を恐れたのです。

このことについて、米外交誌フォーリン・ポリシーのシニア・エディターで、かつて中国共産党機関紙人民日報系英字紙グローバル・タイムズ（環球時報英語版）の外国籍編集者を勤めたこともあるジェームズ・パーマーが、非常に興味深いコラムを書いていました。

内容を一言で言うと、習近平政権自身がこの区議選挙結果をまったく予想しておらず、建制派・親中派の圧勝を信じて疑わなかった、というのです。中国中央英字紙・チャイナ・デイリーなどの記者らから聞いた情報として、中国紙は親中派圧勝の予定稿しか用意しておらず、「何君堯が何票伸ばした」といった、見当はずれの予定稿もあったとか。

このことからパーマーは「中国共産党の上層部が、香港について自分たちが発信したプロパガンダを信じ込んでいる」と推測していました。これはパーマー自身が中国の対外プロパガンダメディアともいうべきグローバル・タイムズ紙に7年間もいて、中国の大外宣（大対外宣伝政策）を熟知していたからこその指摘でしょう。投票日のチャイナ・デイリー紙は親中派の勝利を予想した原稿が掲載され、高い投票率は「香港の混乱がこれ以上続かないようにという願いの表れ」と報じていたのは、プロパガンダの方便はなく、本気でチャイナ・デイリー上層部が信じて記事にしていた、というわけです。

パーマーの推測に非常に説得力を感じるのは、習近平政権が失脚させた周永康につながる人脈ほか、江沢民派、曾慶紅派の政敵や官僚、軍部に対する激しい粛清を見てきたからです。権力の座を得てからの習近平は、反腐敗キャンペーンを名目に空前の党内粛清を行ってきました。この結果、習近平が不機嫌になるような情報を上げる官僚は激減していました。これは習近平に対する官僚たちの消極的な反抗ともいえますし、あるいは習近平が機嫌を悪くすることを言うと粛清されかねないという恐怖から何も言えなくなったともいえます。古今東西、独裁者の周辺にはイエスマンしか集まらない。その結果、正しい情報が上がらなくなり、香港情勢に対する判断を間違ってしまった可能性は十分に想像できるのです。

さらに言えば、周永康派、江沢民派、曾慶紅派人脈は公安、武装警察、国家安全部、金融機関、駐香港中央連絡弁公室（中聯弁）などに集中しています。つまり中国の治安維持とインテリジェンス部門は、香港に集中しているのです。

習近平は何度も公安、国家安全部、軍部、中聯弁の幹部を入れ替えてきたので、すでにいずれの機関も習近平人脈に代わっているという見方もあります。ですが、私はそう単純ではないと思うのです。

公安やインテリジェンス分野、軍部の末端は危険な任務に就くだけに、上下の縦の関係に深い信頼が求められています。上層の幹部の入れ替えを繰り返しても、末端はそう簡単に昔の上司への忠誠心を失わないものです。そう考えると、香港の情報は、わざと習近平の判断を惑わせる、あるいは間違った判断を導くように操作されていた可能性も考えられるわけです。あるいは、香港が中国インテリジェンスの最前線であるというのならば、習近平に反感を持つ「中国の情報工作員」たちが、習近平に不利になるように動いた可能性もあるかもしれません。

中国側は香港問題の悪化は、外国の敵対勢力の工作（CIAの工作）のせいだとする陰謀論を繰り返し言ってきましたが、実のところ習近平自身の情報感度の悪さと、人徳のなさが招いた「習近平の大敗北」なのかもしれません。

6月の香港デモの予想を上回る早い展開や、中国公安の支援を受けているとみられる香港警察の過激化も、面従腹背の中国公安や国家安全部幹部が習近平を窮地に追い込むためにあげた情報操作が関係している可能性もあります。

実際、早い段階で、中国側が適切に対応していれば、香港問題はもっと素早く沈静化できたでしょう。胡錦涛政権は2003年春のSARS蔓延のパニックにも、7月の国家安全条例反対の50万人デモにも対応し、早期の鎮静化に成功しています。

香港問題だけでなく今、中国が直面している米中問題、経済問題、オーストラリアのスパイ発覚問題、すべて江沢民政権、胡錦涛政権時代は何とかうまくやっていたテーマで、これらが相次いで失敗したのは共産党体制の金属疲労もあるでしょうが、やはり習近平政権の政策ミスであり、末端の官僚たちのサボタージュやそこはかとない反抗心のせいではないかと思うのです。

そう考えると、米国発の華字オンラインニュース博聞が12月1日に報じた「習近平が外

大学戦争で拘束された若者たちの釈放を要求する香港人たち ©Alex

交、国家安全、対外宣伝部門のハイレベルに対して全面改組を指示した」という情報にも信憑性《しんぴょうせい》が出てきます。

博聞によれば「習近平はいわゆる〝応急管理〟を強調」し、特にインテリジェンス（諜報、情報工作機関）は重大改組に直面しているといいます。「在外のインテリジェンス機関の人員は忠誠を示し、いつでも火の中に飛び込む覚悟が問われ、それが出世の重要基準となるだろう」とも。

月末の政治局会議で政治局常務委員7人が最近の内憂外患（米中問題、香港問題、オーストラリアのスパイ発覚、2020年の台湾選挙と米国選挙）に対する重大失策を徹底検討したと言われており、その結果を受けての習近平の指示だとしたら、習近平は失策の原因が自分にあると責められたのを、インテリジェンス機関の人間の忠誠の足りなさ（あるいは裏切り）に転嫁したのではないでしょうか。

習近平にしてみれば、直面する内憂外患は党内身内の悪意による〝人災〟というわけです。

【林鄭月娥の続投と香港の中聯弁のトップ交代】

香港の民意が明確に示されたことを受け、米トランプ大統領は米議会が可決した「香港人民民主法案」に署名し、香港の一国二制度維持に関して米議会が監視し、一国二制度を損なう香港官僚、中国官僚に対しては米国入国を拒否し、その資産を凍結するなどの制裁を加えることになりました。

これは香港のデモ派、抵抗者たちをおおいに勇気づけることになり、署名翌日にはトランプへの感謝を示す集会も開かれました。国際社会を代表する米国、そして香港市民の民意を後ろ盾にして12月は週末ごとの平和デモが復活しました。世界人権デーを前にした12月8日には、4カ月ぶりに警察の許可を得ての83万人規模の大規模デモが実施されました。途中警官隊とデモ隊の間に不穏な空気が流れるものの立法会議員の調整もあって最後まで、誰に邪魔されることなく、デモ行進を行うことができました。

12月16日に林鄭月娥は北京に行き、習近平、李克強と面会し、香港デモ問題への対応を協議しました。このとき習近平、李克強とも笑顔はまったくなく、大変厳しい表情でした。

李克強

もともと林鄭が李克強に行政報告する会見場は中南海の紫光閣でしたが人民大会堂香港庁に格下げになりました。このとき林鄭月娥にどんな指示が与えられたかは明らかにされていません。とりあえず林鄭が辞任を迫られることはありませんでした。香港デモはまだ収束していませんから、引き続き林鄭に責任をもたせて、デモの平定を指示したのだと思われます。

それよりも、習近平の怒りは香港の中聯弁に向かいました。２０２０年１月５日、中聯弁トップの王志民の更迭《こうてつ》が発表されました。後任は山西省の書記だった駱恵寧。王志民は北京に戻り、中央党志・文献研究院副院長に任命されたということですが、事実上の左遷に間違いありません。

王志民は２０１７年秋に中聯弁主任に着任したばかりでした。２０１９年の「反送中デモ」の展開の読みや11月の区議選挙の親中派惨敗などの結果に対して的確な情報分析ができず、香港世論を正確に中央に伝達できなかったことなどの責任を問われることになったのだと見られています。

王志民はもともと江沢民人脈の人間であり、福建省で習近平と一緒に仕事をしたことがあるとはいえ、習近平からの覚えはさほどめでたくありませんでした。

それは、新華社香港支社を前身とする中聯弁という組織が香港返還以来、そのインテリジェンス機能を武器にして、現地に対する非常な影響力をもっており、習近平といえども、なかなか使いこなせなかったという面もあります。

習近平は中聯弁の香港における発言権を抑えるために、林鄭月娥を重用した、とも言われていました。つまり中聯弁が香港における唯一の中国代弁者として幅を利かせており、その中聯弁組織自体が、江沢民・曾慶紅系の組織であり、習近平は中聯弁弱体化を望んでいた、ということです。

王志民

こうした中央政府内部の権力闘争の構図を読み取った林鄭は王志民に対してはあからさまに軽く見た態度をとっていました。王志民は着任翌年の2018年1月に、中環（香港政府）と西環（中聯弁）は一緒に行こう、と呼び掛けましたが、林鄭は明らかに冷たい態度をとりました。

2019年3月28日、香港の大実業家の李嘉誠が寄付で建造した慈山寺のセレモニーに、王志民（共産党中央委員、無神論者）と林鄭（キリスト教徒）を招いて、二人の手を取って握手させようとしたら、林鄭が公衆の面前でそれを拒否した、という事件もありました。

林鄭が次の予定（ボーアオフォーラムに行くための飛行機の時間を気にしていた）に気がそぞろだったから、かもしれませんが、差し出された手を無視する無礼さは、当時大きなゴシップニュースになりました。習近平が王志民を嫌っていることを見透かした林鄭の王志民に対する舐めた態度だ、と言う人もいました。この中聯弁に対する警戒感から、習近平はやはり林鄭を更迭するわけにはいかなかったようです。

王志民の後任の駱恵寧は、香港事務に関わったことのない香港ド素人で、英語も広東語もできない人です。鳳凰週刊によれば、人脈的には回良玉に近く、江沢民派につながるが、安徽省時代の人脈から言えば、汪洋や李克強とも、比較的近い人でした。

２０１９年11月にすでに65歳の退職年齢に達し、同12月28日に全人代財経委員会副主任委員に任命されたばかりでした。全人代のこうした委員会は俗に言う「養老院」、つまり退職年齢になり一線を離れた人物に対する「ご苦労さん役職」です。そんな人物が、今の困難な香港事務がうまくさばけるようには見えないのですが、習近平としては、とにかく香港に何の縁もゆかりもない人間を中聯弁のトップにつけるということが重要であったようです。

この人事は、習近平政権としては〝中聯弁切り捨て〟人事、香港における中聯弁利権潰し人事と一部では受け取られました。あるいは、習近平が信用でき、かつ香港事務が任せられる人材がもう底を尽いていると言う人もいました。

中聯弁トップはこれまではインテリジェンス系が派遣され、その任務も情報収集と世論誘導が主でしたが、駱恵寧は青海、山西といった、いわば貧困地域の地方行政経験者で、インテリジェンス経験なし。これは、今後香港は、中国の一地方扱い、という意味もあるかもしれません。

また、山西省は胡錦涛政権時代の大番頭役であった官僚政治家で習近平に失脚させられた令計画の一族が絡む大汚職事件で官僚組織がガタガタになったところで、駱恵寧はそういう山西省政府の後始末を任された政治家でもありますので、中聯弁の香港利権にからむ汚職問題処理を任務として与えられた可能性があります。

この人事が、中国の香港への対応にどういう影響を与えるかは不明ですが、中聯弁による世論誘導機能（香港世論、国際世論とも）を諦めて、香港警察の中国公安警察化、香港警察の中共直接指示を進める方向に動くかもしれません。

ですが、そうなると、おそらく、米国が成立したばかりの「香港人権民主化法」をもとに、圧力をかけてくることになるかもしれません。

この動きは香港にとって大きな試練になるかもしれませんが、米国の姿勢次第ではチャンスになるかもしれません。

第二章

台湾総統選に敗北した習近平

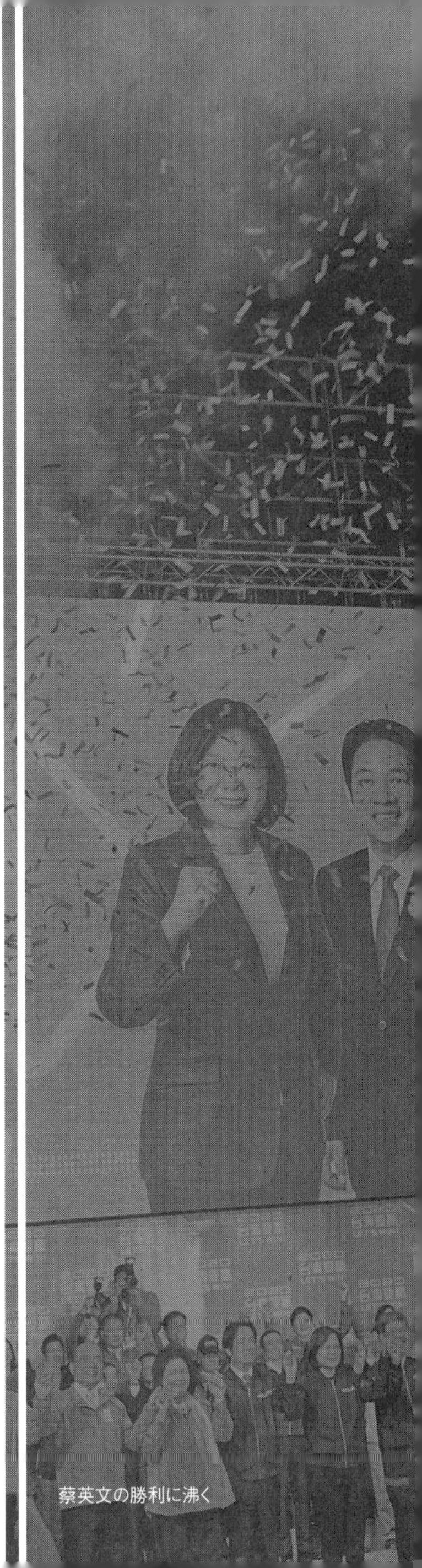

蔡英文の勝利に沸く

1　台湾総統選の圧勝の意味

【人気のなかった蔡英文】

2020年1月の台湾総統選挙の投票結果は、現職・蔡英文総統が過去最高の得票数817万票を獲得しての圧勝に終わりました。立法院議席も113議席中61議席の過半数を民進党が取り、民進党にとっては大満足の結果であったことでしょう。

私はこの勝利の瞬間を、台北の蔡英文候補事務所前に設置された集会場の現場の記者カメラ用のスタンドのそばの前の方で、民進党支持者の群衆のど真ん中で、迎えました。

蔡英文が勝利宣言を行った会場はピンクと緑の花吹雪が舞い、スモークがたかれ、まるでロックスターの大コンサートのような熱気でした。

開票率3分の1ほどですでに勝利を確信した支持者たちに、

「蔡英文政権2期目に期待することは何か？」

「中国からの軍事的圧力が心配ではないか？」

「中国からの圧力で経済が今よりももっと悪くなると心配ではないか？」

などと質問すると、ある初老の民進党支持者男性は、「司法改革をやり遂げてほしい。今の台湾の司法は公平ではないから。国民党が得するような法律ばかりだ」「経済は世界中が悪いから、台湾の経済がさらに悪くなるのは、もう仕方ない」などと答えていました。

中国が武力統一を仕掛けてくるのではないか、という懸念については「やれるもんならやってみろ！」と勇ましく叫んでいました。

蔡英文の勝利に沸く

コンサートのような熱気

また、別の中年男性は、「経済が良くなるとは思えない。副総統の頼清徳《らいせいとく》が4年後の総統選に出馬して勝つだろう。そのときに期待している」「台湾人は軍事的脅しには屈しないし、経済が大変なのも耐え抜ける」と胸を張りました。

私は1月9日から台北に入り、人に会うたびに、「誰に投票するか?」「蔡英文政権への評価は?」「再選されたのちの期待は?」を聞いて回っていたのですが、そのときの印象としては、「蔡英文政権はあまり人気がないなあ」という感じでした。下町のレストラン、屋台、タクシー運転手、ホテルで働く従業員等々、数十人にとりあえず意見を聞いてみたのですが、支持者を含め、あまり高い評価はありませんでした。

台湾人の友人が、こう説明してくれました。「私も4年前は蔡英文に入れたけど、今は入れないかもしれない。蔡英文は嫌い。ぜんぜん期待に応えていない」。「蔡英文は嫌い」という理由は様々ですが、やはり、尖ったリベラル政策、例えばアジア初の同性愛結婚法の導入や、「一例一休」と呼ばれる「働き方改革」が台湾社会の実情を無視したものだったこと、体感としてははっきり経済が悪化し、食品物価などが上がり、暮らしにくくなったことなどが挙げられていました。

アジア初の「同性愛結婚法」は快挙、日本も見習えとリベラル知識人たちは持ち上げますが、政権の支持率にとっては決してプラスではありませんでした。台湾にはキリスト教徒も多く、家庭重視の価値観が強い国です。同性愛は、旧来の家庭の価値観を破壊するものという強い拒否感がありました。私と同世代の友人たちも「同姓愛は個人の自由かもしれないけれど、結婚制度として認めることは台湾社会をめちゃくちゃにする」と大反対でした。

また、蔡英文と頼清徳が総統候補を巡って激しく戦ったとき、蔡英文の戦い方がフェアでなかったと文句を言う人もいました。

「4月に予定されていた予備選を蔡英文側の都合で延期した。4月に予備選をやったら頼清徳（元行政院長）が総統候補になっていたのに」と。これは頼清徳支持者の間でよく聞かれる意見です。

民進党の総統候補を選ぶ予備選挙は、本来ならば2019年4月17日に行われる予定だったのですが、4月下旬にいったん延期され、さらに総統選と同時に行われる立法会委員会選挙の候補者選びが終わったあとの5月22日以降に大幅に延期されて、6月13日に候補者が決まったのでした。

蔡英文

これは現職総統の蔡英文が自分に有利なように延期したととられても仕方がありません。実際に4月の段階では、蔡英文総統の支持率は、国民党候補に挙がっていた郭台銘《かくたいめい》や韓国瑜と比べて低く、「民進党候補は頼清徳にした方が戦える」との見方がありました。

「一例一休」という「台湾版働き方改革」も悪評紛々でした。これは蔡英文政権が2016年に打ち出した政策で、労働基準法の改正を伴う週休二日制であり、毎週一日の定例休日とさらに一日の休日を法的拘束力をもって徹底させるというものでした。定例休日などに仕事をさせる場合は通常の2倍という極めて高い賃金が課せられることになりました。

ですが、これは台湾の一般的な屋台や小さな食堂の運営者にとっては死活問題です。当然、庶民からものすごい抵抗がありました。この強い世論の反発によって2017年秋に頼清徳が行政院長になってから、この法律の見直しがあり、強制ではなく弾力的運用ということになり、さらに混乱が生じました。労働各団体は、「結果的に労働者の権益を後退させた改悪法案だ」と批判しました。

しかし、蔡英文に対する最大の批判の要因は、その「事なかれ主義的な官僚気質」であったといいます。

蔡英文はできるだけ批判されないように、事を荒立てないようにという慎重な姿勢が目立ちました。例えば2016年に政権を民進党が奪還したのは、当然2014年の「ひまわり学生運動」で広まった台湾アイデンティティと反中意識の世論の後押しがあったからです。ですから、蔡英文に投票した有権者の多くの本音は、もっと中国に対して厳しい姿勢で臨んでほしいと思っていたのです。

しかし2017年の春節のときに台湾ビジネスマンが集まったパーティーの席では、「中国との関係はしばらくすれば回復する」と語ったそうです。これは公にされたものではなく、このパーティーの出席者から伝聞で聞いた話ですが、私はさもありなん話であると思いました。

馬英九《ばえいきゅう》政権時代、台湾経済はかなり中国に依存していましたが、2016年の蔡英文政権に代わってから、中台関係は悪化していきました。このため、中国とのビジネスを主としていた台湾ビジネスマンの多くが対中ビジネスの先行きを心配していました。対中ビジネスの低調によって経済が悪化したことを批判されたくない蔡英文が、彼らの集まるパーティーでなだめるような発言をすることは想像にかたくありません。

ドナルド・トランプ

また、トランプ大統領が2016年暮れに、米国の従来の「一中政策（ワンチャイナ・ポリシー）」について疑問視する考えをフォックステレビで語りました。

１９７９年以来37年ぶりに米国大統領の慣例を破って、蔡英文からの大統領就任祝いの電話を直接受けたトランプは、蔡英文に対し「プレジデント」と呼び掛けたそうです。しかし、このことについて蔡英文は、当時ほとんど言及しませんでした。

民進党支持者の立場からいえば、蔡英文政権には米国の対中姿勢の変化を武器にして、「台湾アイデンティティと1つの中国の完全否定」「反中姿勢」をしっかり打ち出してほしかったのですが、そういう立場表明を避けたのは、蔡英文自身が中国との関係をこれ以上悪化させたくない、という慎重さが働いたからだとみられています。

そんなふうに蔡英文政権の批判を山のように語ったあと、最後には「それでも、総統選は女の方（あえて名前すら呼ばない）に入れる」と多くの有権者たちは話を結びました。

なぜかというと、「国民党は中国共産党に近づきすぎた」「選挙というのは、腐ったりんごの箱から一番腐っていない、ましなりんごを選ぶことなんだ」「中国に飲み込まれたくないから、（蔡英文は嫌いだけど）涙をのんで女に投票する」ということでした。

つまり、今回の総統選の蔡英文圧勝は、蔡英文の勝利でも民進党の勝利でもなく、中国共産党、いや「習近平の敗北」であったのです。

【小規模政党の躍進】

投票の内訳を分析してみましょう。

総統選については、投票率74・95％と前回総統選よりも9ポイントも上回ったのに蔡英文の得票率は57％で、新聞の見出しは〝最高得票数〟となったのですが、得票率で見ると前回より1ポイント上がっただけでした。韓国瑜の得票率は38％で、前回総統選より7％以上、上回っています。つまり、投票率が大きく増えたのに、蔡英文の得票率は伸びていないのです。

また、立法院選挙をみると、民進党としての比例票得票率は33・98％、国民党の得票率33・36％で、差はそれほどありません。ともに比例議席は13議席。つまり民進党は比例議席で5議席も減らし、選挙区議席も2議席減らして、全体で7議席を失っています。国民党の総議席数は前回よりもプラス3議席の38議席です。

むしろ注目すべきは小規模政党の動きで、「民衆党」という台北市長の柯文哲《かぶんてつ》がつくった新党が、初選挙でいきなり比例5議席を獲得しました。

柯文哲は、政治的には明確なイデオロギーはないようで、自ら「緑（民進党のシンボルカラー）でもなく青（国民党のシンボルカラー）でもなく、白だ」と語っていますが、心臓外科医として有名な元医師で、中国に心臓外科医として何度も招かれ医学協力を行ってきたという点で、比較的中国寄りで、その発言の端々にも中国寄りの姿勢がにじんでいます。

ただ、「一国二制度」に対しては否定しており、香港デモは応援するという立場を表明しています。民衆党へは、国民党・民進党の両党に愛想《あいそ》を尽かした行き場のない有権者の票が流れたと言われています。

比例得票率は11・22％です。総統選に候補を出すためには比例得票率5％が最低ラインなので、民衆党は2024年の総統選に柯文哲総統候補を送り込むことができるわけです。

また、「台湾基進」という「ひまわり運動」から生まれたでき立てほやほやの台湾独立派（国家完成派）の陳柏惟《ちんはくい》は、台中市の選挙区で国民党現職候補を破って選挙区議席1議席を獲得しました。

同じくひまわり運動の若者たちによってつくられ、2016年に新党として立法院選挙に初めて参加し5議席を獲得して注目された「時代力量《じだいりきりょう》」は、2019年2月からの分裂騒動や不祥事などがあったにもかかわらず、比例3議席を維持しました。時代力量は台湾のブラックメタルバンド「ソニック」のボーカルで、若者たちに絶大な人気のあるフレディ・リムが創設メンバーとして党の看板になっていましたが、フレディは2019年8月1日に離党しました。

民進党との選挙協力を巡って党内で揉めたのが原因でした。民進党寄りのフレディは、2020年立法委員選挙に無所属で台北市第五選挙区から出馬しました。民進党は候補を立てなかったので、民進党の票を得て49％の得票率で国民党の林郁方《りんいくほう》候補を下して当選しています。

台湾基進と時代力量はともに台湾アイデンティティを強く打ち出し、台湾国家意識を重視していますが、こういう方向性は、ひまわり運動以降、若者の主流になりつつあります。

今回の選挙で成人して初めて投票を行う有権者は約110万人いましたが、そのかなりの部分が既存政党への不信感を募らせ、こうした少数政党に流れたと分析されていました。

選挙結果として民進党が圧勝したのは、選挙の争点が、「一国二制度」で和平統一かいなか、和平統一でなければ武力統一だが、そのどちらを選ぶのか、という選択肢を突き付けた習近平への回答になったからでした。そして、台湾有権者は「一国二制度」による和平統一」に〝ノー〟を突き付けたわけです。

【蔡英文の勝利演説：民主主義陣営の勝利】

蔡英文はこの総統選挙勝利後の国内外記者会見の場で行った演説のなかで「脅威と恫喝に屈服しない政府を有権者が選んだことを、北京は理解しなければいけない」とはっきり訴えました。

そんなに長くない演説なので、その訳文を以下にあげておきます。

国内外のメディアの友人たち、辛抱強く待っていてくれてありがとう。

まず、今日投票してくれた有権者にありがとうと言いたい。この選挙で、誰に投票しようとも、皆さんは民主の価値を実践してくれました。

毎回の総統選挙によって、台湾人は民主的で自由な生活をこんなにも大事にして、我らが国家ー中華民国台湾をこんなにも大事にしているんだ、と世界に訴えているのです。

韓（国瑜）市長と宋（楚瑜《そゆ》）主席にも礼を言いたい。一緒にこの〝民主の旅〟を完成させてくれました。私たちは選挙のプロセスで、私たちに対する建設的な批判を受けながら、次の任期に入ります。政党の立場は違っても、私たちは未来を信じ、協力できる余地があります。

今日、台湾人民は投票により、民主進歩党に執政を継続させることを選び、国会の多数を維持することを選びました。この結果は過去4年の執政チームと立法院の党のチームが正しい方向に向かっていることを意味しています。

蔡英文・頼清徳ペアに投票してくれた一人ひとりに感謝します。民進党候補の支持者の皆さんには、民主と進歩の価値を選択し、改革と団結の道を選択してくれたことに感謝します。

私たちは皆さんに約束します。勝利したからと言って反省することを忘れたりは絶対にいたしません。過去4年、私たちには成果もありますが、不足していた部分もあります。台湾人民は私たちにまた4年を与えてくれました。私たちは不足していた部分、及ばなかったことをより良く、より多くすることができます。

将来、私たちはさらに良い国家を継続して打ち建て、さらにパーフェクトな社会をつくり、さらに全面的なインフラ建設をし、さらに競争力のある経済を持ち、さらに国際化した就職、就学環境をつくります。

私たちは己を鍛え、政府は清廉で効率よくならねばなりません。改革を推進し続け、区域はバランスよく発展し続けねばなりません。貧富の差は引き続き改善していかねばなりません。

もちろん、私たちは国家安全を強化し、私たちの主権を守り続けることもしていきます。私の第2期の任期において、私と私のチームは過去4年の基礎のうえに、さらに努力していきます。

この選挙はこれまでなかったほどの国際的関心を集めました。今日、この会場には多くの国際メディアが来ています。私はこの機会を借りて、台湾人民を代表して、国際社会の友人に台湾民主を重視し、支持してくれたことについて感謝を述べたい。

この選挙によって、台湾人民が民主的価値観を堅持していることを国際社会に見てもらいたい、私たちの国家アイデンティティを尊重してほしい。同時に国際社会に参加するにあたり、台湾に公平な待遇を与えてほしいのです。

中華民国台湾は国際社会に欠くことのできない一員です。私たちは各国と積極的に協力し、共に責任を負い、共に繁栄を享受し、地域の平和と安定を維持したい。だからどの国に対しても、台湾はパートナーであるべきで、敵ではないのです。

この選挙結果によって、ひとつの重要な意義がはっきりしました。つまり、私たちの主権と民主が大声の恫喝に晒されたとき、台湾人民はさらに大きな声で叫んで、それを堅持するということです。

この3年あまり、政府は主権のボトムラインを守り、中国との健全な交流を維持したいと願いました。

中国の言葉による攻撃と武力による威嚇《いかく》に直面しても、私たちは挑発せず、むやみに突き進むこともせず、両岸の間に深刻な衝突を生むこともしませんでした。

しかし、中国は台湾に対してじりじりと圧力を加え、「一国二制度による台湾統一案」を言い出し、台湾の主権に譲歩を迫り、私たちに受け入れがたい条件をのませようとしました。

中国が一方的に台湾海峡の現状を変えようとしたことに対し、台湾は選択の余地がありません。私たちは民主防衛メカニズムを強化し続け、台湾海峡の安全を守るための国防パワーを打ち立てねばならないのです。

私は、両岸関係の平和と安定のためにできることをすることに変わりがないことを特に強調したい。しかし、台湾海峡の平和安定を確保するためにに力を尽くすことには、両岸双方に責任があるのです。

今日、もう一度、対岸当局（中国）に心を込めて呼び掛けたい。「和平、対等、民主、対話」この八字が両岸（中台）にとってお互いに良い影響を与え合い、長期安定発展の鍵となる。そして両岸人民の距離を近づけ、互恵互利の唯一の道となる。

和平とは、対岸が台湾に対する武力の脅威を放棄せねばならないということです。

対等とは、双方がお互いの存在の事実を否認しないということです。

民主とは、台湾の前途を２３００万人が決定するということです。

対話とは、双方が座って未来の関係の発展を語ることです。

私は北京当局に民主の台湾と、有権者の選んだ政府が、脅威と恫喝に屈服しないということを理解してほしい。両岸がお互いに尊重し良い影響を及ぼし合って、やっとお互いの人民の利益と期待に合致するのです。今回の選挙の結果が、最もはっきりした回答なのです。

最後に私は言いたい。この選挙はすでに終わりました。選挙の過程で衝突もありましたが、それはここでやめましょう。私はすべての支持者にライバルを刺激するような言行は絶対しないように求めます。我々はお互いを抱きしめなければなりません。なぜなら、この国家の苦境を乗り切るためには、すべての人が民主の旗の下に団結することが必須なのです。

私たちはこの4年、肩を並べて戦ったすべての戦友、私の周りのこの人たちに感謝します。私たちの肩にはさらに重い責任が乗り、目の前にはさらに多くの任務があるでしょう。明日から、私たちは日々努力し、今日、私たちに投票してくれた人民を後悔させることは絶対にしません。

みんなありがとう！

蔡英文のこの演説からわかることは、くどいほど繰り返される感謝の言葉の連続です。蔡英文自身、自分の総統としての執政が評価されたから2期目の総統に選ばれたのではない、ということをわかっているからではないでしょうか。「周りに助けられた。感謝」という気持ちがにじんでいるように思います。

実際、英BBCの記者からは「習近平にも感謝したいですか？」との質問が出て、会見会場では笑いがもれました。

私も、蔡英文が感謝すべき最大の相手は、やはり中国・習近平政権だと思います。今回の総統選のMVP賞は習近平で決まりです。

そして次に感謝すべきは、香港デモを命がけで継続してきた若者たちであり、米国やオーストラリアなどの西側社会だと思います。

つまり、この総統選の勝者は民主主義であり、民主主義の敵としての習近平の敗北だと総括できると思います。

支持者への感謝を述べる蔡英文

民進党の勝利を民進党勝利集会で祝う香港人たち

2　習近平の台湾政策の大敗北

【台湾有権者を平和ボケから目覚めさせた習五条】

台湾総統選は蔡英文候補が勝ったのではなく、習近平の大敗北でした。なぜなら2018年暮れまでは、蔡英文総統が再選する目などほとんどなかったからです。

2018年12月の段階では、蔡英文政権の支持率は20％前後でした。2018年11月の台湾統一地方選では、6大都市（台北、桃園、新北、台中、台南、高雄）市長を含めた全22県・市の首長を選ぶのですが、この結果は無所属（台北）1を除いて国民党が15、民進党が6でした。台湾の地図をシンボルカラーで色分けすると、大半が国民党の青に染まりました。2014年の統一地方選では民進党が22県市のうち13を取っていたのですから、今回の総統選は、まるでオセロの石がひっくり返ったようなありさまでした。

というのも、12月の統一地方選では、国民党の落下傘候補・韓国瑜がなんと民進党の牙《が》城《じょう》であった高雄市長に9万票という大差で当選したのです。高雄は「美麗島事件」でも知

韓国瑜

られる台湾民主化運動の発祥の地で、過去20年間、民進党が市政をとってきた台湾第2の都市です。

2014年の高雄市長選は、民進党の陳菊《ちんきく》が得票数99万3000票で圧勝していました。それが、今回は韓国瑜が89万2545票（得票率は53・87％）と民進党の陳其《ちんき》邁《まい》を大差で勝利しました。

陳其邁は、今年4月に陳菊が総統府秘書長に抜擢《ばってき》されたのち、市長代行も務めていたというのにこの選挙では無残な結果に終わりました。

この民進党の大惨敗の理由の1つは、2014年の雨傘運動の影響で民進党を支持した有権者たちが、民進党の政治のやり方に失望した、ということの意思表示とみられました。

もう1つは中国の世論誘導工作の成功ですが、それはまたのちほど解説しましょう。

ちなみに投票率は6大都市長選で66・11％で、4年前の民進党圧勝のときの66・31％をわずかに下回っているだけです。この結果を踏まえて、蔡英文は民進党党首を辞任、頼清徳も行政院長（首相）を引責辞任しました。

もともと支持率は右肩下がりであったのが、さらに急速に下がり、地方統一戦直後は

15％前後に落ち込みました。誰もがその2年後の総統選で民進党が与党の座を維持するのは難しいのではないかと思いました。

それが少し上向いた切っ掛けが、２０１９年新年早々に習近平が打ち出した「習五条」と呼ばれる対台湾政策でした。

これは鄧小平が台湾に対して最初に統一を呼び掛けた「台湾同胞に告げる書」発表の40周年を記念して行った習近平の演説で打ち出されたものです。

簡単に言えば次の５つです。

第一：台湾統一は必須であり必然である。台湾とともに「中国の夢」を目指す。

第二：「一国二制度」による平和統一がより望ましい。

第三：「1つの中国」が原則であり、台湾独立は反対、中国人は中国人を攻撃しない。武力統一という選択肢を放棄しない。

第四：地域的経済的融合と同等待遇を推進。

第五：中華民族アイデンティティの形成。

中台統一は必須で必然、「1つの中国」原則を認め「一国二制度」による中台統一を受け入れるか、さもなければ武力統一、どちらかにしか台湾人には選択権はない、ということです。

「中国人は中国人を攻撃しない」という表現の裏には、独立を目指して台湾人を名乗れば攻撃する、というニュアンスがあり、「武力行使の選択肢を放棄しない」というわけです。「中華民族の偉大なる復興に台湾同胞の存在は欠くことができない」とも言っていますが、これは「今世紀中葉の中華民族の偉大なる復興の実現の前にすでに台湾を統一している」という想定での発言ですから、習近平が権力の座にある間での統一を強く意識したものです。

習近平は、蔡英文政権2期目をかけた総統選の1年前に、こんな恫喝を伴う選択肢を台湾有権者に突き付けたわけです。習近平は蔡英文政権の統一地方選での惨敗ぶりを見て、この時点で2020年の台湾総統選では、台湾有権者は親中派政権を選んで、一国二制度による統一を支持する総統候補を選ぶであろう、という自信があったのかもしれません。

そして、台湾統一を実現することによって、揺らぐ共産党の正統性（レジティマシー）を固め、米中貿易戦争での劣勢、いや、米国とのヘゲモニー争いの劣勢を挽回しようと考えたのではないでしょうか。

ですがこの「習五条」に対し、蔡英文は珍しくきっぱりと「一国二制度」に対して〝ノー〟の姿勢を打ち出しました。

一方、国民党主席の呉敦儀《ごとんぎ》は2月、政権を奪還した暁《あかつき》には「両岸和平協議」を推進することを言明し、統一大中国を完成させることが国民党の変わらぬ願いであることを確認しました。

この時点で、2020年1月の総統選の争点は、「一国二制度による統一（国民党）か抵抗（民進党）か」という選択肢を有権者が選ぶというものになり、過去4年の蔡英文政権の政策の評価はあまり関係なくなってしまったのです。

そのため、2018年11月末の段階で15％を切りそうだった蔡英文政権の支持率は年明けには少し挽回。2019年2月の段階では20％台にまで回復しました。

【香港デモが蔡英文の追い風に】

2019年4月の段階では、まだ世論も揺れていました。聯合報（2019年4月9日付け）で、台湾生まれの米デューク大学教授・牛銘実が行った台湾民意調査では、「台湾が独立を宣言すれば大陸（中国）の武力侵攻を引き起こすが、あなたはそれでも台湾独立に賛成するか？」という質問に対し、賛成18・1％、非常に賛成11・7％で、両者を合わせても3割に達しませんでした。

牛銘実によれば、「台湾人はコストの概念が強く現実主義で、独立はしたいが、戦争という高いコストがかかるようなら、独立か統一かという二者択一を迫られた場合には統一を選ぶ傾向がある」と分析しました。

揺らぐ世論を一気に、統一反対に動かしたのが、いうまでもなく香港の「反送中デモ」でした。特に6月9日の100万人規模のデモと、その後の抗議活動に対する香港警察の容赦のない暴力、それに抵抗する勇武派デモとの応酬がエスカレートするにつれ、蔡英文の支持率はうなぎ登りに上がっていきました。

それまでは、台湾人のなかにも、「一国二制度」によって台湾の現状が大きく変わらないのであれば中台統一もいいのではないか、という楽天的な意見を持つ人がいました。

また、中国でビジネスをしている台湾商人にとっては、中国との関係がうまくいくことが何よりも重要で、万が一にでも武力衝突などがあってはならないのです。ですが、香港の現状を見た多くの台湾有権者は、中国のいう「一国二制度」では台湾の民主主義のシステムや言論の自由が担保されないとみてとったわけです。

また、かつて民主化運動で台湾の民主主義を勝ち取った記憶を持つ台湾人たちは、香港の若者たちにおおいに共感しました。このころの世論調査では香港デモを支持すると答えた台湾人はおよそ70％にものぼりました。

２０１９年６月の段階では、国民党の総統候補は高雄市長の韓国瑜か鴻海会長の郭台銘か決まっていませんでした。ですが対抗馬が誰であっても蔡英文が優勢になるとの民意調査の数字が、このころからはっきりと出てくるようになりました。

７月になって国民党の総統候補は韓国瑜に決まるのですが、韓国瑜はあまり頭のいい人ではありませんでした。６月９日の１０３万人デモが起きた日、彼はメディアにコメントを求められたのですが、「よく知らない」と答えたのでした。

これは、中国に忖度してあえて回答を避けたのか、あるいは本当に香港で何が起きているのかわかっていなかったのか、本当のところはわかりません。韓国瑜を知る人物によれば、どうやら後者であったようです。

いずれにしろ、台湾の未来と香港のデモの関わりの深さを理解していれば、何らかのスタンスを総統候補としては出さねばならなかったのです。それができないという政治センスのなさがばれてしまい、これで韓国瑜支持者の気持ちがかなり離れてしまいました。

ちなみに郭台銘は台湾世論の空気を読んでいましたから、同じ質問に「一国二制度は失敗だ」と答えたうえで、「中国との平和的関係の維持を希望する」と慎重にコメントしていました。

蔡英文は一国二制度を受け入れられないという立場を当初から明確にしており、「私が台湾を香港のようにはしない」と訴えていたのですが、これが台湾有権者の心に響いたのでした。

【米国のアシスト】

この台湾の総統選は、折から続く米中新冷戦の代理戦争の面も当然ありました。この総統選で国民党が政権をとれば、統一に向けた和平協議が始まり、台湾が中国に統一されるシナリオが一気に進められる可能性がありました。

そうなれば米国の従来のアジア戦略は根本的に見直しが迫られます。米中の防衛ライン・第一列島線上にある台湾は、日米の民主主義陣営にとっての橋頭保《きょうとうほ》の役割を果たしており、もし台湾が中国の一部になってしまえばその防衛ラインは崩れ、中国は台湾を足場にして太平洋に切り込んでくると思われるからです。

米国はオバマ政権までは「台湾も重要だが、中国との関係をより重視」しており、中台の関係が安定していることが一番重要でした。そこで、国民党に肩入れし、民進党に対しては台湾の現状変更を目論《もくろ》む政党として警戒していました。

特に台湾と中国の関係を大きく変えようとした（つまり現状変更をしようとした）陳水《ちんすい》扁《へん》政権時代の台湾は、米国にとっては認められないものだったのです。

２００８年、２０１２年の選挙で馬英九が勝利したのは、あきらかに米国の意思が働いていました。オバマ政権は、２０１６年の総統選で蔡英文を最終的には推しましたが、それはひまわり学生運動を目の当たりにして馬英九国民党政権の人気のなさを見たことと、蔡英文が官僚気質の小粒な政治家であったことから扱いやすい、と判断しただけで、台湾が中国と対立することを望んでいたわけではありませんでした。

だからこそ、蔡英文も中国を刺激しないように、現状を変更せず、うまく付き合っていこうと慎重に振る舞っていたわけです。

このオバマ政権の中国との関係重視の姿勢は、南シナ海の島々に中国が軍事施設を次々造ることを許すなど、米国として痛恨の政策上の失敗を引き起こしました。また、中国の習近平政権が世界のリーダーシップを米国から奪おうという壮大な夢を抱く切っ掛けにもなりました。

なので、オバマ政権のあとに誕生したトランプ政権は、オバマ政権の失策による米国のレームダックをくいとめ、習近平政権の野望を砕くために、オバマ政権とは真逆の政策を打ち出します。

つまり中国及び台湾との関係を変えていくことを良しとしたのです。これが2016年12月の「1つの中国」政策を変更する可能性への言及、あるいはトランプが電話で蔡英文を「プレジデント」と呼ぶパフォーマンスにつながるのです。

米国ははっきりと中国との対立を打ち出し、その対立が単なる米中間の経済貿易問題や知財権を巡るトラブルではなく、「開かれた自由主義社会」と「閉じられた中華式全体主義」という価値観を巡る対立であり、米中新冷戦とも呼ぶべき国際社会を巻き込んだヘゲモニー争いであることが、だんだんとはっきりしてきました。

価値観・秩序を巡る米中のヘゲモニー争いの先鋭化のなかで、日本や韓国、そしてEU諸国に対しても〝踏み絵〟を踏ませるように、「米国陣営につくのか、中国陣営につくのか」

の選択を迫ります。

それは5Gのインフラや規格の選択の場合もありますが、香港や台湾など伝統文化は中華圏に属しながらも、西側の民主主義・自由主義システムで政治、経済が運営されてきた地域や国に対しては、「人権・民主・法治といった西側の価値観をとるのか、中国との経済関係を重視するのか」の選択を迫ることになりました。

すでに中国の一部として返還され、普通選挙によって自ら政権を選ぶことのできない香港では、デモを支持するかどうかがその〝踏み絵〟となりました。そして普通選挙が行える台湾では、それが「民進党政権を選ぶか、国民党政権を選ぶか」の選択肢になったわけです。

米国にとっては、なんとしても民進党に勝たせたい。そのためにはっきりと蔡英文政権を支持する姿勢を打ち出しました。

２０１９年12月に上院で可決された米国防権限法では、米台のサイバーセキュリティーでの連携、台湾総統選への中国の干渉への警戒が盛り込まれました。これを受ける形で、台湾立法院でも、年明けに中国の選挙干渉を防ぐための反浸透法を賛成票69票反対0票で可決。この法律により国外の「敵対勢力＝中国」による選挙運動やロビー活動、政治献金、社会秩序の破壊、選挙に関連した虚偽情報の拡散などの活動を禁止し、違反した者には5

米在台湾協会

年以下の懲役及び1000万ニュー台湾ドル（約3600万円）以下の罰金が課されることになりました。

2019年中に米国で成立した台湾旅行法や最新鋭武器を含む22億ドル相当の台湾への武器売却、それに米在台湾協会（AIT）新庁舎が事実上の米国大使館扱いに格上げされ、海兵隊が警護にあたり、地下には巨大な武器庫まで造られている（との内部情報）ことからも、米トランプ政権が台湾に対して準同盟国として接し始めたことは、民進党政権へのおおいなる追い風となりました。

【タイミングのよいオーストラリア・スパイ事件】

もうひとつ、蔡英文政権にとって追い風となったのは2019年11月に世界を震撼《しんかん》させたオーストラリアの「中共スパイ・王立強事件」です。

これは、台湾総統選挙やその前の地方選挙に対して中国が行った世論誘導工作、政界浸透などの手口を、自称・中共スパイの王立強がオーストラリアのメディアに暴露するというセンセーショナルなものでした。

米国やオーストラリアやカナダ、香港、台湾に対する中国の世論工作、政界工作、情報戦はこの数年、急にその手口が暴露され始めています。2018年に上梓された『サイレント・インベージョン　〜オーストラリアにおける中国の影響〜』（クライブ・ハミルトン著）、2019年に上梓された『パンダの爪』（ジョン・マンソープ著）、そして拙訳の『中国の大プロパガンダ』（何清漣著・扶桑社刊）などは、こうした中国のメディア、学術機関、ネットを通じた世論工作、政界工作の手口や影響力に警鐘を鳴らすものでした。

ですが、このタイミングで起きた「王立強の告発」は、おそらくオーストラリアの保安情報機構（ASIO）が台湾総統選において、民進党の蔡英文候補をアシストする目的があったと私は思うのです。

事件のあらましを簡単に振り返ると、それがよくわかります。

王立強は、2019年4月23日にオーストラリアに入国後、ASIOに投降し、「オーストラリア政府に政治的庇護《ひご》をしてもらう代わりに、自分が関わってきた中国共産党の諜報活動に関する証言や証拠を提供する」と申し出ました。

11月になって王立強はオーストラリア主要メディアの取材を受け、自分が解放軍総参謀部に属するスパイで、香港や台湾で浸透工作、世論誘導工作に参与してきたことを告白。なかでも香港の銅鑼湾書店関係者拉致事件に関与し、書店株主・李波の拉致の実行犯であったと語ったことは、全世界に衝撃を与えました。銅鑼湾書店事件とは、反中共的書籍を出版・販売する香港の銅鑼湾書店のオーナーや株主、創業書店長ら関係者が2015年秋ごろから次々と失踪し、中国当局に秘密逮捕されていることが約8カ月後になって発覚した事件です。

オーナーのスウェーデン国籍の桂敏海はタイのプーケットで何者かに拉致されたあと、北京で10年以上前に犯した交通死亡事故容疑者として起訴され、有罪判決を受けたことが突然発表されました。秘密逮捕の状況から脱出して香港に戻り、習近平の直接指示で行われたと内幕を暴露した創業書店主・林栄基は香港で逃亡犯条例改正問題が起きた段階で、身の危険を感じて台湾に移住しています。

王立強はさらに、台湾で数十億元の金銭を使って2018年の台湾地方選における世論誘導工作も行い、20万のSNSアカウントを創設し、民進党のサイトなどを攻撃させたり、国民党の韓国瑜を高雄市長に当選させるようネット上のグループを形成するなどしたりして、劇的な国民党の雪崩《なだれ》的大勝利を導いたとも証言しています。

さらに、韓国瑜が候補として戦った2020年1月の台湾総統選に向けた世論誘導工作にも従事したとも言っています。

王立強の上司は台北の101ビルにオフィスを持つ香港の投資企業・中国創新投資のCEO・向心と、その妻の龔青で、向心は上級スパイだと証言。これを受けて、台湾当局はこの夫婦の身柄を拘束しました。

ちなみに、向心が人民解放軍創立者の一人の元帥の葉剣英《ようけんえい》の外孫であり、軍のインテリジェンス部門の幹部であることは事実であると私も聞いています。

こうした内容をオーストラリアの報道番組「60ミニッツ」（11月24日）などが最初に報じました。オーストラリアでは、かねてから中国スパイによる浸透工作が問題視されていました。中国当局がオーストラリアの国政に干渉しようと、100万豪ドルを使ってメルボルンの華人にビクトリア州チザム選挙区から国会議員選挙に出馬させようと試みた事件がありました。

この華人男性は2018年にASIOに事件の概要を証言しましたが、その年の3月にメルボルンのホテルで、過剰薬物摂取で謎の死を遂げています。この事件自体には王立強は関与していないのですが、オーストラリアの中国浸透工作のものすごさを象徴する事件であり、このタイミングでの王立強の告発は、国際世論、そして台湾世論も動かしました。ただ、改めて共産党内事情通に聞いてみると、王立強の存在を共産党中央は把握していなかったようです。中国当局は王立強は詐欺師であると指摘し、スパイ説を全面否定しましたが、これは本当に王立強をスパイとしてコントロールしていたわけではなかったからのようです。

上海市公安局によれば、王立強は２０１６年10月に詐欺罪で懲役1年3カ月の判決（執行猶予付き）を受け、さらに２０１９年２月にも４６０万元あまりを詐取した容疑で指名手配されていました。王立強は指名手配される前の４月10日に香港に逃亡しています。

簡単にいえば、王立強は、金にルーズな共産党子弟で、香港、台湾と上海公安から逃げ回っているうちに、向心の家庭に出入りするようになったようです。

彼は専門が美術で、絵がうまかったので向心の妻・龔青の絵の家庭教師として雇われていました。若い青年（家庭教師）を龔青がたいそう気に入っていたので、向心も気を許して、いろいろと内部情報を漏らしていました。さらに向心は、自分の仕事（対外浸透工作）

のうえで王立強にお駄賃を出して、簡単な工作ともいえないようなところを手伝わせていたようです。しかも、そのことを党中央には報告していなかったのです。だから中国共産党中央とすれば、「王立強？　そんなスパイがいたのか！」と慌てたようです。

ＡＳＩＯの取り調べが一段落ついた段階での豪当局の見解は「王立強は北京が派遣した訓練を受けたプロの情報工作員（スパイ）ではなく、スパイ組織の周辺にいる〝ビット・プレイヤー〟（端役、通行人Ａ）にすぎない」とのことでした。つまり、国際通念上のスパイではありません。

金にルーズな王立強は、向心のところで金のトラブルを起こしてオーストラリアに逃亡。彼はオーストラリアの永住権が欲しいために「自分はスパイだ」として、政治的庇護を求めたというのが真相のようです。

王立強は、けちな詐欺師にすぎませんが、米国中央情報局（ＣＩＡ）とオーストラリアＡＳＩＯを中心とする「ファイブ・アイズ」は、王立強は２つの面で利用価値があると判断したとみられます。

１つは、オーストラリア当局としては、これまで、こうしたスパイにも含まれないようなビット・プレイヤーを取り締まる方法がありませんでしたが、王立強事件によって中国スパイへの脅威論が世論として盛り上がったところで、ASIOとオーストラリア通信局（ASD）、国防情報部は、精鋭情報特別ワーキンググループを設立し、外国（中国）の浸透工作、諜報活動などの国家安全上の脅威を疑似戦争状態と仮定して対応するための体制づくりに動くことができました。

これによりASIOは、オーストラリア連邦警察（AFP）と情報を共有して外国が干渉する機密情報保護の機能を強化し、情報周辺者と目される怪しい人物を洗い出し、密かに国外に退去させることができるようになります。

このために9000万豪ドルの初動資金も準備されました。王立強は本当の意味ではスパイではありませんでしたが、中国が民間人を使ってオーストラリアの政治に干渉し、メディアを操り、世論誘導しようとしていることは事実です。それを防ぐ機能を現行法の枠組み内で整える動きのために、オーストラリア社会の中国に対する警戒感を呼び覚ますことが必要で、王立強事件はそのために利用価値がありました。

もう1つは、台湾総統選で民進党を勝利に導くための台湾世論への影響力です。「このニュースは、2018年秋の台湾地方選挙の国民党勝利は中国による世論工作のせいだった」として、民進党に有利な世論形成をするのに役立つと考えたわけです。

向心らが巨額の資金を使って台湾選挙での世論工作や、国民党に対する浸透工作を行ってきたのは事実ですから、オーストラリアの報道は捏造《ねつぞう》というわけでもありません。

ただ、王立強事件の仕掛けは、CIAやASIOの内情に通じている亡命民主化活動家華人たちにも丸わかりだったので、この狙いはすぐに国民党サイドにばれてしまいました。

そこで国民党の大物政治家・蔡正元が王立強に接触し、民進党に賄賂をもらっただろう、前言を撤回せよと圧力をかけたのです。

蔡正元はスマートフォンのメッセージで習近平とのツーショット写真を王立強に送り、「もし台湾総統選前に、私の指示に従って行動すれば、中国か台湾に戻れるし、経済的援助も、家族の身の安全も保障する。だが、私が便宜をはからなければ、君は中国に戻れば死刑だ。オーストラリアにいても報復を受けかねない」と脅したそうです。

蔡正元

王立強は訓練されたスパイではなく、ただの民間人の詐欺師ですから、こんなふうに圧力をかけられると、すぐに蔡正元に言われた通りに、メディアに向かって前言を撤回しました。

王立強の前言撤回で、一時、「王立強事件は民進党によるでっちあげだ」と言われ、民進党への批判世論が起きました。ですが、総統選投開票日3日前の1月8日に、今度はオーストラリアのメディアから、「国民党の蔡正元が、王立強の家族を盾に脅迫し、前言撤回させた」という報道が出て、今度は国民党の心象の方が悪くなってしまいました。

2020年1月8日付けのオーストラリア紙シドニー・モーニング・ヘラルドなどによれば、「自称中国スパイの王立強は、2019年12月25日に、国民党の大物政治家・蔡正元と中国商人の孫天群から、自身や家族の身の安全を盾に脅迫され、11月24日以降、オーストラリアのメディアを通じて発表した『自分は中国共産党のスパイで、対2018年の台湾統一地方選挙（国民党が圧勝した）の工作に従事した』という発言を撤回せよ、でなければ中国に身柄を返還させて、命の保障はしない、と脅迫した」ということです。

この記事のソースは、ASIO筋。つまり、ASIOは蔡正元の脅迫会話の具体的内容、習近平とのツーショット写真を見せたことまでつかんでいたので、それを逆手にとって、国民党のイメージを悪くするような〝事実〟をリークしたのでした。

蔡正元はこのオーストラリア報道を受けて「脅迫ではなく諭《さと》しただけ」と、記事内容を認める会見を開き、この豪インテリジェンスVS.中共・国民党の「情報戦」は豪インテリジェンスの圧勝となりました。

ちなみに、民進党元秘書長の邱義仁が王立強に生活費などを渡していたのは事実のようです。オーストラリアとしても「民進党のためにやった〝情報戦〟なのだから、王立強の生活費ぐらいは民進党が出せよ」ということのようです。

オーストラリアのアシストは、この事件後につくられた「反浸透法」にも生きています。反浸透法は11月27日に法案が出され、12月31日につくられた一種の中国共産党を念頭に置いた浸透工作禁止法です。この法案はオーストラリアの同様の法案を参考にして起草されました。そして王立強事件の追い風を受けて成立させることができました。

この法律によって「台湾への浸透・介入を企てる者」の指示や委託、あるいは資金援助を受けて政治献金をしたり、違法に選挙活動に携わったりすることを明確に禁じ、国家の安全や機密に関わる国防、外交、台湾海峡両岸業務に関するロビー活動を取り締まる根拠ができました。

中国大陸で商売する台湾ビジネスマン（台商）からは、「自分がスパイにされかねない」ということで猛反発を食らいますが、国民党の議員たちは、この法案成立に反対票を投じることはできませんでした。なぜなら反対票を投じれば、有権者たちから、あの議員は中国系企業から献金もらっていたな、スパイじゃないか、と疑われてしまう心配があるからです。選挙直前なのでそれは避けたかったのです。

そこで国民党議員は議会を欠席。113議席中、賛成票67、反対票ゼロ、その他欠席、という異常な形で法案は可決されました。

そういう点からみても、台湾総統選の民進党圧勝は、蔡英文政権の勝利ではなく、香港デモの影響力、米国トランプ政権のアシスト、豪インテリジェンスの情報戦などを受けての勝利であり、最大の決勝点は「習五条」を総統選の1年前に発表した習近平のオウンゴールだといえると思います。

蔡英文総統の勝利ではなく、習近平の敗北なのです。

王立強事件にしても、結局、向心の上級スパイにあるまじき行動、つまり民間の詐欺師に工作内容を漏らしたり、手伝わせたりしたこと、さらにその事実を解放軍の上層部や党中央に報告していなかったことがそもそもの原因なのです。しかし、こうした中国共産党や解放軍のインテリジェンス部門の脇の甘さや末端の情報機関がきちんと機能しなくなったのは、習近平政権になってから始まったという気がするのです。

3 台湾の未来シナリオ

【責任を擦りつけられる国台弁】

台湾総統選は、「習近平が個人権力独裁化のレジティマシー（正当性）を補強するために、〝中台統一〟という鄧小平も成し遂げられなかった中華民族の悲願を早期実現するために打って出た賭けに大敗北した」という理解でいいと思います。

台湾有権者としては、別に蔡英文政権を支持したわけでも、民進党政権を望んだわけでもなかったと思います。許されるものならば、中国と良好な外交関係を結び、中国経済に依存する形であっても、台湾経済の成長を選択したかったのでしょう。

実務家として優秀な政治家は、国民党の方が多いと思われています。中国と一緒になっていくことで、台湾の経済成長が約束されれば、自然と「中国と統一するのもいいかな」と考える台湾人は増えていったかもしれません。

習近平政権は、自らの権力掌握とその強引な独裁化に対するレジティマシーを急いで求めるあまり、台湾有権者の選択肢を狭め、恫喝によって「平和統一」を選ばせようとしました。これは、習近平の判断ミスにほかなりません。この選挙結果の敗戦分析をするとしたら、戦犯の筆頭は習近平に他ならないはずです。

ですが、習近平は自らが犯したミスをかたくなに認めませんでした。そして、その責任を、台湾の浸透工作をうまくできなかったとして、国台弁（国務院台湾事務弁公室、中央台湾工作弁公室）の官僚たちに擦《なす》りつけようとしました。

2020年1月10日、国台弁はオフィシャルサイトを通じて、中央第一巡視組（中央規律検査委員会による出張汚職捜査チーム）のガサ入れを受けており、「一部指導幹部の問題の手がかりが見つかったことを確認しました。

中国メディアは、この発表を受けて「国台弁責任者は、習近平主席の〝台湾一国二制度〟に関する指示に対し、不十分な対応をしており、改善する必要を認めた」と報じました。また、国台弁主任の劉結一は「事実を調べて害を取り除く」と述べており、この問題を厳粛に受け止めている姿勢を示しました。

簡単に解説すると、国台弁は台湾総統選挙工作のためにたくさん予算を得ていたくせに、その予算を正しく効果的に使わず、「中国と統一されることの素晴らしさを台湾有権者に浸透させよ」という習近平の指示に対して、その工作をさぼった。そのために、蔡英文総統が圧勝した。これは職務怠慢のうえに、予算の使い込みに相当する汚職ではないかと習近平が考えた、ということでしょう。

習近平が敗北したのは、国台弁の汚職あるいはそのサボタージュのせいであり、国台弁にはその責任をとってもらう、というふうに読める発表です。

これは、11月24日の香港区議選挙の民主派圧勝、親中派惨敗の結果を受け入れられず、その責任を駐香港中央連絡弁公庁（中聯弁）のサボタージュのせいだと怒って、主任の王志民を更迭したやり方と同じパターンです。

もっとも劉結一に対する処分が決まる前に、中国にはさらに大きな災難が降りかかり、台湾総統選の敗戦処理どころではなくなりました。いうまでもなく新型コロナウイルスです。

この新型コロナウイルスが習近平政権にどのような影響を与えるかについては第三章で述べることにしましょう。

劉結一は、3月の全国人民代表大会（全人代）で更迭される可能性もあったのですが、2019年12月下旬から新型コロナウイルスが中国全土に飛び火し、全人代と、セットで行われる全国政治協商会議（全国政協）の「両会」が延期されることになり、この国台弁の「汚職」問題は4月上旬の段階では保留中となっています。

ところで中国の対台湾工作の官僚たちは、台湾への世論浸透工作に失敗したのでしょうか。おそらく台湾担当の中共の情報官僚たちは、「有権者は蔡英文政権にうんざりしています」といった報告を2018年暮れごろには上に上げていたのだと思います。

これがまんざら嘘でないことは、すでに述べた通りです。ですが、平和統一をごり押しするような「習五条」は、民主主義の価値観に馴染んだ台湾人有権者に通用するはずがないことは、台湾社会を知る官僚ならわかっていたはずです。

たぶん、習近平に対して「〝習五条〟はちょっとまずいですよ」と本当のことを言うと、習近平の逆鱗《げきりん》に触れて失脚させられてしまうかもしれない。それを恐れて官僚たちは何も言えなかったのではないでしょうか。

私はますます確信しているのですが、習近平の暴政は、情報官僚たちを含む中国の官僚システムを委縮させ機能不全を引き起こしていると思います。このため習近平は、国際情勢も経済情勢も社会情勢も、自国内の人民の世論すら、正しい情報を掌握できておらず、政策ミスが連発して止まらないのでしょう。だから、新型コロナウイルスも中国全土に広がってしまったのです。

【国民党を中国共産党傀儡政党にした国台弁の仕事ぶり】

国台弁の仕事ぶりを振り返ってみると、実のところ、彼らはなかなか頑張って仕事をしていたのではないかと思います。

少なくとも2018年秋の地方統一選挙で韓国瑜を民進党の牙城と言われた高雄市市長に当選させた手腕は見事というしかありません。

そうやってつくり上げた国民党優勢のムードをぶち壊したのが「習五条」なのですが、それでもその後も、国台弁はなかなか良い仕事をしています。

その1つが、国民党の呉敦義主席に、国民党が政権奪還の暁には共産党との和平協議を行うとして、事実上、一国二制度による平和統一への同意を表明させたことです。しかも、その総統選出馬に向けた予備選候補として、当初は郭台銘を強引にねじ込みました。

国民党は、革命によって清朝政府を倒し、一時、中華民国として中国全土への影響力を維持していた政党です。日本と戦争をしながら、共産党と内戦を戦ってきた歴史と伝統と誇りある政党です。国共内戦には敗れて、台湾に逃げてきたわけですが、永らく大陸反攻の夢を胸に「1つの中国」を掲げてきたわけです。ですが、今や中国共産党が送り込んだ、国民党員ともいえないようなビジネスマンを国民党の総統候補の候補として受け入れねばならないわけです。

郭台銘は、本当は国民党員ではありませんでした。彼は生粋《きっすい》のビジネスマンであり、中国でのビジネスのために共産党とのパイプを築き、習近平との人間関係を得ることもできました。彼の国民党総統候補予備選への出馬表明は、もともと中国共産党から指示を受けての行動だとみられています。国民党の公認総統候補になるには国民党党籍が連続して4カ月以上あることが条件でしたが、実は郭台銘はこの条件に合致するか微妙だったようです。

郭台銘は2000年に党籍を再取得したと言っていますが、その正式な手続きは〝多忙のため〟できていなかったのでした。ですが呉敦義は、2016年に郭台銘が母親名義で国民党に多額の無利息融資を行ったとして「党中央委員会名誉賞」を授与し、〝名誉党員〟として位置付けて、あいまいとされた党籍規定をごり押しで通したのでした。これは国台弁はじめ、中国側の呉敦義に対する懐柔工作の成果の1つだとして、当時の共産党内では

呉敦義

評価されていました。

郭台銘はカリスマ経営者で、彼が国民党の公認総統候補になれば、蔡英文候補と互角かそれ以上に戦えると習近平は信じて疑わなかったので、習近平の指示通りに国台弁は動いたわけです。その郭台銘が、予備選で韓国瑜に負けたのも習近平の判断ミスであり、香港問題の対応を間違った習近平の政策ミスの余波であったと思います。

結局、韓国瑜が国民党の公認総統候補になったのですが、これも昔の伝統と誇りある国民党であれば考えられないことでした。国民党は昔からエリート党員と、それ以外のB級党員に分かれて、彼らの間の感情の溝は私たちが想像する以上に深くて暗いと言われています。

エリート党員とは、中国大陸から台湾に渡ってくるとき〝馬に乗ってきた人たち〟、あるいはその後継者たちです。それ以外の党員とは鉄砲を担いでボロボロの敗走兵として歩いて台湾に入った人たちでした。

中華民国を支え、すぐれた政治力を発揮してきたのはこのエリート党員たちであり、総統候補はエリート党員のなかから選ばれなければいけないと考えられていました。そしてこのエリート党員たちの価値観からいえば、B級党員の下につくくらいなら、民進党に仕切られた方がまし、という中国人的な血統論というか階級意識というか、絶対的な差別感覚があると言われています。

国民党の総統候補レースに出馬したなかで本物の国民党エリートといえるのは朱立倫《しゅりつりん》だけです。韓国瑜はB級党員で、党内では、柄の悪いチンピラ党員ぐらいの扱いでした。国民党内ではほとんどの幹部たちが韓国瑜のことを見下していました。

だから2018年秋の地方選挙で、民進党の牙城である高雄市市長選の落下傘候補にしたのです。高雄市長選で国民党候補が勝つことなどどうせないと思っていたので、〝カス党員〟の韓国瑜を送り込んだのです。それが中国共産党の世論誘導工作が成功し、予想外の大圧勝を決めます。中国共産党の力でB級党員が国民党内で圧倒的な存在感を持ったということです。

国民党公認総統選候補の予備選で、韓国瑜、郭台銘、朱立倫が出馬し、国民党エリート党員の朱立倫ではなく、中国共産党が育てた韓国瑜と郭台銘がメインで争う状況になって、最終的に韓国瑜が総統候補となりました。この事実は、国民党が完全に中国共産党の傀儡政権に落ちぶれてしまった、ということを露呈したことにもなります。

しかしながら、香港デモに対する習近平の失策が影響して、台湾総統選で国民党の勝利の芽はほとんどなくなりました。この事実を前に、国台弁は国民党が負けるという前提のうえで戦略を変えていきます。11月、比例名簿上位に中共の傀儡となる統一派議員候補をねじ込むことに成功しました。

国民党比例名簿4位で立法委員に当選した退役軍人の呉斯懐は、習近平に忠実な傀儡と多くの国民党員も認める人物です。国台弁は彼を当選させて、台湾の外交・国防委員会入りさせれば、たとえ蔡英文政権が勝利しても、外交・国防に間接的に関与することはできるであろうと考えたわけです。

もっとも、こうしたあからさまな工作は国民党の支持者離れを加速しました。あまりに手の内があからさまであったので、結局、呉斯懐は外国・国防委員会に国民党が割り当てられた5委員の席に2月の段階で入れられませんでした。それでも内部情報を手に入れることは可能でしょう。

総じて言うと、国台弁は習近平の指示通り、頑張って台湾浸透工作、選挙のための世論誘導工作を行ってきましたが、その成果を習近平があとからぶち壊しました。

習近平はさらに焦って台湾浸透工作をしたのですが、焦ったぶん雑な仕事になり、それを台湾有権者から見破られた、ということではないでしょうか。
鄧小平以来、時間をかけて完成された中国の官僚システムを使いこなせず、ぶち壊しているのが習近平だと、私は分析しています。

【共産党傀儡政権・国民党の敗戦処理】

2019年台湾総統選は、得票数のうえでは民進党と蔡英文の勝利でしたが、米中のヘゲモニー対決における習近平政権の大敗北であり、同時に台湾国民党が中国共産党の浸透工作の前に陥落して中国共産党の傀儡政党、衛星政党に落ちぶれていたことが露呈したという意味では、国民党の敗北でもありました。

国民党敗北の責任をとって呉敦義は党主席を辞任しました。次の党主席は中堅党員の江《こう》啓臣《けいしん》になりました。国民党の今後は極めて厳しいものになりそうです。

「反浸透法」が成立しているのですから、国民党議員に中国系ロビー機関や中国と利益供与がある企業・組織から献金を受けている議員のスキャンダルが、今後、どんどん表面化していくかもしれません。国民党はすでに中国共産党の傀儡政党に落ちぶれていたわけですから、下手をすれば党の解体の危機に追い込まれるかもしれません。

民進党にそこまでの政治力があるのか、という疑問はありますが、少なくとも国民党として4年後の総統選で政権を奪還するためには、党の根本的な改革が必要だと思われます。

国民党内にはすでに説明したようにエリート党員とB級党員があり、この両者は同じ中国から渡ってきた国民党員の子孫にもかかわらず、反目し合っています。

このほか、生まれも育ちも台湾という台湾人党員もいます。王金平は典型的な台湾人党員の実力者です。彼らは李登輝総統時代に実務能力、政治力を見出されて国民党内でひとつの派閥を形成しています。国民党の再生の鍵を握るのは、この李登輝派、台湾派の派閥の動向かもしれません。

柯文哲

一方、柯文哲を中心とする民衆党の台頭スピードから考えると、4年後の総統選の目玉候補が柯文哲になる可能性もあるわけです。
柯文哲は親中派で「両岸一家親」（中台両岸は家族）という姿勢を打ち出していますが、「92年コンセンサス」（1つの中国原則）については態度を明確にしていません。「統一するかしないかは、現在の台湾が処理しなければならない問題ではない」とコメントしており、中台双方がそういう話し合いができる条件が整ってから、もう一度考えるというスタンスです。

こうした態度は、台湾有権者のなかで、親中派、中国依存経済支持派にとっては一番共感しやすいことでしょう。また、伝統的に汚職文化の強い国民党と違って民衆党はクリーンなイメージがあります。党のイメージカラーも白です。国民党内親中派B級党員と民衆党がくっつけば、かなり強い政党ができ上がるかもしれません。

ちなみに郭台銘は国民党の公認総統候補戦に敗れるとすぐに離党し、柯文哲と接近しています。4年後の民衆党からの出馬を狙っているのかもしれません。

【問われる民進党の覚悟】

さて、民進党の今後ですが蔡英文政権2期目を迎えただけでは、台湾が中国の「統一」の脅威を免れたことにはなりません。望まれるシナリオとしては、4年後に頼清徳候補で総統選挙を戦って勝利し、さらに民進党政権を2期8年維持し、その間に台湾が国家的地位を取り戻す。すなわち国連などの国際機関の正式メンバーに返り咲き、また、「中華民国憲法改正」などを通じて、台湾が中国人民共和国とは別個の国であることを明確にする必要があるでしょう。

二度の総統選挙を勝ち抜いて、蔡英文もかなり自信を取り戻したようで、総統選後最初の海外メディアのインタビューは英国のＢＢＣを選びました。そこで蔡英文は、「我々には、自分たちが独立主権国家だと宣言する必要性はない……我々はすでに独立主権国家であり、我々はこの国を中華民国、台湾と呼んでいる」と台湾が事実上の独立国家であるというメッセージを世界に発信しました。

頼清徳

蔡英文は「一国二制度」を拒否していますが、この姿勢の根本に中国と台湾が一国ではなく、台湾が事実上の独立国家であるという立場があることをここまで明確にしたのは初めてだと思います。つまり、民進党の党是は台湾の国際社会における国家承認であることがはっきりしてきました。今まで事なかれ主義であった蔡英文の姿勢がはっきりしてきたことで、台湾有権者アンチ中国派の支持をきっちり取りまとめてきたといえます。

また、総統選直後に起きた新型コロナウイルスは、くしくも蔡英文政権の追い風となりました。

蔡英文政権にとって一番の難題であった経済政策は、この局面ですぐに成果を出すことは誰が総統でも無理だということで、その評価が保留されることになりました。むしろ反中姿勢を鮮明にした蔡英文政権は、中国経済の影響力をまったく考慮する必要なく、新型コロナウイルスの水際防止策の一点に集中し、早期に中国からの入国制限措置を実施、台湾内での感染拡大を比較的うまくコントロールできました。

おかげで2020年2月24日に発表された民意調査では支持率68・5％に回復しています。この台湾の対コロナ政策の見事さは、中国に忖度しまくった日本政府の対応とは対照的だといわざるをえません。

【民進党の不安】

ですが、新型コロナウイルス問題が収まったあとに予想されるさまざまな問題、具体的には世界的な大不況、中国の武力脅威などに、蔡英文民進党政権がうまく対処できるかについては、いくつかの不安があります。

その不安の1つは、総統の蔡英文と副総統の頼清徳が「犬猿の仲」と噂されることです。

２０２０年1月19日、私は早朝に台南の頼清徳事務所の女性から電話をいただきました。

電話の趣旨は、私が発行する個人メルマガ「福島香織の中国趣聞」(https://foomii.com/00146) で書いた台湾総統選挙に関する記事についてのクレームでした。

私は1月9日のメルマガで、蔡英文の選挙前に起きた「学歴詐称疑惑」に関する解説記事を書きました。

総統選挙前に、蔡英文がＬＳＥ（ロンドン・スクール・オブ・エコノミクス）で博士号を取得したのは嘘であると国立台湾大学の賀徳芬名誉教授と、米ノースカロライナ大学シャーロット校の林環牆准教授が告発する事件がありました。

総統府はこれを事実無根と反論し、二人の教授を名誉棄損で訴えました。総統府は蔡英文の学歴に嘘がないことの証拠として、台湾政治大学が保管している論文のコピーを公開したり、ＬＳＥが送ってきた証明書のコピーを公開しています。ですが、この公開された論文自体が、かなり出来が悪くて、こんなものでＬＳＥの博士課程が取れるのかと、疑惑がさらに深まっている状況でした。

以上のことは台湾の報道ベースをもとに整理した〝内容〟です。この事件について、私個人の分析として、

●総統選前の蔡英文にまつわるスキャンダルのなかで一番影響が大きいのは学歴詐称問題であること。

●総統選に蔡英文が勝利しても学歴詐称問題が蒸し返される可能性があること。

●総統の学歴詐称は罷免《ひめん》動議が起きてもおかしくないぐらいの重大な問題であること。

●総統が罷免になった場合、米国式のシステムなら頼清徳副総統が代理総統となって残りの任期を務め、次の選挙で頼清徳が総統候補となって戦うであろう。だから、必ずしも民進党政権の維持にマイナスになるというわけでもないだろう。

といった見立てを書きました。

この部分について、頼清徳事務所から電話をいただき、「頼清徳は蔡英文を心から支持し、協力しています！」とクレームがあったのです。

クレームの入れ方が何か変ですよね。「蔡英文の学歴詐称を事実かのように書いた」というクレームならわかるのですが、「頼清徳に二心があるようにミスリードしている」というクレームがくる理由が私にはわかりませんでした。

電話（口頭）でいただいたクレームの内容をかいつまんで言うと、

「私（福島）の書いた文章が、いかにも頼清徳が蔡英文の学歴詐称問題を蒸し返して、蔡英文総統を罷免させようと動いているような印象を与えるが、そんなことは断じてない」

というものでした。

ですが、私が書いた原稿を縦に読んでも横に読んでも、そんなふうには読み取れないはずですし、この原稿は有料の会員制メルマガにのみ書いたもので、どうして台湾の頼清徳事務所が、早朝にいきなり電話をかけてくるのか、理解できませんでした。

そこで私は、「あなたは私のメルマガを読んだのか？　頼清徳自身が私にクレームを入れるように命じたのか？」と問い質しました。

すると事務所の方は、「あなたの有料個人メルマガの内容は、勝手に中国語に翻訳され、多くの台湾人に読まれていて、相当の影響力がある。また、頼清徳自身がその影響力を懸念して、私（福島）に訂正の原稿を出すように求めるよう命じた」と答えたのです。

私自身は、「頼清徳陰謀説」など考えもしなかったので、「訂正を要求するのなら、私の原稿をもう一度読んで、どういう訂正を入れてほしいかを文書で送ってほしい」と要請しました。

すると、以下のような訂正要求がきました（私のメルマガでも掲載しています）。

「頼清徳弁公室として以下の点についてご指摘します。

1. 福島女史の文章のなかで、頼副総統当選人に関する伝聞がありますが、これは個人の憶測であり、民進党は団結して選挙に勝利しました。

2. 頼清徳副総統当選人はたえず、蔡総統のサポートに徹すると強調し続けており、総統を助けて社会に安定をもたらし前進させるパワーとします。これは彼が望んで副総統を引き受けた理由です。

以上

また、蔡総統の学歴詐称問題については、4日前の15日、ネット番組司会者の彭文正が蔡総統に対して学歴詐称を訴える裁判で、台湾法院がすでに彭文正の告訴が訴訟を形成する法律条件を満たしていないということで訴えが棄却され、事実上敗訴したことを、電話（口頭）で説明されました。英国LSEはすでに、蔡英文が博士号を取得したことを公開で承認し、台湾社会からすれば、すでに非常にはっきりしていることなので、再度討論する必要はありません、とのこと。

私はメルマガで、頼清徳事務所側の言い分は言い分として、そのまま掲載しました。でも、メルマガ読者にすれば、どうして、「蔡英文の足を引っ張っていると思われた」と感じて、言い訳めいた電話や文書を寄せてきたのか、理解できなかったのではないかと思います。

その後、台湾に駐在している友人の記者からも電話で、「頼清徳サイドと何か揉めているの？」と問い合わせが来ました。友人の記者のところにも、私の記事について頼清徳サイドから複数の問い合わせがあったので、心配していたようです。

いきさつを説明すると、友人の記者は「それは、あなたの原稿が頼清徳の痛いところを突いたということだよ」と教えてくれました。

この記者の説明によれば、この蔡英文学歴詐称問題を大きくニュースにしたネット番組司会者でメディア人の彭文正は、台湾独立を主張する喜楽島連盟に所属していますが、もともと頼清徳を民進党総統候補として強く推していたネット・サポーターの中心人物でした。ですから、蔡英文学歴詐称問題を仕掛けたのは、実は頼清徳ではないか、という疑心暗鬼が民進党内にはあり、それが民進党内の不協和音の原因の1つであったとのこと。

彭正文の行動が頼清徳の意向を受けたものか、あるいは勝手な「忖度」や「贔屓《ひいき》の引き倒し」的な行為かは私にはわかりません。ですが、そういう噂が立ち、頼清徳サイドが、たかが200人余りの購読会員しかいない私のメルマガ記事に敏感に反応してくること自体、蔡英文と頼清徳の関係の微妙さを裏付けているといえるかもしれません。

また、もしこのクレームが事務所の方の説明通り、頼清徳自身の指示によって行われたとすれば、頼清徳個人の政治家としての器も意外に小さいのかもしれません。

いずれにしても、民進党内にも派閥対立、政策対立を含めた様々な問題があり、その有権者支持率は政党や政権への信頼感ではなく、反中意識に支えられたものだと考えれば、4年後の総統選までに、政権・政党としての実績を上げて、組織としての方向性の統一や結束の強化のためにすべきことは少なくないでしょう。

この総統選の結果を受けて、台湾の政界は、大再編、大改革時代に入り、4年後の総統選では台湾の行方のビジョンが争点となって、有権者に決断を迫ることになるかもしれません。そのときに、政権を争う政党のなかに国民党がいないのであれば、それが本当の意味での国共内戦の終結であり、中華民国の終焉であり、台湾の再生ということになるかもしれません。

【中国・台湾武力統一の可能性】

習近平は台湾有権者に対し、「一国二制度による平和統一」か「武力統一」か、どちらかを選べと迫り、有権者は「一国二制度による平和統一」に対し〝ノー〟の答えを総統選で出しました。

これは習近平政権時代に中台が統一するためには、武力統一以外の選択肢がないということです。武力統一しないのであれば、習近平は中台統一を諦めなければなりません。おそらく、今後、中国が体制変革でもしない限り中台統一の機会は巡ってこないでしょう。とすると、習近平は背水の陣で台湾武力統一を仕掛ける可能性はあるのでしょうか。

台湾総統選民進党圧勝の結果が出た直後、アフリカ訪問中の王毅《おうき》外相は「中華民族の復興と海峡両岸の統一は歴史の必然。逆行しようとしても、必ず行き詰まる。国家分裂派は汚名を歴史に長く残す」とコメントしました。

1月11日夜に国台弁が出したコメントは、

「我々の台湾に対する大方針は明確で一貫している。我々は和平統一、一国二制度の基本方針を堅持する。1つの中国原則を堅持し、国家主権と領土完成を堅持する。いかなる形の台湾独立分裂の陰謀行動にも断固反対し、台湾同胞利益の福祉を断固増進する」

「両岸関係の和平発展は、両岸共同の発展を促進し、両岸同胞の正しい道を幸せにし、両岸同胞の努力と推進を必要としている。92年コンセンサスを堅持し、台独反対を共同政治の基礎として、台湾同胞と同じ道を歩んで両岸関係の和平発展と和平統一のプロセスを推進していき、共に中華民族の偉大なる復興の明るい未来を創ろう」

という当たり障りのないものでした。


蔡英文勝利確定の速報を報じなかった新華社は翌日になって、蔡英文の圧勝は、「外部暗黒勢力」の工作だと批判、「〝汚く〟不正常な手を使って蔡英文と民進党が有権者を騙し、圧力と恫喝で票を奪った」と強烈に批判しました。

環球時報の名物主筆、胡錫進はSNSで、

「台湾の武力統一の可能性は実際に存在する。それがなければ、和平統一もありえない。しかし、武力統一のためには優先すべき条件がある、それは中国には戦略的忍耐が必要だということ。さらに、我々は情勢変化に基づいて、さらに強大な軍事的圧力（手段は多い）をかけるかどうかは別にして、和平統一の旗は高々と掲げ、道義的な正しさを失ってはいけない」

「武力統一選択を安易に言うのではないが、中国の台湾に対する軍事的選択を引っ込めるという意味ではない。むしろ台湾への軍事的圧力手段は非常に豊富だ。また、我々が武力を使うという決心をしてこそ、和平統一の旗をミサイル発射前に高々と掲げなければならないのだ」

と微妙なコメントを出しました。

こうした公式、あるいは公的人物のコメントをざっくり眺めると、中国世論が武力統一論に傾こうとするのをなだめようという政権の意図が垣間見える気がします。

特に胡錫進のコメントでは、「平和統一と武力統一はセットで掲げないと意味がない。武力統一のためには戦略的忍耐が必要」と、世論に出始めた過激な武力統一論をなだめようとしているようにも聞こえます。一方で、そこはかとなく、武力統一と平和統一の二者択一を迫った習近平に対する皮肉にも聞こえる気がします。

中国共産党がまっとうな判断を下せるならば、武力統一の選択肢はありえません。少なくともトランプ政権の目下の対中・対台湾政策に変更がないとすれば、中国の対台湾武力統一は、米国に戦争を仕掛けるのと同じことであり、さすがの中国も米国との戦争は避けなければならないと考えるからです。

親台湾対中強硬政策の推進者であったランドール・シュライバーは国防次官補を2019年12月に退任しており、これはトランプ政権としては中国とのディールのなかでの判断であったとみられていますが、共和党政権としての台湾接近政策には大きな変更はないとみられています。

少なくとも、頼清徳・次期副総統候補が個人として訪米し、トランプも出席するナショナル・プレイヤーブレックファースト（国会議員が大統領を招いて行う大規模朝食会）にも招かれ、トランプに近い座席に座ったということであれば、トランプ政権の意志として蔡英文政権2期目への期待が高いとみていいでしょう。

そもそも、米国はF16V戦闘機、M1A2T式戦車など新型軍備の台湾への供与をすでに決めています。そんな台湾が中国共産党にのみ込まれるようでは、米国の安全保障上大きな問題なのです。そしてトランプ政権が秋に2期目再選を決めれば、米台関係は次のステップに進む公算が強い。具体的には、米台FTA、そこから多国間協定に入り、国際社会における台湾の位置付けが確固たるものとなる。まさかと思われるかもしれないが、台湾の国連再加盟も視野に入ってくるかもしれません。

少なくとも新型コロナウイルスの影響で、世界保健機関（WHO）加盟についてはオブザーバー参加が認められ、正式加盟を支持する国家も少なくありません。米国では台湾の国際社会での立場を擁護する新たな法律も成立しました。そう考えると、習近平政権が気が狂わない限り、台湾に対する武力統一はありえません。

それどころか4年後の総統選で国民党が総統選候補すら立てられないような状況になり、事実上国民党が解体すれば、「1つの中国原則」のフィクションが誰の目にも明らかになるわけで、統一の根拠すらなくなってしまいます。そういう意味で、私は今回の総統選の民進党勝利は、中台統一の可能性の消失につながる歴史的転換点となった選挙だったと思うわけです。

ただ、米国防次官代理のチャッド・スブラジアは2月20日に米中経済安全検討委員会の公聴会の席で、こんなことを言っていました。

「中国の主権主観からみると、台湾、南シナ海、尖閣諸島、朝鮮半島などでのインド太平洋地域で米中の軍事危機が発生する可能性があり、解放軍は今まさに、非対称的な対抗措置を模索し、これらの地域での米国の軍事的優勢を削ごうとしているところだ」

そのうえで国防部は中国との戦いに絶対勝たねばならない、と自論を展開していました。

「非対称的な対抗措置」というのは、中国人民解放軍の大佐でもある戦略学者の喬良と王湘穂が90年代に出版した軍事戦略書『超限戦』を読んだ人ならわかると思うのですが、伝統的な軍事力による通常戦だけでなく、外交戦、国家テロ戦、諜報戦、金融戦、ネットワーク戦、法律戦、心理戦、メディア戦などのより多くの非軍事力を交錯させた無制限手段の非対称的戦争を指しています。解放軍が当然そのすべての過程と調整を支配するという意味では、究極の軍事政権の在り方ともいえるでしょう。

つまり米国防部内には、中国が最終的に超限戦のような「新しい戦争」を台湾や南シナ海や尖閣、朝鮮半島で仕掛けてくる可能性も想定しているということです。

こうなれば、単に中国の狙いが台湾統一だけでなく、米国という強大な敵との戦いに踏み切るという前提での行動、「第3次世界大戦の幕開け」ということになるでしょう。

私はこの可能性は低いと思っており、そういう愚かな選択をする前に中国共産党は軌道を修正すると願っているのですが、新型コロナウイルスの影響で米海軍の防衛力が大きく損なわれる状況が続くようであれば最悪、こういうシナリオもありうるということです。

第三章

新型コロナが習近平政権にとどめを刺す

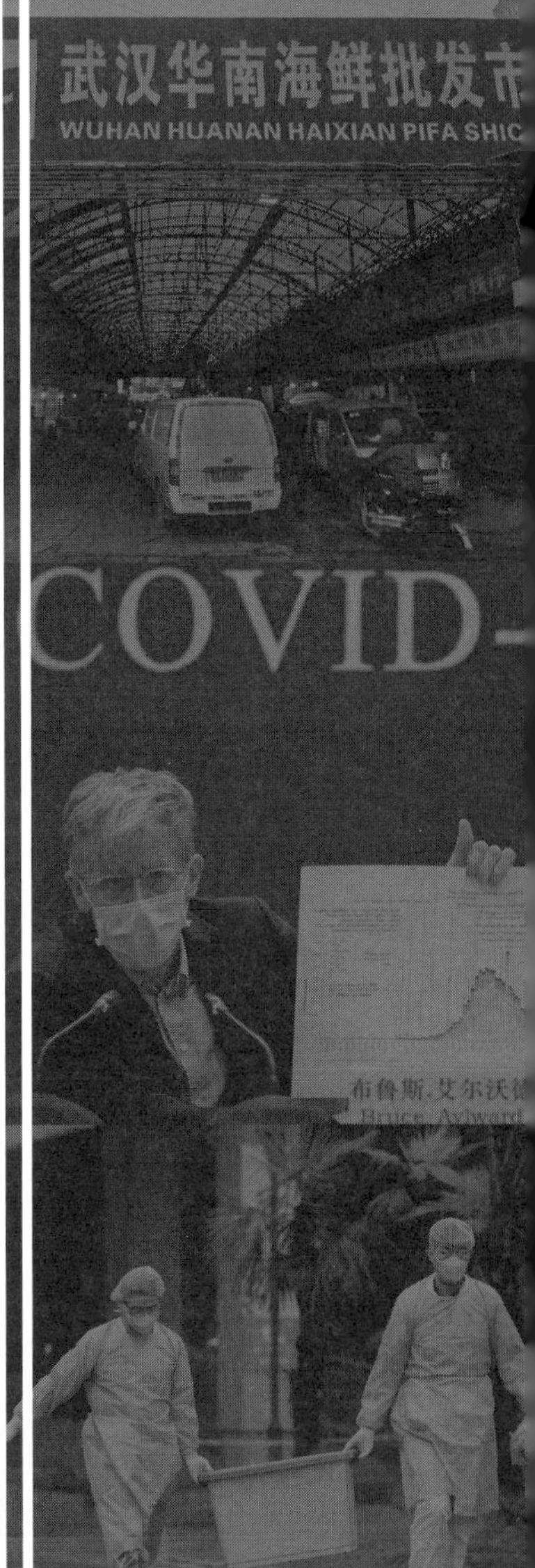

中国武漢市・華南海鮮市場
新型コロナウイルスで閉鎖前の様子©アフロ
中国で会見するWHOのエイルワード
©ロイター/アフロ
中国で原因不明の肺炎拡大（1月10日撮影）武漢市・金銀潭病院 ©ロイター/アフロ

1 新型コロナウイルスのパンデミックは習近平の責任

【習近平の権力集中が最大の原因】

香港人たちが香港の核心的価値は中国本土とまったく相容れない、西側の民主主義的法治と自由であると気づいた切っ掛けは、2003年のSARSの中国側の隠蔽による香港での蔓延でした。このときの胡錦涛政権が、事の重大性をいち早く察して、国家安全条例の成立を棚上げし、将来的な民主的直接選挙の可能性をにおわせて、一国二制度への尊重姿勢を維持することで香港人の怒りをなだめたことは第一章で述べた通りです。

このとき、国内では一時的に報道統制を緩め、メディアに取材の自由を与えることで、国内に蔓延していた不安やデマに対応しました。SARSは4カ月も隠蔽されていましたが、隠蔽がばれてから終息までの対応は比較的的確であり、7月には終息宣言となりました。

では、およそ17年の時を経て、新型コロナウイルスが発生したときの習近平の対応はどうだったでしょう?

私は、習近平政権の今回の新型コロナウイルスに対する対応は、SARSの経験をまったく活かせておらず、SARSよりも深刻な危機的状況を世界に拡散させてしまったのは、習近平政権の誤った判断のせいであったとみています。

SARSのときは、胡錦涛政権と江沢民長老政治の対立という政治的要因が、隠蔽や対応の遅れの背景にありましたが、今回の新型コロナウイルスの問題は、政策の決定権を習近平一人が握り、鄧小平以来の伝統であった共産党の集団指導体制のシステムが機能しなかったことが背景にあったと思います。習近平が自ら自分に権力を集中させすぎたことが最大の原因です。習近平は2017年の第19回党大会以降、強引に憲法を改正し、国家主席任期制限を撤廃するなどして、自分への権力集中を加速させていきました。第18回党大

江沢民

会で習近平政権が誕生して以降、反腐敗キャンペーンを大展開してきましたが、これは習近平が気に入らない政敵の官僚を汚職の罪で次々に失脚させていく恐怖政治でもありました。

その結果、地方の官僚、中央の機関の末端の官僚たちは、習近平の指示、指導に従う以外のことを行わなくなりまし

た。コンプレックスの強い習近平自身が、自分より能力の高い官僚を嫌う傾向もあったので、習近平の喜ぶことだけを忖度して行う〝ヒラメ官僚〟が出世していき、だんだん官僚システム全体のレベルが下がり、機能不全に陥ってきていたのです。

その結果、習近平には現場の正しい情報が速《すみ》やかに上げられなくなりました。習近平に嫌われれば、失脚させられるので、地方のヒラメ官僚たちは、習近平の不興を買うような悪い情報はあえて上げなくなりました。

一方で、習近平は、すべてを自分の判断によるトップダウン形式で行う仕組みを省庁改革によって進めてきました。習近平の許可や指導なく、勝手に指揮をとることは誰にも許されなくなってきたのです。

ですから、習近平は現場の状況をたいして知らないまま、何でもかんでも自分だけの判断で指示を出さなければなりません。そうしたなかで判断ミス、政策ミスが起きるのですが、下の官僚たちは、習近平に対して、「あなたの判断ミスでこういう結果になりました」と報告するのも恐ろしくてできません。さらに、嘘の報告や隠蔽が行われ、ミスは是正されないまま、さらに悪い結果を引き起こす、という負のスパイラルに陥っていくわけです。

第一章、第二章で述べた「香港問題」も「台湾総統選挙」の結果も、すべて習近平が現

■中国共産党と中国政府の関係図

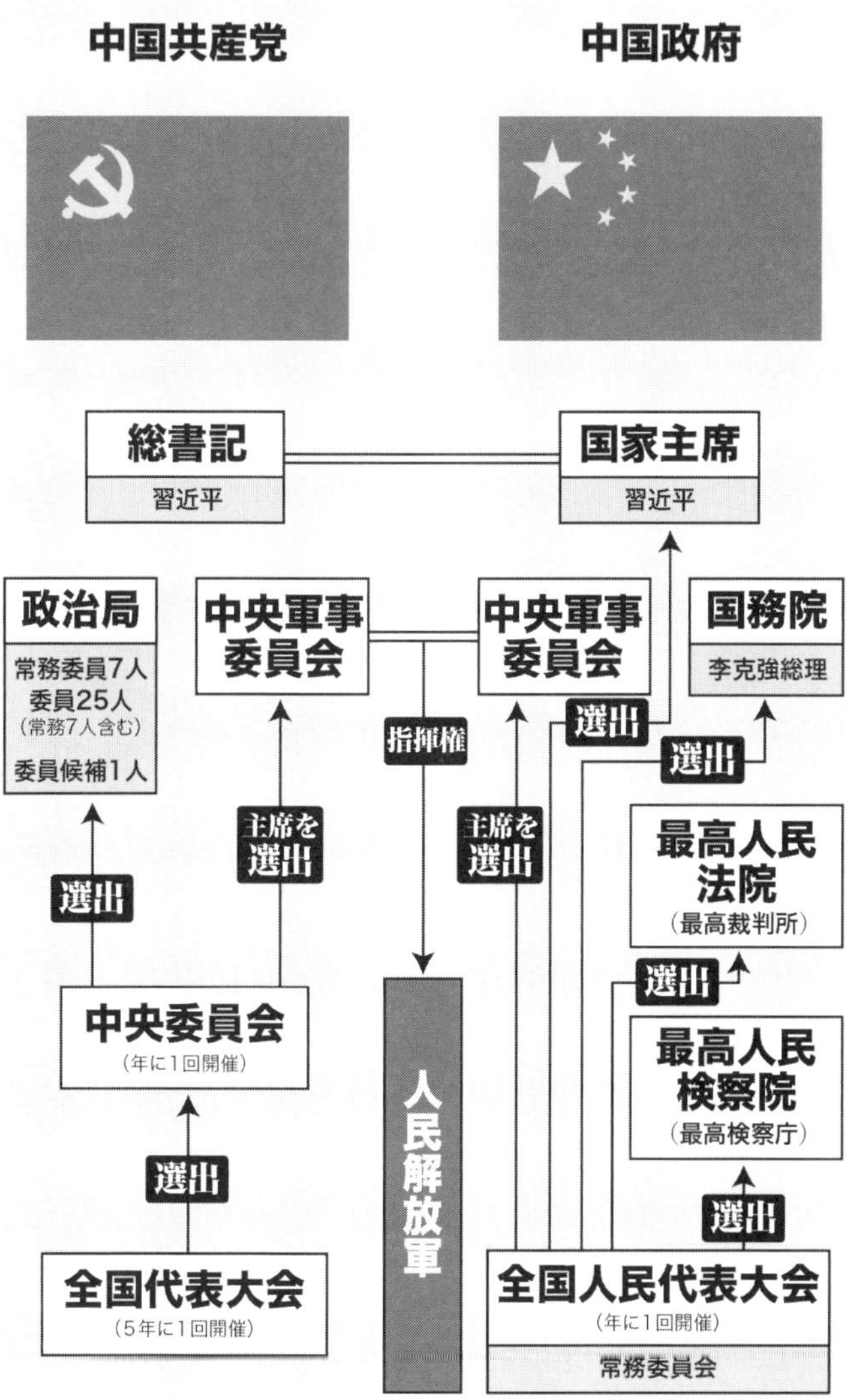

■習近平政権の反腐敗キャンペーン

場の状況を正しく把握していなかったために、政策ミス、判断ミスを引き起こしたのです。これは「習近平の敗北」でした。

そして、この武漢発の新型コロナウイルスの中国全国での蔓延、そしてパンデミックを引き起こしたことは、香港問題、台湾総統選に続く習近平の「最大の敗北」として中国共産党史に刻まれることになると思います。ひょっとすると中国共産党史の「最期の一章」のタイトルを飾ることになるかもしれません。

【新型コロナウイルスの初期隠蔽】

新型コロナウイルスの発生を3月中旬現在で判明している時系列でたどってみます。

新型コロナウイルスの発症が中国で最初に確認されたのは、2019年12月1日だとされています。湖北省武漢市の金銀潭医院に肺炎症状の患者が入院しました。12月8日に、未知のコロナウイルスによる肺炎であると現場の医師たちは判断していました。12月10日までに同様の症状の患者は4人に増えました。12月15日までには、武漢中心医院にも、同様の症状の患者が入院していました。翌2020年1月2日までに、同様のコロナウイルスによる肺炎患者は41人に増えていました。

この〝謎の武漢肺炎〟の正体を中央政府が把握したのは2019年12月27日であったとみられています。12月15日に武漢中心医院に入院した65歳男性の肺泡灌洗液のサンプルを24日、広州の微遠基因科技有限公司に送り、NGS検測によって病原を探し出してほしいと頼んだのでした。その結果は同27日に判明し、中央政府に報告されました。

広州微遠基因の実験室はほぼ完璧に近くウイルスのゲノム配列を分析し、データは同時に中国医科院病原所にも提出されました。この患者のサンプルには蝙蝠《こうもり》SARSコロナウイルスに似た新型ウイルスが含まれていたことがこの時点でわかっていました。また27日に中心医院に転院してきた患者のサンプルもすぐに北京博奥医学検験所に送られ解析されました。その解析結果は30日に中心医院に送られてきたのですが、やはりSARSに似た新型コロナウイルスが検出されたというものでした。

この解析結果を偶然見てしまったのが、最初に新型コロナウイルスの警告をネット上で行ったにもかかわらず〝デマ拡散者〟としてその言論を封じ込められた武漢中心医院の眼科医・李文亮《りぶんりょう》医師です。彼の話は、のちに詳しく述べましょう。

29、30日に、ゲノム解析企業の担当者と中央の国家衛生健康委員会、中国疾病《しっぺい》予防コントロールセンターの専門家チームと武漢の病院関係者が武漢で面談して30日には、武漢市衛生健康委員会として「原因不明の肺炎救援工作をよくすることに関する緊急通知」を市内の各病院、医療関係者に通達しました。それには、「30日までに27人の原因不明の肺炎患者が出ており、漢口駅に近い華南海鮮市場が感染源の1つとみられること」などが書かれていました。

この「原因不明の肺炎救援工作をよくすることに関する緊急通知」は、医療関係者のみに共有される内部文書でしたが、なぜか即日、インターネット上に流出してしまいます。そこで初めて、武漢市民を含む一般中国人が、武漢で原因不明の肺炎が広がっているという事実を知ることになりました。

この段階では、華南海鮮市場はまだ閉鎖されていませんでした。

31日に地元紙「長江日報」が、30日にネット上に流出した内部文書を受けて、市場を取材していましたが、「市場の秩序は保たれ、多くの人が買い物をしている」と報じていました。

ですが31日、中国メディアの第一財経などが、この公文書が本物であることを武漢市当局に事実確認する形で報道し、「第一例報告は12月8日にあり、感染者が市内の華南海鮮市場の出店者である」ことなどを報じたのをもって、〝武漢肺炎〟の発生が事実として広く知られることになりました。このとき、武漢市当局は、「人・人感染は出ておらず、感染はコントロール可能だ」と楽観視していました。

華南海鮮市場が正式に封鎖されるのは年が明けた2020年1月1日。一方、ネットで武漢肺炎の噂について情報を流したネットユーザー8人が「肺炎について事実でない情報を流した」として警察に身柄拘束(のちに訓戒処分に切替え)されていたことが武漢市公安局から公報され、市民に対しては、〝デマ情報〟を流さないようにとの強い警告を発しました。

このネットユーザー8人は、武漢中心医院の眼科医・李文亮、武漢市紅会医院神経内科の劉文、武漢協和病院腫瘍センターの謝琳卡らで、いずれも武漢市の現場の医師らであったことがのちに判明しました。実は彼らは〝デマ〟を流したのではなく、真実を告発しようとしたのに権力によって封じ込められていたことがわかったのです。

党と国家の最高指導者である習近平には、武漢でSARSに非常に似た新型コロナウイルスが発生していることが少なくとも2020年1月初旬までには報告されていました。中国の医療現場や中国疾病予防コントロールセンターの衛生官僚たちは極めて優秀で、1月2日までに新型コロナウイルスのゲノム配列を突き止め、WHOに報告、11日までに、世界中の研究者が共有できるデータベース「ＧＩＳＡＩＤ」に公開していました。米国への情報提供も３日から定期的に行われていました。

１月３日、上海公共衛生臨床センターの張永振教授チームが武漢市中心医院のサンプルを得て、５日未明に、新型コロナウイルスを検出、ウイルスの全ゲノム配列を分析したところ、歴史上存在したことのないウイルスであることを突き止めました。

上海公共衛生臨床センターは、即日、上海市衛生健康委員会と国家衛生健康委員会の主管部門に報告し、この新たなウイルスはＳＡＲＳと同源であり、呼吸器感染するだろうから、公共場所の疾病予防コントロール措置をとるべきだと意見しました。

ここまでの現場の医師や研究者、衛生官僚の動きは、ＳＡＲＳのときよりも素早く、的確であったと言われています。

ですが、問題は中央に情報が上がってからでした。１月３日、国家衛生健康委員会弁公庁は「重大突破伝染病予防コントロール工作において生物サンプル資源及び関連研究活動の管理強化通知」を出しました。それは武漢の肺炎サンプルについての管理規定であり、中央の批准《ひじゅん》なく勝手に検査機関や個人にサンプルを提供することを禁じるものでした。

ウイルス学者らによれば、武漢ウイルス研究所にも病原検測をやめて、すでにあるウイルスサンプルすべてを廃棄せよと要求されたといいます。つまり、情報隠蔽の指示です。これで中央の指示を受けずに、地方レベルで勝手に新型コロナウイルスに対応することはできなくなりました。

習近平はこの新型コロナウイルスの対応についても自分自身で指揮権をとらなくてはならないと考えました。1月7日には、自ら指揮をとり配置することを明確にした演説を行い、後日その演説稿を共産党中央理論誌「求是」（2月15日付け）に掲載し、自分のリーダーシップを強調していました。

ですが、このときの習近平の指示は「春節に悪影響を与えないように」という指示であったことが、中国疾病予防コントロールセンター関係者の話として香港紙「明報」が報じています。中国疾病予防コントロールセンターの高福主任は「重大突発公共衛生事件」レベル2の応急メカニズムを発動するように1月2日の段階で中央政府に求めたようですが、聞き入れられなかったようです。

感染症現場の専門家の危機感と習近平の危機感の間には大きな齟齬《そご》があったのです。

このため、武漢市や湖北省としても、春節移動を制限するような措置はとれませんでした。

また1月7日から11日までは武漢市の人民代表大会と政治協商会議（両会：地方議会に

相当）が開かれ、11日から17日までは湖北省の両会が開催されました。これは北京で3月3日と5日から始まる全国政治協商会議と全国人民代表大会（両会）前に済まさねばならない地方にとっての重要な政治日程です。この両会に集中するため、武漢市ではこの期間、事実上、感染状況の情報更新の公開を差し止めていました。

この10日あまりの間に、すでに春節移動は始まっていましたから、感染は武漢や湖北省だけでなく中国全土へと拡散し、またタイや日本などでも感染者が出始めたのです。

ネットでは、匿名の微博アカウントによって、武漢同済医院では廊下にまで肺炎患者が寝かされているといった怪情報が16日に流れました。

このアカウントによれば、自分の父親が肺炎症状を訴えて新華医院で受診後、ウイルス性肺炎と診断され同済医院に転送されたところ、廊下も病室も肺炎患者だらけで、収容できないので、自宅療養してくれと言われて帰されたそうです。ところがそこで肺炎症状から呼吸困難に陥り、救急車で武漢肺炎隔離病院に指定されている金銀潭医院に搬送されました。

その後、母親と自分も肺炎症状が出たので金銀潭医院に連絡したのですが、外来診療科がないので対応できないと断られました。心細くて仕方ないので微博に書き込んだそうです。このアカウントは間もなく削除されましたが、多くのネットユーザーたちは、やはり情報隠蔽があるのではないかと疑心暗鬼になりました。

実際のところ、この段階で武漢では医療崩壊が始まっていました。人から人への感染も12月中旬には、現場の医師たちはその可能性に気づいていました。ですが、武漢市当局は1月19日まで、人から人への感染の「証拠はない」と突っぱねていました。

現場のこうした混乱は、武漢市の市長や書記、そして湖北省の書記も含めて地方の指導者たちが習近平の顔色ばかりを窺うヒラメ官僚であったからでしょう。

また、習近平自身、自分が指揮をとり、配置するという方針を打ち出していました。ですから何をするにしても習近平のゴーサインが必要なのです。なのに、現場の状況を正確に把握できていなかった習近平は、この武漢が混乱の極みにあった1月17日から21日の間、北京にはいませんでした。

習近平は17日、18日に中国の国家主席として19年ぶりにミャンマーを公式訪問し、「一帯一路戦略」にとって重要な中国・ミャンマー経済回廊建設に関わる協力協定に調印していたのです。

「中国・ミャンマー経済回廊」は中国がインド洋に出るルートを確保するための安全保障上の重要なプロジェクトです。「一帯一路戦略上、これほど重要なプロジェクトはない」と習近平はコメントしています。ミャンマー西部のチャオピューに港湾を建設し、雲南省昆明と高速道路・鉄道でつなぎ、これによりマラッカ海峡封鎖にあっても原油輸入シーレーンを確保できるのです。この回廊の起点は雲南省です。なので、18日にミャンマー訪問を終えると、習近平はその足で雲南に視察に行きました。北京に帰ってきたのは実は21日なのです。

　この間、習近平の留守を預かっていたのは首相の李克強です。李克強は疾病予防コントロールセンターの警告を深刻に受け止めて、2003年のSARS対策で功績を上げた感染症の権威・鐘南山《しょうなんざん》をリーダーとした専門家チームを武漢に派遣します。

習近平ミャンマーを公式訪問 ©ロイター／アフロ

　鐘南山は19日に武漢入りし、院内感染が発生し医療崩壊に陥っていた協和病院などを視察、すでに人から人への感染が起き、事態が深刻なレベルであることをすぐに察知して中央に報告、李克強経由で雲南にいる習近平に説明がなされ、李克強が習近平の名のもとに国務院聯合防止聯合コントロールメカニズムを招集して、この武漢コロナウイルス肺炎感染の拡大防止徹底を指示、情報隠蔽に対しては厳罰に処すと発表しました。これに合わせて中国メディアも「感染の隠蔽は千古の罪にあたる」と報道。すると広東、上海、北京で続々と感染者確認の情報が上がってきました。普通に考えれば、すでに感染の広がりは地方当局レベルでは確認されていたはずなのですが、皆、習近平を忖度して情報を上げられなかったのです。

そして23日午前10時を境に、武漢の都市封鎖という思い切った対策をとります。その後、都市封鎖は全国85都市以上に広がり2億5000万人の移動が制限されるのでした。

中国の初動の動きを見てみると、この新型コロナウイルスへの対応の最大のミスを犯したのは習近平です。国内の新型コロナウイルスの状況を正確に把握できず、春節への影響をまず懸念したこと、自ら指揮権をアピールしながら、重要な時期に外遊や地方視察を優先させて不在であったこと。

次に地方のトップの判断ミスです。中央の指示を待つことに慣れきって、政治日程を優先させて、必要な予防コントロール措置をとらなかったこと。危機を告発した医師らをデマ拡散者としてその言論を封じ込め、現場の危機感をきちんと汲み取ろうとしなかったこと。

ですが、この地方政府トップの不作為も、そういう中央の指示待ちの〝ヒラメ官僚〟ばかりを出世させてきた習近平の責任といえるでしょう。

2 新型コロナウイルスを巡る情報戦

【パンデミックを引き起こしたWHOの堕落】

4月中旬段階で、新型コロナウイルスは世界185カ国・地域に200万人以上の感染者を出し、12万8000人以上が死亡するパンデミックを引き起こしました。米国をはじめ、このパンデミックの責任は中国にあると思っている国は多々あることでしょう。ですが、WHOなどの機関や一部のチャイナマネーに汚染されている国は、いろいろ中国に忖度して、それを言いません。

テドロス・アダノム

WHOのテドロス・アダノム事務局長はエチオピア人。エチオピアといえば、海外からの投資の6割を中国が占めており、チャイナマネー漬けが顕著なことでも知られています。そのせいもあって、国際社会の目からは、WHOは当初から中国に都合のよいアナウンスばかりしているように映っています。

まずＷＨＯは1月14日の段階で、いったん「人から人への感染の可能性がある」としておきながら、中国の要請によって「人から人への感染の証拠はない」と言い直しました。15日に「一定の限度で人から人への感染がある」と言い直すも、19日まで「人から人への持続的な感染拡大がある証拠はない」としてきました。

中国で原因不明の肺炎拡大（1月10日撮影）武漢市・金銀潭病院 ©ロイター/アフロ

中国は1月20日になって初めて、人から人への感染を認めるわけですが、実は中国内部では12月の最初の患者が金銀潭病院に入院した段階で家族内の人から人への感染の可能性が疑われ、1月にはその確証を得ていました。それなのに19日まで嘘をつき通したのです。

国際社会は感染症対策の基準としてＷＨＯの判断を重視していましたが、ＷＨＯは中国が武漢の都市封鎖に踏み切った23日の段階になっても、現場を見ないまま、非常事態宣言を見送ります。

感染が18カ国に広がった1月30日になって、一応、危機レベルを最高ランクに引き上げるのですが、「（中国の防疫措置のおかげで）中国以外の地域での死亡例はない。このことで中国は感嘆と尊重に値する。我々は中国の透明性と世界の人々を守るという意思についてまったく疑っていない」として、中国の情報隠蔽を否定し、擁護していました。

2月24日、ＷＨＯの専門家チームは中国の専門家チームとともに現場視察をしましたが、その後の記者会見で、ＷＨＯの事務局長補のエイルワードは、「中国の感染ピークはすでに過ぎ去った」「中国のとった措置は空前絶後で、先見性に富んだ柔軟なものだ」として、その強権的都市封鎖を大絶賛しました。それどころか「もし私が新型コロナウイルスに罹患したら、中国で治療を受けたい」とまで言いました。

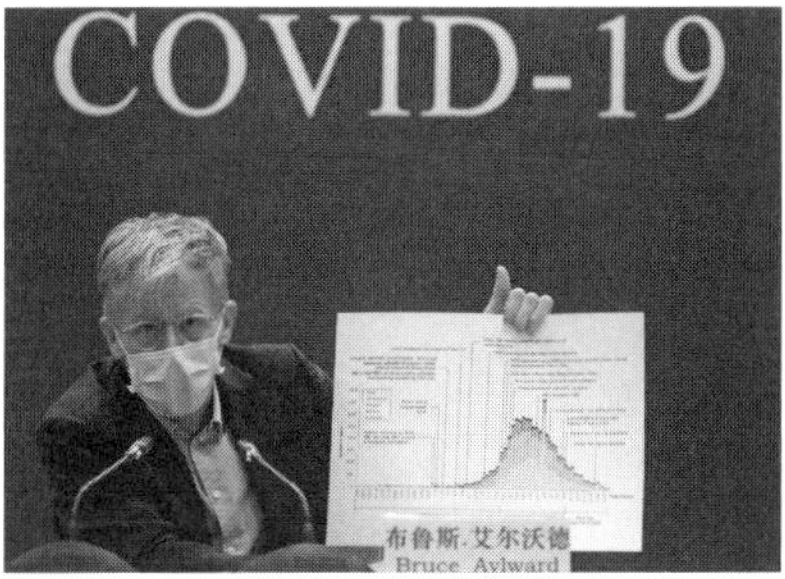

中国で会見するWHOのエイルワード ©ロイター/アフロ

3月12日になって、ようやく中国から世界流行（パンデミック）が始まったことを認めるわけですが、それは習近平が3月11日に感染発生後、初めて武漢視察を行ったあとのことで、あたかも中国の感染状況が落ち着いたタイミングを狙ったようでもありました。

実際、13日のＷＨＯの記者会見では、「パンデミックの震源は欧州」と発言し、中国の感染はすでに鎮静化しており、欧州から世界にパンデミックを広げたような印象操作をしたように思われました。

おりしも中国は米国からのパンデミックの責任追及説をかわすために、中国以外の地域からウイルスが持ち込まれたというような説を言い始めていたのですが、ＷＨＯはまるでこれに加担するような言動をしています。

中国は3月8日までにＷＨＯに２０００万ドルの寄付金を表明しましたが、そのあとのＷＨＯの中国への忖度ぶりは、あまりにもあからさまではないでしょうか。

日本はＷＨＯの判断を尊重し、中国からの渡航制限措置のタイミングがずいぶん遅れてしまいました。また東京五輪が予定通り行われるかいなかも、ＷＨＯの判断に任されると言いました。

チャイナマネーによって堕落し、中国の情報隠蔽や対応の遅れの責任をきちんと追及できないようなＷＨＯに、世界の人々の健康と安全を任せていることの危険性を日本はきちんと認識する必要があるでしょう。

【新型コロナが蔡英文支持率を上昇させた】

ＷＨＯが中国の代理人のような立場に陥っている状況のなかで、中国の影響でＷＨＯに加盟できずにいる台湾は、ＷＨＯに頼らず、中国に忖度することもなく、断固とした独自の感染症対策を打ち出しました。

その結果、中国経済に過度に依存していた台湾経済は、粛々と「中国デカップリング」を進めることができ、蔡英文政権の支持率上昇につながりました。

新型コロナウイルスはすでに台湾総統選が行われた1月11日に武漢でアウトブレイクしていましたが、この日は湖北省の人民代表会議・政治協商会議（両会）の開幕日であり、その政治イベントに集中するため湖北省当局はその後一週間、感染増を隠蔽していました。

このため、台湾総統選もさほど影響を受けずに行われたのでした。また、選挙の投票で帰国するために、中国で働く台湾人が一足先に春節休みに入って台湾に里帰りしたことも、中国の台湾人労働者が感染拡大にあまり巻き込まれずに済んだことと関係があるとも思います。

総統選が「習近平の敗北」ともいうべき形で終わり、習近平政権として新たな対台湾政策を打ち出さねばならないタイミングで、新型コロナウイルスが武漢から中国全土に蔓延し、対台湾、香港政策どころか、内政対応で手いっぱいの状況に陥りました。

新型コロナウイルスを理由に、香港、台湾世論はますます中国脅威を強く認識するようになりました。例えば台湾の「年代新聞」テレビ局は報道番組で「中国という病人が全世界に災いをもたらす」とタイトルを付けた新型コロナウイルス特集を組むまでに、はっきりと反中キャンペーンに舵を切っています。

蔡英文政権にとって幸運だったのは、この新型コロナウイルスの水際作戦を建前に、台湾の「実質独立」「国際社会における国家承認」のための法的、実質的環境整備を進めることができたことでしょう。

まず中国大陸との各種往来をいったん絶ち、中国の意向を汲んで台湾を拒み続けてきたWHOに対して、「台湾人の健康と命の安全」という人道上の問題として訴え、国際会議での台湾のオブザーバー参加を認めさせました。

この背景にはもちろん、隠蔽により国際社会に新型コロナウイルスの拡散を許した習近平政権や、習近平政権の要請を受けたWHOのテドロス事務局長が緊急事態宣言を見送ったことなどに対して、不信感、不満感を募らせる諸外国の圧力もありました。

蔡英文政権の対新型コロナウイルス対策の素早さは国際社会からも注目されました。1月早々に専門家を交えた緊急対応会議を開き、2日から空港などの検疫体制を強化しています。

私が選挙取材で台北・桃園国際空港に降り立ったとき（1月9日）、中国からの直行便の乗客だけ特別ゲートで入念に検疫検査が実施されていたのは、アフリカ豚コレラ対策のためだと思っていたのですが、どうやらこのときすでに新型コロナウイルスも想定した検疫体制もとられていたようです。

また、台湾での感染者が出ていない1月20日の段階で「国家感染症指揮センター」を立ち上げて水際作戦の体制を整えています。

1月23日には蘇貞昌《そていしょう》行政院長の「マスク輸出制限指示」があり、2月6日にはマスク購入実名制度やオンラインマップによるマスク在庫状況の公開や、政府補填《ほてん》による民間企業へのマスク増産指示、医療機関への優先的配布といった素早い対応で、各国で起きている中国人転売屋のマスクの買い占めによるマスク不足や高額転売問題を回避しました。

これは、日本が医療現場でもマスク不足に陥っているのにもかかわらず、地方自治体や民間企業が競《きそ》うように中国にマスクを寄付していた状況とは対照的でしょう。

台湾のマスク輸出制限などは、一部台湾人の間でも「台湾政府は自分たちのことしか考えていない」と批判の声がありました。ですが、結果から言えば台湾の方が正しかったと思います。日本では政府や財界は、習近平の国賓訪問

蘇貞昌

の成功を願うあまり、中国に気を使ったのでしょうが、一般大衆からすれば「日本のマスク不足は中国のせい」という反中感情がむしろ高まったように見えました。
こうした台湾の果断な政策は、蔡英文政権がここにきて、台湾の親中派財界や大陸世論を一切忖度しなくてよいほど、台湾社会の反中感情が高まったせいもあります。
蔡英文政権が、再選後最初に受けた海外メディアの英ＢＢＣのインタビューで、台湾について「すでに独立している」と発言したことからも想像できるように、蔡英文政権２期目のテーマは台湾の国際社会における国家承認の推進です。
こうした方向性は中国側から武力恫喝と経済制裁を伴う強い圧力を受けると想像されていました。武力に関しては、中国側もなかなか実際の行動はとらないとしても、台湾と中

国の長年の経済緊密化のせいで、中国からの経済制裁はかなり台湾経済に強い打撃を与えると予想されていたのです。

幸か不幸か、新型コロナウイルスという突然の疫病蔓延で、台湾だけでなく、世界各国で中国との人的交流、物流の制限が否応なくかけられることになりました。中国だけに対してやっているのではないという言い訳が台湾には可能となりました。

2月10日は中国が全国の工場再稼働を号令した日でしたが、台湾はこれに合わせて、中国との直行便について北京、上海など5空港を除き全面一時停止措置をとり、海運交通なども大幅制限をかけたのです。中国に工場を持つ台湾企業社員や中国工場で働く台湾人労働者の足止めをしたのです。台湾企業としては早々に中国に戻って工場を再稼働させたかったかもしれません。ですが、「両岸の人民に感染を拡大させないため」との建前を言われれば、従わざるをえないでしょう。

一方、総統選挙の動きのなかで、完全に中国共産党の代理政党に落ちぶれていることが発覚した国民党も、親中路線からの脱却をはかろうとしています。

中共の言いなりだった呉敦義が選挙惨敗の責任をとって辞任したあと、立法委員の江啓臣が主席になりましたが、台湾ファースト、脱中国イメージを訴えています。

郭台銘

親中派イメージが強かった鴻海集団創始者の実業家の郭台銘は、旧暦の年末の宴会の席で「2020年は米国を目指す」として、米国への投資を強化する姿勢を打ち出しました。台湾次期副総統の頼清徳が2月上旬に訪米した際には、トランプ大統領も出席する朝食会に参加するなど破格の待遇を受けましたが、これを米台FTAのステップとしてみる向きもあり、もしこの方向性で進むならば台湾の中国経済依存脱却は、新型コロナウイルスの後押しもあって、比較的スムーズにいくかもしれません。

台湾では2月中旬、初の死亡例が出て以降、北部医療機関を中心に院内感染と思われる状況も発生し、予断を許さない状況が続きました。ですが、うまくその危機を乗り越えました。対新型コロナウイルス対応で自信を深めた蔡英文が5月20日に2期目の就任式で行う演説で、台湾の国家観について踏み込んだ発言をする可能性も出てくるでしょう。それは新たな国際秩序の再構築のプロセスの始まりにつながるかもしれません。

ただし、それには、中国が今、新型コロナを巡って仕掛けている情報戦とプロパガンダに、国際社会が騙されず、パンデミックを引き起こした習近平に対してその責任を問う姿勢が重要になってきます。

【新型コロナは米軍が持ち込んだ！】

中国が仕掛けている新型コロナを巡る情報戦は対外的なものと対国内向けのものがあり、その2つは連動しています。

国際社会が驚いたのは、「新型コロナウイルスを米軍が武漢に持ち込んだ」という「陰謀論」を中国外交部報道官が言い出したことでしょう。

3月12日夜、中国外交部の趙立堅《ちょうりっけん》報道官はツイッターアカウントで、英語と中国語で、

ゼロ号患者（未確認の最初の症例）は、いつ米国で発生したのだ？

何人が感染したのか？

病院の名前は何と言う？

おそらく米軍が武漢に持ち込んだのだろう。米国は透明性を！

データを公表しろ！　我々に説明していないじゃないか！

とツイートしました。

中国外務省 趙立堅 副報道局長©AP/アフロ

ロバート・オブライエン

これは、米国国家安全保障問題担当大統領補佐官のロバート・オブライエンが３月11日にヘリテージ財団の講演で、中国が２０１９年末にウイルスが確認されたあとの対応が遅く、不透明であったと批判したことへの反論とみられています。

オブライエンはトランプ政権が中国全土からの渡航制限に早々に踏み切ったことを高く評価し、また、中国の隠蔽が、パンデミックの原因だとして、中国責任論を展開していました。

米国ではそれ以前から、ポンペイオ国務長官が「武漢が発生地であることを忘れてはならない」などと発言し、またＦＯＸテレビの名物司会者、ジェシー・ワッターズが「中国は（新型コロナウイルス問題で）全世界に謝れ」といった中国責任論を展開していました。

ウォール・ストリート・ジャーナル（ＷＳＪ）は中国のことを「アジアの病人」と呼ぶ論説記事を掲載。これに対して中国は２月19日に中国駐在のＷＳＪ記者３人を国外退去処分にしました。

ちなみにトランプ政権も、中国メディア4社に対して記者数を160人から100人に制限すると発表、中国国営メディアを在外公館扱いとして、そのスタッフや所有不動産についての国務省への報告を義務付けました。

これに対して、習近平政権は、3月中旬にWSJ、ニューヨーク・タイムズ、ワシントン・ポストに勤務するすべての米国人に対して、年内いっぱいが期限となっている記者証の返還を命じました。これは、文革以来最大規模の外国人記者の追放事件でしょう。

つまり中国は、「米国が、米国メディアを使って中国の責任論を中国国内世論も含めた国際世論で誘導しようとしている」という認識なのです。

ポンペイオ国務長官

ジェシー・ワッターズ

それは中国が伝統的に、国営メディアを使って情報戦、米国世論を含む国際世論誘導を行ってきたからです。同じことを米国もやっていると思っているわけです。

中国は3月に入って、こうした

米国の「世論戦」への対抗策をエスカレートさせていきました。それまでは、なんとなく「新型コロナウイルスは中国の外から持ち込まれた可能性がある」とぼんやりした言い方で、鐘南山のような感染症の専門家に発言させてきたのですが、外交部報道官という政府官僚が、公式の記者会見場ではないにしろ、米国を名指しして、新型コロナウイルスの責任を問い始めたのです。

【ウイルス生物兵器説が流れる背景】

この発言には少し複雑な背景があります。2019年10月中旬、武漢で米軍チームも参加する軍事オリンピック（ミリタリーワールドゲームズ、国際ミリタリースポーツ評議会主催、2019年10月18日〜27日）が開催されました。このとき米軍人5人が原因不明の感染症に罹り隔離措置を受けたことは地元紙・長江日報（11月7日付け）が報じています。趙立堅のツイート発言は、こうした記事が憶測を呼び、ネット上で「新型コロナウイルスは、この軍事オリンピックの際に、米軍が持ち込んだウイルス兵器だ」という「陰謀論的噂」が広がっていたことが背景にあります。西側社会のネット上では、同じ新型コロナウイルスの陰謀論でも、解放軍の生物兵器説が流れているのですが、中国やロシアのネットでは米軍兵器説が流れています。

ちなみに解放軍内で新型コロナウイルスを取り扱った研究が行われていることは周知の事実でした。軍事オリンピックに先立ち、9月18日に武漢の天河国際空港で、軍事オリンピック参加の外国軍の荷物から新型コロナウイルスが漏洩《ろうえい》したという仮定で人民解放軍の生物化学防護部隊が防疫対策訓練を行っています。

つまり「新型コロナウイルス」は軍事的に利用されうるという想定が解放軍内の認識としてありました。実は2003年春にSARSが中国でアウトブレイクを起こしたときも、SARSウイルスは米軍の生物兵器だといった噂が流れました。そのせいなのか知りませんが、以降、解放軍ではかなり真剣にコロナウイルスに関する研究がされており、「医学争鳴」などの解放軍系医学論文雑誌上などで発表もされています。

なので、「中国の武漢で突然発生した新型コロナウイルスは人為的につくられた生物兵器ではないか。生物兵器ではないとしても、研究室から漏れたものではないか」という疑いを、専門家も含めて多くの人が持っていました。西側社会で、この「ウイルス人為説」を疑う人は、もっぱら中国のラボからの漏洩を想定していると思います。

その根拠となる情報には次のようなものがあります。

1つは、新型コロナウイルスのゲノム配列を解析すると、その起源が「キクガシラコウモリ」由来のコロナウイルスであるという研究結果がすでに出ていることです。

財新ネットは2月3日に、ウイルスの起源に関する報道で、武漢ウイルス研究所の副主任の石正麗のチームが1月23日にＢｉｏＲｘｉｖという論文素読用プラットフォームで、「ある新型コロナウイルスの発現及びその起源が蝙蝠である可能性について」という文章をあげたと報じています。

その文章によれば、新型コロナウイルスと雲南キクガシラコウモリの保有するＲａＴＧ１３コロナウイルスの一致率は96％。早期の感染者5人から得られたウイルスのゲノム配列をみると、ＳＡＲＳコロナウイルス2及びＳＡＲＳコロナウイルスとのゲノム配列の一致率は79・5％、蝙蝠のコロナウイルスとの一致率は96％だそうです。

中間宿主には、竹鼠やアナグマ、亀やヘビ、センザンコウという〝候補〟が挙がっていますが、もともとは蝙蝠由来なのです。

ですが、湖北省はキクガシラコウモリの生息地域ではありません。キクガシラコウモリは雲南省や浙江省に生息するらしいのです。ただ武漢にはウイルス研究のための実験室が少なくとも2つありました。

1つは中国科学院武漢国家生物安全実験室。これは、中国科学院武漢ウイルス研究所の管轄のBSL（バイオセイフティレベル4）という最も危険なウイルスを扱う実験室です。ただ、この実験室は実は解放軍のための軍事目的研究が行われていると言われています。この実験室は華南海鮮市場とは30キロほどしか離れていません。

もう1つは国家疾病予防コントロールセンター管轄の武漢疾病予防コントロールセンター実験室です。これは華南海鮮市場から300メートルほどのところにあります。

中国華南理工大学生物化学工程学院教授の蕭波涛と蕭磊が「リサーチゲート」サイト上に発表した論文によれば、武漢疾病コントロールセンターの実験室の実験用動物には、湖北で捕えられた155匹の蝙蝠、浙江省で捕獲された450匹の蝙蝠がいました。この蝙蝠が一人の研究員を攻撃して、蝙蝠の血液と研究員が直接接触する事故が発生したことがありました。この研究員はその後、14日間隔離されたそうです。

また蝙蝠の尿と研究員が直接接触する事故も起きたことがあり、このときも研究員は隔離されたそうです。

この論文では、新型コロナウイルス患者から分離したウイルスのゲノム配列と蝙蝠コロ

中国武漢市・華南海鮮市場
新型コロナウイルスで閉鎖前の様子©アフロ

ナウイルスZC45の同源性は96%、あるいは89%と指摘しており、このウイルスはもともとキクガシラコウモリのなかで発現したものだそうです。この蝙蝠は武漢に生息するものではなく、1000キロ以上離れた場所（雲南省や浙江省）に生息しています。ですが、武漢疾病コントロールセンターでは、このキクガシラコウモリを実験動物として保有していたと言います。

なので、蕭波涛と蕭磊は、武漢で発生した新型コロナウイルスは、ヒューマンエラーによる実験室からのウイルス漏洩の可能性を疑っていました。武漢疾病コントロールセンターは、院内感染が初期に起きていた武漢協和医院とも近く、仮説として、蝙蝠の組織や餌の残りなどのゴミが周辺地区に漏洩して汚染されたことで、一群の感染者を出したのではないかと言います。この論文は間もなく削除されて、今は閲覧できません。また、2人の教授とは連絡が取れない状態になっています。

分子生物学者でラトガース大学のワクスマンインスティチュート・オブ・マイクロバイ

オロジーの教授のリチャード・オブライトは、ボイス・オブ・アメリカの取材に対し、ウイルスは実験室の事故を通じて動物から人に感染した可能性は存在すると語っています。彼は「中国の多くの実験室で蝙蝠コロナウイルスが採取され研究されている。それには武漢疾病コントロールセンターと武漢ウイルス研究所も含まれている」と話していました。

金銀潭医院副院長の黄朝林ら30人の医師、研究者がまとめた論文（「ランセット」1月24日）によれば、12月1日から1月2日までに同病院に入院した感染初期の41人の感染者のうち27人に華南海鮮市場接触歴がある一方で、早期感染者には市場接触歴がないので、感染源は市場以外という見方を示しました。

この論文筆者のひとりで金銀潭医院ＩＣＵ主任の呉文娟が英ＢＢＣに語ったところによれば、12月１日の最初の患者は70歳代の老人男子で脳梗塞《のうこうそく》と老年性認知症の症状があり、自宅で長期間寝たきりだったそうです。その後、家族が発病しました。

さらに、興味深いのは武漢ウイルス研究所の副主任であるバイオ科学者の石正麗チームが『Nature Medicine』（２０１５年11月９日）上で、中国馬蹄《ばてい》コウモリから見つかったＳＡＲＳに似たコロナウイルスの一種（ＳＨＣ０１４−ＣｏＶ）が疾病を引き起こす可能性に関する論文を発表していたことです。

これはSARS遺伝子から、リバースジェネティクス（逆遺伝学）の手法を活用して一種のキメラ・ウイルスを生成、同定したという内容でした。この人為的キメラ・ウイルスは変異によって人の気道に感染できるようになる可能性があるそうです。

ちなみに、この研究には米ノースカロライナ大学の研究者ら米国人研究者も参与し、実験の計画、実施はノースカロライナ大学のラボで行われていました。なので、仮に今回の新型コロナウイルスが、この人為的キメラ・ウイルスに関与するものだとしても、流出元としては米国の研究室の可能性だってあるだろう、というのが中国の言うところの「米国の生物兵器説」側のひとつの根拠になっているようです。

もちろん、米国シアトルにあるフレッド・ハチソン癌センターのトレバー・ベッドフォード博士ら27人の専門家、科学者たちは、新型コロナウイルスのゲノム解析結果として、新型コロナウイルスが遺伝子工学的なゲノム編集によって作られた人為的ウイルスの可能性を完全否定しており、ランセットなど医学誌でもその結果を発表しています。

ゲノム編集したウイルスであれば、大量の遺伝物質を置換する必要があるが、新型コロナウイルスのゲノム配列からは、その種の痕跡は観察されていないそうです。なので、科学者たちの見解は「生物兵器」ではなく、そんな陰謀論を言うべきではないとの立場です。

ただ、それが実験室から漏洩したものではないという証拠にはなりません。

生物兵器用に人為的に作ったものでなくても、少なくとも解放軍はＳＡＲＳなどコロナウイルスの変異の実験や研究を実験室でしており、新型コロナウイルスについて、仮想のバイオ兵器として訓練を行うくらいには恐ろしいという認識は持っていたということです。

これは私個人の見立てなのですが、趙立堅が「米軍がウイルスを持ち込んだ」と言い出したのは、習近平の意向を汲んでいるのではないでしょうか。

おりしも、共産党理論誌「求是」（3月15日）に習近平が寄稿した論文「感染症との戦いの勝利のために強大な科学の支えを提供せよ」で、ウイルスの起源を科学的根拠をもってはっきりさせるよう強い指示を出していました。

中国としては、まず、感染症の権威である専門家チームのリーダーの鐘南山にすでに「ウイルスが中国の外から持ち込まれた可能性」があると言及させ（2月27日の記者会見）、次に外交部報道官の個人的意見としてツイッターで発信するという形で少しずつ、米国起源説を国際社会に信じ込ませようと画策しているのではないでしょうか。

科学者たちはこうした陰謀説を〝トンデモ説〟として一蹴《いっしゅう》しますが、権威筋が繰り返し主張していけば、嘘も事実として定着していきます。中国は毛沢東時代から今の時代に至

毛沢東

るまで、そういう政治宣伝工作、プロパガンダによって、中国にとって都合のよい〝事実〟をつくってきました。その具体例や具体的手法をお知りになりたい方は、拙訳書『中国の大プロパガンダ』を参照していただければと思います。

「陰謀論」を流して、米国に責任を転嫁させようとしても、たぶん国際世論はほとんど相手にしないだろうと思います。どうみても、感染の拡大は武漢が最初ですし、趙立堅はその主張の根拠を示していません。

趙立堅の発言については、米国務省は崔天外駐米大使を呼び出して厳重抗議したほか、ポンペイオ国務長官は楊潔篪政治局委員（外交担当）に電話で抗議し、「中国が新型コロナウイルスの責任を米国に転嫁しようとしていることに強烈に反対する」「事実でない情報と捏造デマをばら撒くときではなく、各国が団結して共通の脅威と対抗すべきときだろう」と話したそうです。

同じ陰謀論なら、中国のラボから漏洩した説の方に説得力があるでしょう。

【習近平の新型コロナ・ウイルス外交】

むしろ中国の情報戦で手ごわいのは、チャイナマネーと巨大中国市場といった欲に目のくらんだ途上国や財界の力の強い国家に対する外交を通じた影響力の発揮でしょう。

中国は新型コロナウイルスの問題を「全人類VS.ウイルス」との戦争と定義し、中国が世界のためにその最前線で戦っているというイメージを再構築し、隠蔽によって感染症を世界に拡散させたという責任の追及をかわそうとしています。

3月に入って新型コロナウイルスの新たな発症例の増加率に関して中国があきらかな減速期に入り、その一方で、イタリアを中心に欧州、イランを中心に中東、そして米国、韓国でも感染拡大に歯止めがかからないことが、こうした中国のプロパガンダを後押しする結果になっています。

例えば、重篤感染地のイランやイタリア、韓国に対しては、感染症を抑え込んだ中国の経験を提供するとして、支援を申し出ています。中国はイランに対して医療チームを派遣し、早々に25万個のマスクと5000の試薬を送りました。

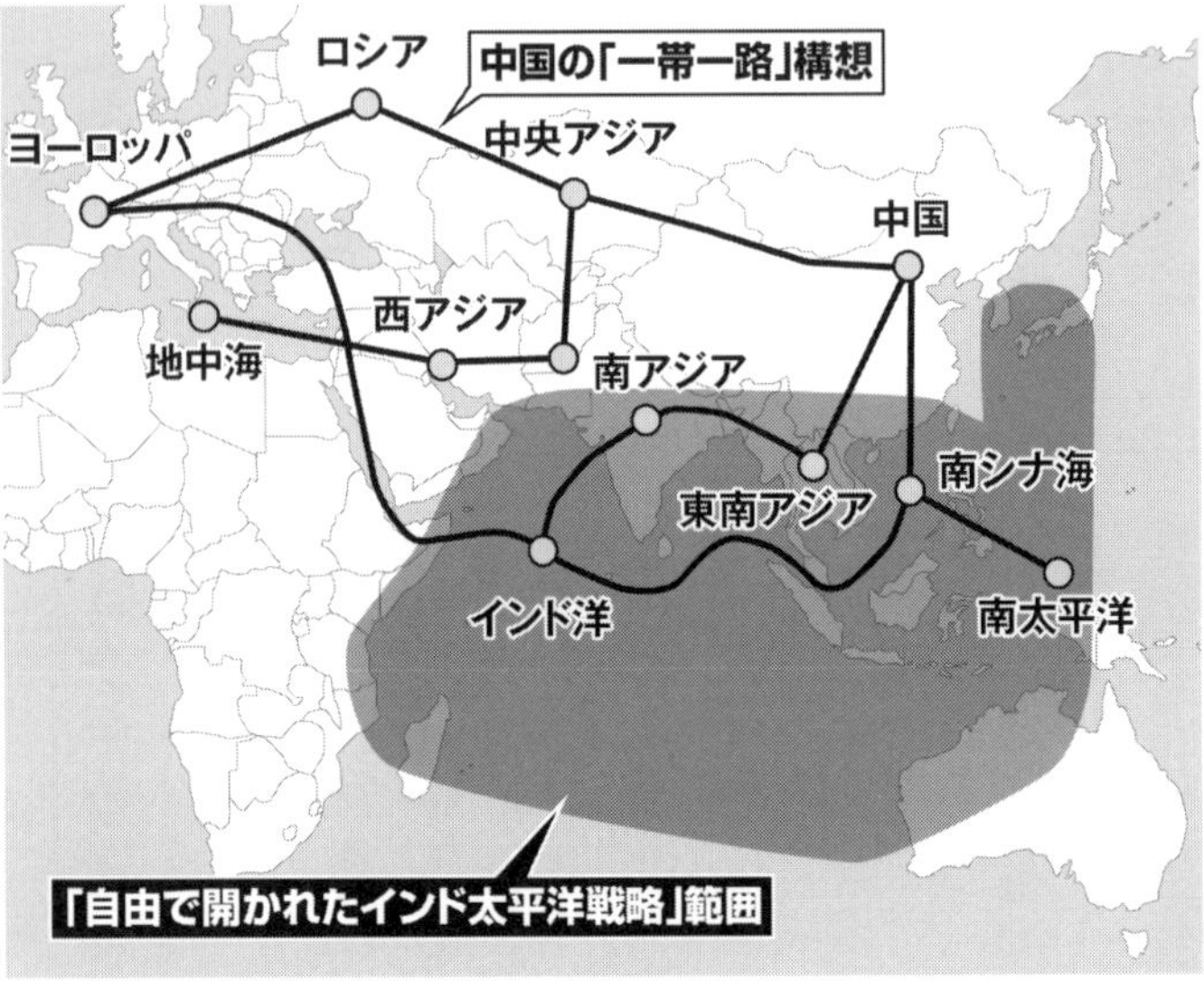

急増する感染者に対応しきれず医療崩壊を起こしたイタリアにも、中国は医療チームを派遣し、マスクなどを提供しました。王毅外相は2月28日にはイタリアのルイジ・ディマイオ外相に電話し「世界には『健康のシルクロード』が必要だ」と訴えました。「健康のシルクロード」は習近平の提唱する「一帯一路」戦略構想のなかの1つで、アフリカなどで行っている中国による病院建設支援など医療・衛生インフラ建設協力構想です。

イタリアはG7の一員の先進国ですが、中国からのこうした支援に、イタリア国民は「EU諸国よりも中国の方が頼りになる」と親中世論が高まりました。

中国グローバル化シンクタンク理事長で、

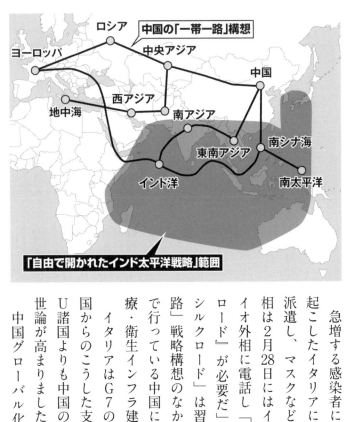

中国国務院参事の王輝耀がロイターにこんなことを語っていました。

「中国は〝パンダ外交〟によく似た方法で、世界に〝善意〟と〝友誼《ゆうぎ》〟を示しているところだ。この医療外交で、中国の過去数年の（一帯一路が中国版植民地主義であるという）ネガティブ国際イメージを払拭できる」と。

また、オーストラリアのロウイー研究所研究員のナターシャ・カッサムがロイターにこう語っていました。

「世界各国政府が感染対応にまさに疲弊したとき、これは中国が挽回するひとつのチャンスになる」「中国が一部、先進国とみなされる国家に支援を提供できることが示され、これは中国当局に非常に有効な宣伝になるだろう」。

王輝耀

感染症で弱っている国にお金やマスクをばら撒いて、「善意」と「友誼」を示して、その国の世論を親中派にすることで、それまでの「中国が隠蔽によって疫病を拡散させた」というマイナスイメージを払拭しようというのです。

こういうやり方は通常時ならば、アフリカや東南アジアのような途上国にしか通用しないのですが、感染症というのは初期対応を間違うと先進国でも医療崩壊が起き、また周辺国から忌避《きひ》され、被差別感を味わいます。そういうときに支援してもらうと、それまで中国を批判していた国ですら、ほだされてしまうということのようです。

そういえば日本も楊潔篪《ようけっち》が2月末に訪日したとき、中国からマスクや防護服の手土産《てみやげ》を持ってきました。二階俊博自民党幹事長は感激して、感染収束後に中国にお礼に伺うと述べていました。当初は日本の地方自治体などが備蓄していたマスクや防護服を日中友好の象徴のように武漢に贈り続け、その結果、国内のマスクなどの不足が問題になり反中感情の高まりの一因にもなりました。

武漢では支援物資も人手不足で必要な病院などに届いておらず、横流しなどの問題も起きています。ですが、2月下旬になれば、中国がマスクを外交土産として世界にばら撒き、イメージアップ作戦に利用するのですから、マスクを求めて右往左往してきた日本の庶民からみれば、なんか茶番劇のような話です。

中国がマスクや防護服を寄贈した国家は3月20日段階で82カ国以上にのぼり、170人の各国指導者が中国のウイルスとの戦いへの支持を表明したそうです。

【新型コロナの戦いは〝第3次世界大戦〟】

こうした情報戦は中国のお家芸というべきもので、けっして侮《あなど》ることはできません。感染症との戦いは、たとえ先進国であっても、いったん広がってしまえば医療崩壊を引き起こし、経済危機を引き起こし、パニックを引き起こしかねません。

しかも、中国が6000万人以上の人間の行動の自由を強権でもって奪う都市封鎖を行ったことは、本来なら人権問題として批判の対象になってもおかしくないのですが、WHOはこれを「空前絶後の先見性と柔軟性をもった素晴らしい対策」と絶賛しているわけです。

つまり感染症とは、個人の自由など吹っ飛んでしまうくらいの脅威なのです。そして、中国は中国人民の自由と言論を徹底的に統制し、実際に中国の隠蔽を指摘する医師やジャーナリストや知識人を拘束して、中国共産党政府のやり方に対する不満をウイルスともども封じ込めています。

中国はいち早く感染症を封じ込めて、世界の国々を助け、人類とウイルスとの戦いに最初に勝利した国際社会の新しいリーダー、来る新たな時代の国際社会で、米国に代わるルールメーカーとして国際秩序、国際社会の枠組みの中心となる国だというイメージを打ち出そうとしているわけです。

もし、ここで中国がいち早くワクチンや治療薬の開発に成功し、世界のために安価にたくさん作って提供したら、本当に国際社会の救世主の立場を確立するかもしれません。さらに、趙立堅が発言したようにウイルスのおおもとが実は「米軍だった」と、国際社会が信じ始めたらどうでしょう。

パンデミックのそもそもの原因が中国の情報隠蔽や政治体制に原因があったことは間違いありません。国際社会は最初、中国の責任を責めていました。それが180度逆転して、国際社会は中国の情報統制を当たり前とする全体主義的政治体制を肯定するようになるわけです。

全体主義的極権政治の中国が勝者で、民主主義、自由主義社会の国家は、人権や法治重視のため、素早い封じ込め措置をとれずに、感染症との戦いでは敗者になる。

ここで人権を重んじる米国式民主主義・自由主義の価値観か、治安秩序安定のために個人の人権と自由を制限する中国式権威主義・全体主義の価値観か、どちらの価値観が「正しい」か、世界の見方が問われることになるのです。

今がどういう時代かということについて、習近平は頻繁に「百年なかった未曾有の変局に世界が直面している」と語っています。世界の枠組み、秩序が再構築される変革期に入ったということです。国際社会の立ち位置、ルールメーカーが新たに決め直されるという時代です。

これまでのルールメーカーは米国でした。それは先の世界大戦で米国を中心とする連合国が勝利したからです。戦争とは、世界の枠組みを変革させる一種のグレートゲームのようなものです。勝った方が世界のルール・秩序を決め、国際社会の枠組みを決め、敗者はそれに従うのです。

日本の国際社会における立ち位置も、中国の大国化も、実のところルールメーカーの米国が決めてきました。米国は最大の仮想敵を永らく旧ソ連としてきましたから、中国を民主主義陣営の仲間に育てようと考えたのでしょう。

また、米国と真っ向から戦争をしたアジアの小国・日本への警戒感もあって、中国を日本のライバルとして大国化させようとしたとも言われています。ですが、その結果、中国は米国に成り代わって国際社会のリーダーの地位を狙うまでの野心を持つようになってきました。

米国の危機感の対象は、今は旧ソ連や日本から中国となり、中国を封じ込めようとしています。それが、米中貿易戦争、5G問題、ウイグル問題（人権）、香港デモ、台湾総統選を巡る米中の攻防、そしてこの新型コロナウイルスを巡る米中情報戦、ということになります。つまり、今の混沌とした情勢は一種の戦争状況、第2次世界大戦以来の「世界的戦時」、第3次世界大戦だと言えるかもしれません。

中国は90年代から次世代の戦争が、非対称形の戦争であると考えてきました。その考えをもとにした戦略論は「超限戦」として世界の軍事専門家、戦略家が参考にしています。「超限戦」とは、欧米では「ハイブリット戦」などとも呼ばれ、戦争の定義を大きく変えるものとして、いまや戦略論の中心になっています。宣戦布告をして兵器と兵士が国家の名のもとに正面から戦う軍事的戦争だけでなく、外交戦、国家テロ戦、諜報戦、金融戦、ネットワーク戦、法律戦、心理戦、メディア戦など非軍事的戦争を同時に立体的、多元的に行い、民間も軍部も区別せず、手段を選ばずに、とにかく相手国にダメージを与え続けて勝つ戦争です。

ロシアがウクライナ危機のとき、この中国の超限戦のやり方で見事、クリミア併合に成功しました。勝利の大きなポイントは敵国内部住民の「世論誘導戦」にありました。ロシアはこのときフェイクニュースやSNSを使ったウクライナ住民の世論誘導に成功しました。

今、まさに超限戦のやり方で第3次世界大戦が進行中と言われれば、そうだと思える部分もあるでしょう。

そう考えると、〝陰謀論〟もトンデモ論と一蹴するだけでなく、きちんと検証、分析して、その情報が何を目的としているのかを考える必要があると思います。第2次世界大戦中、そして戦後も日本は、米国や中国の情報戦にいいように翻弄《ほんろう》されてきました。日本人はもともと、「人は目的のために平気で嘘をつくものだ」という認識が足りないのかもしれません。

軍事的戦争なら米国にかなう者はいないでしょうが、超限戦においては、中国も侮れません。そもそも、中国は真っ向勝負で勝てない米国に勝つ方法として超限戦の戦略論を構築しているのです。

私は一日本人として、中国がこの「第3次世界大戦」に勝利して、国際社会のルールメーカーになることに断固反対です。中国が世界の中心になったとき、おそらく日本の民主主義や自由や法治、人権も脅かされることになると思うからです。

中国がチベットやウイグル、香港、台湾、そして中国国内の人々にやってきたことを見れば、日本と先の戦争で戦って勝利したことを執政党としての正統戦の最大の根拠にしている中国共産党国家が日本に対して、どういう態度をとるかは想像できるのではないでしょうか。

日本はこの新型コロナウイルスについて、「ウイルスと全人類」の戦いという側面だけでなく、ウイルスを巡る米中を中心とした価値観の対立であり、次の時代の国際社会のルールメーカーを決め国際秩序の行方を巡る「第3次世界大戦」のなかにいるのだという認識をもって、この感染症への対応を考えるべきではないかと思います。そして中国の人々が感染症に打ち勝つことは応援しても、中国共産党国家のこの「第3次世界大戦」における勝利は阻まねばならないと思います。

3 中国はグラスノスチしかない

【日本には中国式全体主義は受け入れられない】

もしこの感染症との戦いが、米中の価値観戦争の延長にあるとすれば、日本として見失ってはいけないことがあります。

私たち日本人の価値観には、はっきりと人権と法治の価値観、民主主義を是《ぜ》とする価値観があるということです。日本にはかなり日本的なスタイルの民主主義的価値観が、近代化以前からあるのではないでしょうか。

だから、明治維新もさほど血なまぐさい革命を伴わずに実現でき、第2次世界大戦の敗北後も、米国が押し付けた「平和憲法」やその価値観にもすんなり馴染んでいったのではないでしょうか。

それは明文化された法律がなくとも、コモン・ローともいうべき日本人の内在した秩序があるということです。「和を以《もっ》て貴しとなす」という争いを忌避し、個人が自らの欲望を律することで調和を保とうとする民族的性格や、「判官贔屓《ほうがんびいき》」といった言葉に代表される敗者に対する寛容さ、失敗や敗北に対しても美学を見出すような美意識など、かなり独特で、米国のような短い歴史の多民族国家には理解不能なものだと思います。

同時に中国共産党の徹底した言論封殺、隠蔽、人民管理、人民搾取とも決して相容れないものです。米国式自由主義社会と中国式全体主義と、どちらの価値観が日本的な価値観に近いか、というとやはり米国式自由主義社会でしょう。

日本人を全体主義的という見方もありますが、それは体制から押し付けられるのではなく、自らに内在する倫理感や公徳観から、自ら慎み、周囲に配慮する「日本人的性格」に基づくもので、苦痛を感じるレベルの抑圧をお互いが与えないよう、〝距離を取る〟というぼんやりした全体主義的な空気は、中国共産党の専制による恐怖政治で個人の自由や尊厳を奪うやり方とは対極にあるものと思います。

何が言いたいかというと、日本人は中国の全体主義の恐ろしさをきちんと理解すべきだということです。そして、中国のこうした極権体制、専制体制に対しては人道的立場から〝ノー〟を唱えるべきだと思います。少なくとも国家として人権や自由を弾圧する側に加担するようなことがあってはならないと思うのです。

未曽有の〝大災害〟が起きたとき、治安を維持する方法として主にざっくり２つの方法があります。

１つは情報を徹底的に封鎖し、人々の行動を力づくで制限し、経済や人権やあらゆるものを犠牲にしても強権的に治安が維持される方法です。

もう１つはその反対で、情報を徹底的に開示し、要請や保障はするけれど最終的なリスク回避は個人の責任において判断してもらうやり方です。

前者は中国がやった方法で、後者は民主国家のやり方です。国民の知る権利を約束している国家としては、情報隠蔽はできません。情報を包み隠さず出せば、そのリスクに脅えた国民がパニックをきたすかもしれませんが、そのパニックを避けるためには情報隠蔽ではなく、国民が信頼できる対策を明示し、国民に協力を仰ぐ、という形になります。世論の支持を得られれば、ある程度の私権を制限できる法律をつくることもできますが、ある程度の手続きが必要なので、必要な制限措置のタイミングを逸することもあります。

政府と国民の信頼関係、あるいは政府の力量が如実に問われるため、一見すれば、中国のやり方の方が、ＷＨＯが〝空前絶後〟と賞賛するように、効果的に見えるかもしれません。しかし、そこで人々がどれほどの苦痛と我慢を強《し》いられ、ときに命の安全を脅かされるかまでは、多くの人が思い至っていないかもしれません。だから、そこで「中国のやり方が素晴らしい」といった賞賛が、さまざまな権威ある機関から聞こえてきたときに、実際に武漢で何が起きていたのかをしっかり考えてほしいのです。

【李文亮医師の悲劇】

中国は新型コロナウイルスが発生して以降、徹底した情報統制に踏み切りました。その結果、多くの人が失わなくてよい命を失ったといえます。その象徴的な例は、先にも触れた李文亮医師ではないでしょうか。

12月30日、いち早くSARSに似た恐ろしいウイルスの登場について、大学の同窓生でつくる中国のSNS微信のグループチャットで啓発したのに、デマを拡散したとして警察に身柄を拘束され、1月3日に「社会秩序擾乱の罪にあたる」と叱責を受けて訓戒処分の書類に署名させられました。

その後、職場に復帰しましたが、1月8日に診察した緑内障患者が翌日に肺炎で入院、李文亮も10日に肺炎を発症、12日から入院していました。李文亮医師が新型コロナウイルスだと診断されたのは、1月30日になってからでした。それまでに彼の両親や同僚の医師たちも感染してしまいました。1月27日、北京青年報などが李文亮がデマを流したとして拘束されたことを報じました。

武漢公安当局は1月1日に「ネット上でデマを流した8人を拘束した」と発表していましたが、その8人のうちの1人が、李文亮で、実はデマではなく、命がけの告発であったことを明らかにしたのです。

こうした中国メディアの報道により、当局の過剰な「デマ」取り締まりに対する不満、批判の世論が噴出しました。1月28日、最高人民法院の微信オフィシャルアカウントも「新型肺炎はSARSではないが、この情報の内容は完全に捏造というわけではない。もし社会大衆が当時、この〝デマ〟を聞いていたら、SARSの恐怖を思い出し、皆マスクをして、厳格に消毒し、野生動物のいる市場を避けるなどの措置をとって、今の新型肺炎防疫状況はもっとましになっていただろう」とコメントしました。この最高法院のコメントを受けて、武漢公安当局は「拘留も罰金もしていない、ただ警告と教育を行っただけ」と言い訳していました。

1月31日になって李文亮はSNSに自分がサインした訓戒書をアップして自ら処分を受

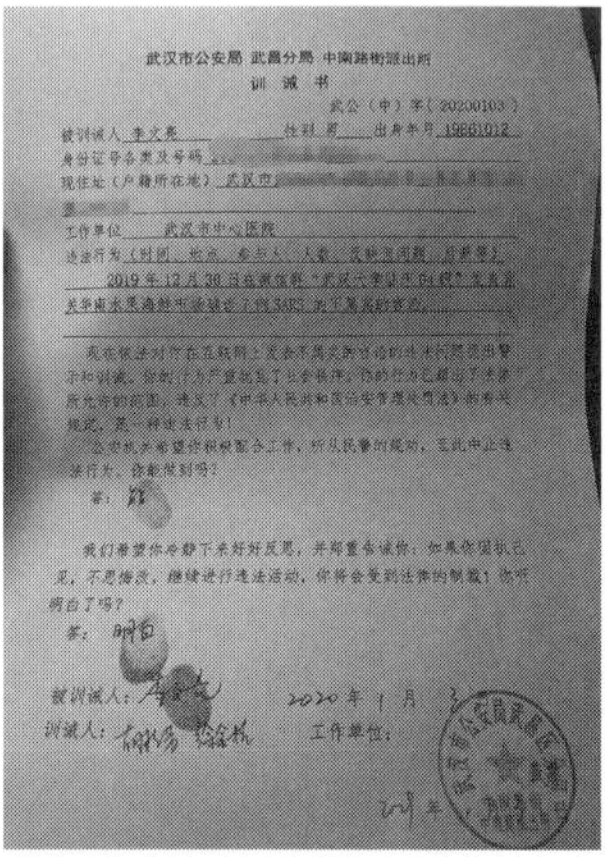
武汉市公安局 武昌分局 中南路街派出所
训诫书

武漢市公安局武昌区分局中南路街派出所から下した訓戒書

けた経緯を説明し、自分がただ事実を発信しただけであることを訴え、名誉が回復されたのですが、それから彼の命は1週間しかもたなかったのです。

　李文亮医師を拘束しその口を封じたことで、病院内でも、感染の問題点を口に出すことができず、注意が十分喚起されなかったため、院内感染が広がりました。

　武漢大学中南医院で1月7日から28日までに入院した１３８人に対して行った調査によれば、院内感染率41％、院内致死率４・３％という恐怖の数字がでました。同病院内で感染した57人中40人が医療従事者で、17人が別の病気での入院患者でした。こうしたことが医療崩壊の引き金になったのでした。

　2月6日午後9時半ごろ、李文亮の心臓が止まりましたが、武漢市衛生当局は、わざわざ上級指導部の許可を得て、いったん止まった心臓をＥＣＭＯ（人工心肺）でむりやり動かしたそうです。すでに3時間の心臓マッサージを施しても蘇らなかった遺体に、無理やり延命措置を行ったのだと、同じ医師仲間が悲憤を交えて中国メディアに訴えていました。

当局としては精いっぱい治療した、というポーズをとりたかったのでしょう。中国は、一度はデマ拡散者と汚名を着せた李文亮をその死後、「中国とウイルスの戦い」の最前線にいて、中国のために戦って斃《たお》れた英雄として宣伝に使うつもりだと中国共産党のやり方を知っている中国人知識人たちは警戒しました。

なので、公式発表では李文亮の死亡は2月7日午前2時58分、享年34歳、ということになっているのに、中国の市民たちも、また中国のやり方に反感を持つ一部の中国メディアも2月6日を「李文亮死去の日」としました。

そして、いくつかの知識人グループはこの李文亮が亡くなった2月6日を「国家言論自由日」にせよ、と相次いで声明や公開書簡を発表しました。

例えば北京大学の張千帆教授、清華大学の許章潤教授、独立派の学者の笑蜀ら多くの知識人が連名で全人代及び常務委員会に対して公開書簡をネット上で公開し、「2月6日を国家言論自由日（李文亮日）にすべきだと主張、言論自由がなければ安全はない」と訴えました。

書簡では、

「当局の言論と真相の弾圧により、新型コロナウイルスが猛威を振るい、億万の中国人が最も喜ぶべき伝統的祝日を隔離の恐怖に陥らされた。全民が事実上の軟禁状態のなか、社会、経済は停滞を迫られた」

「このような悲劇は、李文亮ら8人の医師が1月初めに警察に訓戒されたところから始まる。医師の尊厳は警察の言論の自由に対する暴力の前にこんなにも卑屈化されてしまった。30年来、自由を引き換えに、中国人民は安全でない公共衛生危機に陥り、人道主義的災難に迫られている。世界人民の中国に対する恐怖は、ウイルスの伝播速度を超え、中国を前代未聞の全世界的孤立に陥れた。これらすべて自由を放棄し、言論を弾圧した代価であり、中国のやり方がまさに泡に沈んでいるところである」

などと習近平政権のやり方を非難しました。

そして2月6日を「国家言論自由日」に制定し、

●中国人民に憲法第35条が保証する言論の自由権利を実施すること。

●中国人は言論によって、いかなる国家機関、政治組織からの脅威も受けてはならず、公民の結社、通信の自由などの権利も侵害されず、国家機関は即刻、SNSに対する検閲をやめ封鎖を解除すること。

●武漢と湖北省戸籍の公民に平等な権利を保障し、武漢肺炎患者は適時に有効な医療救助を受けること。

●全人代は緊急会議を招集し、公民の言論の自由をいかに即刻に保障するかを討論すること。

などの要求を掲げました。

また、中国人権弁護士団も、2月6日を「全民真実を話す日」に制定することを提案しました。その提案書によれば、すでに今回の肺炎に関わる〝デマ〟を流したとして拘留されている300人以上の市民がいるといいます。

弁護士団は「デマを流すことと、情報を流すことは完全に二種類の違う状況に区別できない。公民は権威機関と違うので、正確な情報を掌握する能力はほとんどなく、また情報は常に変化していくものだからだ」として、事実でない情報を流したとしても、罰せられるべきではないと主張。「言論に対する弾圧こそが感染状況を拡大し、無数の家庭を崩壊させ、人命を奪い、世界的社会悲劇を引き起こしている」と指摘しました。

また2月7日、北京の名門校、清華大学の同窓生たちは「全国同胞に告げる書」を発表し、

①政治安全を最優先することに断固反対する。これは極端に自分勝手な小団体の目標にすぎない。

②SNSの封鎖に断固反対する。

③現行のイデオロギー統制モデルに断固反対し、人民を敵とすることに断固反対する。
④災難を（共産党や国家の団結、士気向上のための）アピール、礼讃に転換することに断固反対する。必ず官僚の不正の責任を追及し体制の責任を追及せねばならない。
⑤「逆走路線」に断固反対する。鄧小平の指導幹部終身制廃止は堅持せねばならない。

と5つの要求を習近平政権に突き付けました。

新型コロナウイルス肺炎の蔓延を切っ掛けに、鄧小平路線を逆走させ、個人独裁化を進め言論・イデオロギー統制を強化し、ウイグル弾圧や香港デモを引き起こしてきた習近平政権のやり方に、心ある知識人たちの不満が一気に弾けた感がありました。

【死者数を暴こうとした公民記者を拘束】

ですが、習近平政権は、こうした知識人たちの主張に耳をかそうとしませんでした。さらに報道統制を強め、新型コロナウイルスの真実を暴こうとする人たちを弾圧し始めました。

李文亮の死の悲しみもさめやらぬ2月12日、北京の弁護士で、「公民記者」として新型コロナウイルスの本当の死者数を暴こうと独自調査取材をしていた陳秋実が公安当局に拘束されました。

陳秋実は1月23日、武漢市が都市封鎖された翌日に武漢入りし、公民記者として動画を撮影し、ネット配信などで実況しながら武漢市の新型コロナウイルス感染状況の真実を伝えると宣言。病院や火葬場などを独自で取材し、死者数の不自然さに注目していました。

衛生当局が発表する武漢の死者数と、火葬場が受け入れている遺体の数がかなり違うことは、多くの市民が気づいていました。旧正月前から火葬場はフル稼働しており、平時の4、5倍の遺体を焼いており、そのうち6割が病院ではなく自宅から運ばれていると、火葬場関係者がネットメディア「大紀元」の電話取材に答えています。

2月3日を例にとれば、127人の遺体が荼毘《だび》に付されたが、新型コロナウイルスが死因の遺体は8人、疑似感染は48人。衛生当局の発表の死者数に疑似感染による死者は含まれていません。何の診断、治療も受けずに自宅で亡くなった人も多いのではないか、という疑いがもたれていました。

陳秋実は2月6日から忽然《こつぜん》と消息が途絶えました。彼が失踪する直前まで連絡を取り合っていた匿名の武漢市民によれば、陳秋実は病院とは違う居住区で単独で軟禁状態におかれていると米国政府系華字メディア、ボイス・オブ・アメリカに証言しました。

また、陳秋実の親友・徐暁東も、彼が監視状態に置かれているとの説明を〝内部人士〟から受けたとYoutubeを通じて明かしました。公安当局は真実が暴かれるのを恐れて、彼の身柄を拘束したようです。

また、武漢のビジネスマンで、やはり独自に取材活動してその結果をSNSで発信していた方斌も2月10日に私服警官に連行されました。方斌も病院から運び出される遺体の多さに注目していました。3月下旬になっても彼らの行方はわかりません。世界中の人々が彼らの安否を気にしています。

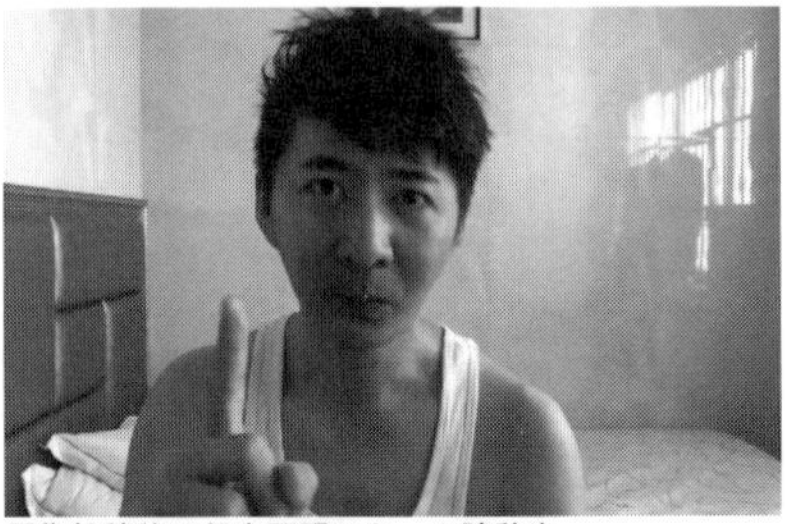
画像投稿後に行方不明になった陳秋実
©EPN/Newscom/アフロ

中国では習近平政権になっていっそう厳しい報道統制が敷かれ、中国の記者たちは永らく独自取材をしてこなかったし、公民記者もほとんど活動してきませんでした。でも、当局の情報隠蔽によって新型肺炎の感染が拡大、武漢が都市封鎖されるまでになってから、既存メディアの独自取材を行う記者が登場し、方斌や陳秋実のような公民記者も感染と逮捕の危険を承知で現場取材に乗り込んでいったのでした。これは中国の良心的市民、知識人が、今の中国はおかしいと考えて、変えていこうとしていることの証です。

こうした動きを、習近平は力づくで抑えこもうとしているわけです。

【正能量報道の不気味】

若い女性看護師たちが、バリカンで無残に黒髪を落とされる映像が2月17日ごろ、中国のネットで流れました。彼女たちは涙ぐみながら「髪の毛はまた生えてくるから。みんな前を向いていきます。必ず無事に帰ってきます」と嗚咽《おえつ》をこらえて語りました。甘粛省の婦女幼児健康院が武漢の最前線医療現場に派遣する女性看護師14人は「衛生維持のため」に自ら望んで剃髪《ていはつ》したというニュース映像です。

これを中国各媒体は当初「美談」として報じました。命がけの医療現場に行くために、涙をのんで髪を剃《そ》られる彼女らの自己犠牲を感動的に報じ、「最も美しい逆行者（脅威に向かって行く者）」などという見出しをつけたのです。

多くの市民はこのニュースを異様だと感じました。医療現場に行くために女性看護師が髪を剃る自己犠牲のどこが美談でしょう。政治宣伝のために無理やりやらされているのだと皆が思いました。医療崩壊が伝えられる厳しい感染症の現場に送り込まれるだけでなく、中国の大プロパガンダのために、必要もないのに髪を剃るパフォーマンスをさせられるなんて、なんて酷な仕打ちでしょう。

これは習近平が国内世論誘導のために打ち出した正能量報道キャンペーンの一環でした。2月5日、中国共産党中央宣伝部は300人の記者たちを選び、湖北省武漢の最前線を取材するために送り込みました。そして、「正能量報道」「正面情報」をどんどんするよう呼び掛けられました。

正能量とは、ポジティブ・パワー、ポジティブ・エナジーとでも訳しましょうか。勇気を奮い立たせ、感動を与え、エネルギーを注入し、人民を団結させるような、あるいは楽観的な希望をもたせるような、そういう報道をするように命じたのです。

ネガティブで悲観的で、また当局を批判するような内容の報道はするな、共産党と政府と人民が一丸となって感染症と戦っている、素晴らしい美談、武勇談を報じて、中国共産党の指導のもと、中国人民が未知のウイルスと戦い、その戦いに勝利する自信と能力を備えていることを国際社会にアピールしましょう、ということです。

人民日報（3月6日）は悪びれることもなくこう報じています。

「人民日報社は習近平総書記の講話を深く徹底的に学習し、党中央が指導する感染予防コントロール宣伝報道と世論誘導工作に全力を投じた。3月5日までに、感染予防コントロールに関する報道は384ページ、1942編、全メディアにおいて14万編の報道・ビデオが制作され、総閲覧数（放送回数）は345億回を超えた」

「……2月3日の中央政治局常務委員会会議は経済社会秩序を切実に維持するように指示したので、人民日報もすぐさま、改革発展を安定させるための各任務を包括的に報道した。2月23日には、新型コロナウイルスの予防コントロールと経済社会発展工作を統括推進する会議が開かれ、人民日報もこれを反映した記事を急いで3編報じた。危険を恐れず勇敢に立ち向かい、抗疫最前線に深く入り、感動的な物語を活写した。2月29日、人民日報社は、湖北省武漢の前線報道チームによる湖北武漢感染防止コントロール報道を2171編報じ、湖北の抗疫最前線の医療従事者たちが命令を聞いて動き、犠牲を恐れず、連続する作戦で輝き続けるイメージを活写して応援、また感染制圧のために奮闘し続ける武漢市民の頑張りの物語を生き生きと謳い上げた」

「国際報道も強化し、対外的にも中国が必ず勝利するという自信を広めた。3月5日までに、人民日報海外版のトップで42編の関連記事を報じ、それは英語、フランス語、ロシア語など10カ国語で440編に翻訳されて、60カ国以上227メディアに2500回掲載された。〝和音〟シリーズの論評では、感染症との戦いは（習近平のスローガンである）〝人類運命共同体〟意識と切り離すことができないことを解説、〝生命至上大国担当〟などの15編の論評を発表して、英語、フランス語、アラビア語など多種言語に翻訳され20カ国30以上の主流メディアで１５０回取り上げられた」

中国メディアでは、14人の「最も美しい逆行者」の他に、次のような「美談」「武勇談」が続々と報じられました。

「流産10日目、90后（90年代生まれ）の女性看護師が前線に復帰」（武漢晩報）

「妊娠９カ月の女性看護師が防護服を着て感染医療現場の第一戦を堅持」（長江日報）

「80歳の老人が30年間の貯蓄20万元すべてを感染予防の第一線に寄付」（新華社）

「母親の最期看取れず、娘は看護師、第一線で感染症と戦い続けた」（湖北日報）

「湖北の看護師、植物状態の夫を置いて毅然と感染現場の第一線へ。母……あなたを支援します！」（貴州テレビ）

「生まれて20日も満たない赤ん坊も、抗疫最前線に志願」（華商報）

最後の「赤ん坊まで感染症との戦いに志願」のニュースは何かの冗談か、と思うでしょう。たぶん報じている中国メディア記者も、毛沢東時代の大躍進さながらの「正能量報道」

キャンペーン指示に対して内心、反感を感じているのではないでしょうか。

毛沢東時代のように完全な鎖国状態の中国ならばいざ知らず、インターネット時代で中国人民も年間延べ1億5000万人ほどが海外旅行に行く時代です。中国の農村の人々だって、もはやこんな「正能量報道」に騙されるほど単純ではありません。

とある診療内科医師はブログで、

「みんな、こんな感動はいらない。冷静に考えてみよ、どこがおかしいか気づくだろう？」

「貧困老人が全財産を感染症のために寄付したら、彼自身の老後は誰が保証するのか？」

「若い女性看護師が、母親の最期に立ち合えないのは一生の後悔だろう？」

「流産して10日目の看護師が一線に復帰することで誰を応援するというのか？」

「妊娠9カ月で感染現場に行くなんて、誰も彼女を諭す人間はいなかったのか？」

と批判的な感想を書いていました。

女性看護師の美談がやたら多いことについては、「これは中国の伝統的な男尊女卑の価値観がにじみでている。甘粛省は女性を消費している」とフェミニズム学者たちが批判していました。

甘粛の女性看護師の剃髪ニュースについては「これこそ、形式主義だ！」と批判が殺到し、掲載メディアは慌てて原稿を削除しました。

それでも、正能量報道キャンペーンは継続され、2020年10月には中国共産党の指導のもと人民が団結して新型コロナウイルスと戦った軌跡をノンフィクション・テレビドラマにして放映するそうです。タイトルは「在一起」(Together)。

中国のネットでは知識と良心のある市民たちが「感動させられる」気持ち悪さを訴えていますが、そうした中国の普通の人々の違和感に気づかないまま、習近平は大躍進的正能量プロパガンダと文革時代なみの言論統制で、自らの政権の隠蔽責任を回避しようとしているのです。

【市民の不満が爆発し始めた?】

中国の対外大プロパガンダ、国際世論誘導は、チャイナマネーの威力もあって、WHOを巻き込んだり、イタリアなどEUを手なずけたり、いろいろ仕掛けているように見えますが、国内の世論誘導はそれほどうまくいっていないと思います。

それをはっきり感じさせた事件は、3月5日の副首相・孫春蘭《そんしゅんらん》の武漢視察、それに続いて武漢市の書記・王忠林が打ち出した「感恩教育」への反発です。

3月5日午後、副首相の孫春蘭は中央指導チームを代表して武漢市の居住区（青山社区）を視察しました。

このときマンションの窓から「嘘だ！　嘘だ！　全部嘘だ！」「私たちは高い野菜を買わされている」「形式主義だ！」といった罵声が孫春蘭に向かって飛んできました。このときの映像がネットに流れています。おそらくマンションの一室の窓から、地元住民の誰かがスマートフォンで撮影したのだと思われます。

一党独裁極権政治の中国で、一般庶民が党中央の高級官僚、指導部メンバーに対して、直接罵声を浴びせかけることは極めて珍しいことです。それは命がけの行為だからです。

中国ではインターネットで、匿名で、習近平を批判したり揶揄したりするだけで逮捕されます。たとえ起訴されなくても、「精神病治療」の名のもとに監禁され、妙な薬を打たれて、家に戻ってくるころには廃人、といったケースも多々あります。

最近の事件で思い浮かぶのは2018年7月に習近平のポスターに墨汁をかけた董瑤瓊が、その直後逮捕されて1年後に釈放されたころには、痴呆状態の廃人になっていた例です。

この社区の住民は、そうした政治的リスクを承知で、孫春蘭一行に向かって、罵声を浴びせかけました。武漢市民がそれほど苦しみ、追い詰められ、中国共産党中央政府、そして武漢市政府に対して憤怒の感情を持っているということに他ならないでしょう。

孫春蘭

孫春蘭は、こうした罵声を受けて、午後には地元政府に命じて、社区の住人3000人に対して、直面する困難や不満などの聞き取り調査を命じ、矛盾を回避し、形式主義、官僚主義を根絶し、群衆の満足度を上げるように指示した、とCCTVなどが報じています。

一部中国メディアも報じていましたが、この社区ではボランティアが野菜や肉をマンション管理人に届ける〝ふり〟をさせて、助け合いの美談という〝正能量ニュース〟を捏造していました。それで、住民たちは「正能量報道はフェイクニュースだ。高い野菜を買わされているんだ」と本当のことを中央指導部のメンバーでもある孫春蘭に訴えたわけです。

これでメンツを潰されたのは、アテンドしていた武漢市書記の王忠林でしょう。

武漢市の書記、王忠林は、武漢での肺炎拡大阻止に失敗した責任をとって武漢市書記を更迭された馬国強の後任として1カ月前に、山東省済南市の書記から転任してきたばかりでした。

王忠林としては、武漢市における肺炎感染のアンダーコントロールという重要任務に失敗すれば、今度は自分が失脚することになるのでびくびくです。だから中央の号令を受けて、必死で「正能量報道」にも力を入れてきたのに、それが仇《あだ》となって、中央指導部の工作チーム視察という大事な場面で、指導幹部たちが市民から罵声を浴びせられるという大失態を犯してしまったわけです。しかも、10日には習近平の武漢入りが予定されていました。習近平視察の現場で、同じような失態を犯しては取り返しがつきません。

そこで、3月6日に、「習近平に恩義を感じよ」と全民に訴える「感恩（感謝恩義）教育」キャンペーンを打ち出しました。これは、新型コロナウイルスと戦う習近平総書記と共産党に感謝と恩義を感じ、共産党の言うことを素直に聞き、党とともに歩み、強大な正能量（ポジティブ・パワー）を形成しようと全人民に呼び掛けるものです。

でも、武漢市民からすれば、習近平のせいで、武漢が感染症の震源地となったわけです。恩義感謝など、強いられても反感を生むだけです。ネット民は汪洋の「昔の名言」を引き合いに出して、王忠林のキャンペーンを暗に批判しました。

2012年、広東省書記当時の汪洋は第11回党代表大会会議のときに「人民の幸福は党のおかげである、という誤った認識は破壊しなければならない」と、王忠林とはまったく逆の発言をしたことがありました。当時この発言は「共産党がなければ新中国はなかった」といった共産党礼讃の発言しか許されないという言論タブーを破ったものとして、南方都市報が社説で取り上げるなど話題になりました。

汪洋は、開明派の胡耀邦の意志を継ぐ共産主義青年団派の官僚政治家。これは毛沢東回帰路線と呼ばれる習近平の政治志向と真逆を行くもので、ネット民の「汪洋アゲ」は、王忠林のキャンペーンへの反感だけでなく、すなわち「習近平サゲ」を意味するものでした。

中国庶民は面と向かって共産党指導者を批判できないので、批判したい政治家の政敵で対極にある別の政治家を誉める、というやり方をします。習近平を批判したいときは、鄧小平、李克強、汪洋あたりを誉めると、習近平自身、自分が批判されているように感じるようです。

感染症の拡大が発覚したあと政治局常務委員のなかで最初に武漢入りしたのは李克強でしたが、このときCCTVは李克強の映像ばかりを流し、習近平の指示発言を報じるときですら李克強の姿をテレビで流しました。そして、ネット民もこのCCTVの李克強武漢入りの映像はSNS上で、一日で50万回も〝イイネ（賛）〟が押され、4000万回も閲覧されました。

国家指導者のCCTVのプロパガンダ映像にそんなに〝イイネ〟が押されるのは前代未聞ですが、これは中国人民がそれほど習近平に腹を立てていることの現れということなのです。

王忠林の「習近平への感恩教育」はさすがに、あまりに市民の反感を呼びそうだったので、早々に削除されました。習近平は3月10日に新型コロナウイルス感染が発生してから初めて武漢市を視察訪問したときには、「全党全国各族人民は、皆あなた方に感動し、感嘆し、党と人民は武漢人民に感謝するのだ！」と武漢市民への感謝を述べました。

ちなみに習近平が訪れた社区では、〝住民〟たちは、バルコニーに出てマスクをしたまま習近平ににこやかに手を振り、習近平を歓迎している様子が報道されました。「野菜の値段は高くないですか？」と、マスク姿の習近平がバルコニーを見上げて住人に尋ねると、〝住人〟は、武漢なまりのない、きれいな北京語で「高くありません！」と答えているニュース映像をネット上でも見ることができます。

汪洋

ほぼ同時に、ネットのSNSでは、住民たちが「今、うちに警官が2人きて、（習近平に手を振るために）バルコニーで待機している」などとやり取りしていました。武漢市当局は、住人たちが習近平に罵声を浴びせないように、一戸あたり2人の警官を配置して、住人を監視すると同時に、警官が住民のふりをして手を振っていたのです。それを住人たちは暴露していました。

それほど、武漢市民は習近平の正能量報道キャンペーンと報道統制と言論弾圧に怒りを隠せないでいたのでした。

【〝武漢人狩り〟の恐怖】

習近平が正能量報道を打ち出し、言論統制し、真実を隠蔽しようとするのは、人民が怖いからです。何度も指摘していますが、中国共産党の最大にして最強の敵は人民です。だから対外的な国防予算より、国内向けの治安維持予算の方が大きいのです。人民が怖いから、その人民の怒りが習近平自身に向かないように、米国が敵だと喧伝《けんでん》し、国際世論を誘導しようとするのです。

もし、新型コロナウイルスがどのように誕生し、どのように拡散し、どれほどの人が死んだのか、真実を話せば、人民はパニックに陥り、中央政府のコントロールが効かなくなり、社会が不安定になり、人々の怒りは中央政府に向かうかもしれません。だから情報隠蔽し、その隠された情報を探ろうとする記者や知識人を弾圧し、メディアを動員して「美談」の煙幕を張るのです。

ですが、人民のパニックも怒りも、実は、デマ撲滅を建前とした情報隠蔽と真実を語るものへの抑圧こそが引き起こしているのです。私も2003年のSARSのときに北京にいましたから、情報が隠されていることが本当に不安であることがよくわかります。厳しい現実であっても、情報がある方が情報がないよりはまし
なのです。情報を隠蔽され、当たり前のように政府や権威筋がフェイクニュースを流せば、政府も権威も信じることができません。だから、デマが流れるとデマに翻弄されるのです。

今回の新型コロナウイルスではこうした疑心暗鬼と不安が広がり、中国各地でさまざまなパニックが引き起こされました。

そのなかでも最も残酷で悲惨なのが「湖北人狩り」「武漢人狩り」でした。湖北や武漢から来たというだけで、包囲され、駆逐され、差別されました。ひどい場合は殺人にまで

発展するケースも報告されています。

ラジオ・フリーアジアがその残酷な状況を、現地の投稿動画などを交えて報じていました。河北省石家荘市の多くの区では、武漢人及び武漢人と密接に接触した人間の密告が奨励され、公安当局から懸賞金が出されているそうです。

武漢人旅行者が帰国する際、同じ飛行機に乗っていた上海人の客から降りるように迫られたという報告もありました。湖北省と隣接する河南省には省境をまたぐ道路にバリケードが築かれ、見張りを立てて、湖北人が河南省に入ろうとするのを、獣を追うように追い払っていました。武漢から帰郷した家族がいる家を、隣人たちが外から板や鎖などで玄関を封鎖して、屋内に閉じ込めて出られないようにしていました。

この様子の動画がネット上に上げられると、怪《け》しからん差別だという怒りの声よりも、他の地域も河南省にみならえ、という声が上がりました。

広東省の梅州市のとある鎮《ちん》（町）では武漢人、湖北人を見つけ出して密告すると、政府からマスク30個が贈られました。1月26日から2月7日までに、その方法で140人以上の湖北人を見つけ出したそうです。湖北省孝感市では武漢人だけでなく、発熱者の密告も奨励され、その報奨金は1000元でした。四川省のとある鎮では、武漢から帰郷者がいる家庭を密告した人が、恨みを買い、その武漢帰りの男性に殺されるという悲惨な事件も起きました。

感染初期、さらにパニックに輪をかけたのが、マスクをはじめとする防疫物資、医療物資の不足でした。武漢の協和医院はじめ数十の医療機関で、マスク、消毒液、防護服、手術衣などの物資不足のために、緊急に寄付してほしいとの公告が1月23日以降、相次いで出され、SNSには看護師が過労と恐怖で泣き崩れ喚く様子や、院内の廊下に遺体と、生きている患者がいっしょくたに寝かされている様子を映している動画などが次々とアップされては削除されました。やがて削除が追い付かなくなるほど、そうした緊急事態を訴える動画は次々と上げられました。

マスク不足の深刻化は、地方政府同士の、力づくの奪い合いにまで発展しました。2月初め、重慶市が麗江経由で海外から購入したマスクを、雲南省大理市は同市内の宅配会社によって輸送される途中に差し押さえて徴発しました。

国務院は1月29日の段階で「医療物資の徴発禁止」を通達していましたが、防疫工作に必須のマスクを確保するために地方政府も中央の言うことをききません。また、2月に入ってから広東省は広州市や深圳市に防疫工作に必要であれば民間人や法人の施設、装備、車、物資などを徴用・徴発する権利を認める通達を出しました。感染防止のためなら、個人の財産権を含むおよその権利が後回しにされてもいいということになりました。

中国国内の感染が鎮静化し、武漢封鎖が解除されたあとは、外国人が感染拡大源として迫害されました。広州に多く居住するアフリカ人が特にターゲットになりました。

【経済V字回復のまやかし】

こうした武漢を中心に中国各地で疑心暗鬼とパニックと秩序の混乱が起きているというのに習近平は企業の再稼働を急がせました。2月10日から国内企業・工場に従業員の職場復帰・生産再開の号令をかけており、新華社などは、新型コロナウイルスの打撃から経済が比較的早く回復するとの見込みを報じ始めました。

ですが、現実は武漢をはじめ中国各地とも、経済が再稼働できるような条件は整っていませんでした。地方政府から挙げられている工場再稼働率の実態が「虚偽」であり、実際は中国中小工場を中心に生産の再開の目途がほとんど立っていないことも、一部中国メディアによって暴かれていました。

新華社が3月4日に、2月の中国製造部門PMIをもとに「指標は回復成長の望みあり」と題する次のような分析を発表していました。

「2月の中国財新・マークイットの調査による製造PMIは40・1%、2004年にこの指標が発表されて以来、最低水準を記録し、2008年のリーマンショック時の40・9%よりも低い。数日前に発表された国家統計局サービス業調査センターと中国物流購買連合会が発表した2月の製造業PMIは35・7%で前月よりも14・3ポイント下落している。非製造業商務活動指数は29・6%で前月より24・5%下落。いずれも指標が発表されて以来、最低を記録した。民間シンクタンクのPMIも国家の公式のPMIも新型コロナウイルスのマイナス影響を色濃く反映し、目下の中国経済はリーマンショック以上の危機に瀕している」

「今年の第一四半期の経済成長が減速することは間違いない。だが、この新型肺炎の影響は短期的であり、全体からみればコントロール可能だ。なぜそういえるか。政府の安定政策によって人民の基本的生活需要である農産物食品加工、食品、飲料などの製造業のPMIは42・0%以上、医薬製造業は39・7%以上であり、非製造業商務活動のうち金融は50・1%と比較的高い水準を維持し、新型肺炎の影響をさほど受けていない。……事実、このところ、中央の政策指示によって、企業の原材料購入や物資調達方面を巡る措置が多く打ち出され、企業・工場の従業員復帰、稼働再開が進んでいる。中国物流購入連合会の調査では2月25日までに大中型企業の従業員の職場復帰率は78・9％、うち製造企業は85・6％まで稼働を再開しており、生産経営活動は順調に回復している」

ＰＭＩがリーマンショック以上に下落しているのに、経済回復は早い、とポジティブに新華社は報じているのですが、中国「財経」誌は、全体のサプライチェーンの回復速度は想像以上に遅く、たとえ工場に従業員が復帰し再稼働しても、再生産にはまだ時間が必要だとの見立てを報じています。その理由は、再稼働と再生産が別物であるからだ、と言います。

例えば、深圳江並竜電子の工場では、従業員が7割戻ってきているが、さまざまな制限のなかで、生産効率の回復は平時の30％だとしています。多くの企業にとって目下の困難は、移動制限のなかでの従業員の職場復帰だが、1カ月後には、おそらく原材料、部品の調達困難が最大の問題となるだろうと言っています。

中国「財新ネット」が杭州市の道路工事作業員などに取材したところによれば、2月29日から中央から調査チームが派遣され、作業再開率を調査に来ていたそうです。その指標が電力消費量。2月29日午前零時時点で1月8日の電力使用量の75％、3月10日の時点で、1月8日の電力使用量の90％に達しているかが、企業が再開しているかいなかの指標で、この指標を満たしていることが各企業に要請されているのです。このため、中央からの全国的な企業再稼働指示の要請に応えているふりをするために、一部企業は、一日中機械を動かしたり、空調やパソコンをつけたりして電力消費に勤しんでいるそうです。

浙江省義烏、温州はともに中小製造工場が集中する街ですが、同様の電力消費目標の通達が来ているといいます。ある企業関係者が証言したところによれば、企業は地元政府から「電力消費指標のために、すべての機器を稼働せよ」と強い圧力を受けたそうです。

機械鋳造や自動車金型部品、環境設備製造が集中する河北省滄州市の工場の多くも、工場を再稼働させるものの生産は行っていないという状況だといいます。工場関係者によれば、「上層部に工場再稼働を報告しているが、実際はまったく生産を行っていない。上級部門からの検査チームも協力して、たとえ工場が再稼働していなくても、従業員が職場に戻って再稼働しているという虚偽の報告書をつくり、中央からの調査に対し、従業員にも口裏を合わせるように指示している」とのことです。

つまり中国経済の回復が早い、とする根拠となる指標やデータには、捏造が多い、ということなのです。こうした地方政府の〝ごまかし〟が起きるのは、中央政府が地方の実態を理解しないまま、「2月10日の企業の一斉再稼働」といった一方的号令を出し、その再稼働率目標ノルマを地方政府官僚たちに課すからでしょう。

現実的には感染拡大のレベル、人々の移動制限の度合いなど都市ごと、地方ごとに差があり、資材、物資の調達もままならないなかで、経済再稼働の一斉号令に従うことなどできるわけがありません。

習近平は、2月5日の中央全面依法治国委員会会議においては「地方政府と一部関係部門（衛生健康委員会）が感染状況を見誤り、朝令暮改のような混乱を生んだ」などと、感染拡大の責任が、自分の指示を守らない地方政府官僚のせいだといわんばかりの激しい批判を行っていますが、習近平の指示は、実は現場の状況を考慮しない、一方的で従い難い押し付けであったりもするのです。

ロイター通信がこのあたりのことを党内関係筋からの情報として、こんなふうに報じていました。2月3日に政治局常務委員会が開催され、一部の感染抑制措置が経済に対して悪影響を与えているとして、習近平は地方官僚に「さらなる感染抑制措置はとらないように」と促しました。しかし、遼寧、江西、安徽などの省や、北京、上海など数十の都市はこの指示に従わず、都市封鎖を継続、または宣言しました。一部地方では、工場の稼働・生産再開のための厳しい条件を設け、また企業が条件を無視して再稼働しないように、企業責任者を拘留するような状況まで出ていたそうです。

これでは地方政府や企業が指示を守らないことが悪いとはいえないでしょう。いったん、工場が再稼働すると新型コロナウイルス感染が再拡大し、全従業員が隔離され、その診断などに伴う費用は地方や企業負担になり、中央は責任をとらないのです。習近平は自分が責任を問われそうになると、地方官僚の責任にしたり、米国の責任にしたりするのです。

なので、地方政府としては、〝技術的理由〟を建前に、企業・工場の再稼働を遅らせる措置をとらざるをえない。例えば企業が稼働再開するためには、必ず隔離室を準備し、その隔離室は従業員一人に対し一部屋とする、などという条件を企業に課します。10人が職場復帰すれば、必ず10部屋の隔離室を準備しなければならない。こんな条件が課されれば、ほとんどの企業は再稼働などできないでしょう。

中央は企業を再稼働させろ、でなければ経済が崩壊すると言いますが、地方政府にしてみれば、再開すれば、鎮静化しかけている感染が再び拡大するという。中央と地方の現場の意志疎通ができていないせいで、企業は全面的に再稼働している〝ふり〟をし、その地方の虚偽報告をもとに、公式発表では経済へのマイナス影響は短期間で回復するといった楽観報道が流れるわけです。

中国のような専制体制はトップダウンの果断な対応ができ、感染封じ込めも比較的早く、経済も感染が収束すればV字回復だという楽観論を言う人は日本の財界にも少なくないのですが、今の習近平体制の特徴として、中央トップの指示が現場の状況を正しく把握しないまま、目標値とノルマと責任だけを押し付け、地方の官僚たちのやる気を削いだり、反感を招いたりする現象が増えているのです。

習近平のトップダウン方式は、むしろ現場の状況をフィードバックできない誤った指示や指示の遅れにより、状況の悪化を招く悪循環に陥っています。

そうだとすると、新型コロナウイルス感染終息後に私たちが見るものは、経済回復どころか、共産党政権を支える官僚システム、政治システムの瓦解、体制の崩壊ではないか、という懸念すら芽生えてくるわけです。

【一揆が起こる？】

3月12日、興味深い事件が起きました。湖北省の孝感市応城市海山小区（居住区）の住民たち数百人が、物資供給の問題で抗議集会を行ったのです。しかもそれを、新京報など中国メディアも報じていました。

その居住区のあるアパート管理人によれば、集団住宅ごとに統一配送されていた野菜価格が高騰しており、住民の不満がたまっていたおり、ある管理人が郊外の農家と直接連携し、平時価格以下で販売しようとしたのを、居住区管理企業と統一配送を担当している地元大手スーパーによって通報され、その管理人が警察に連行されたのが、抗議集会の切っ掛けとなったそうです。

住民の証言によれば、この居住区全体が封鎖管理されており、生活物資は統一配送方式でしか手に入らず、個人での購入は厳格に禁止されていました。ですが、その統一配送方式の野菜があまりにも高いのです。新京報の動画ニュースによれば、もともと500グラム2～3元の白菜やホウレン草が5～6元になっており、しかも半分くらいは腐ったり傷んでいたりしていたそうです。

統一配送とは、政府が指定する大手スーパーが、政府指定価格で袋詰めセットにした野菜や肉を定期的に配送し販売する方式。住民からすれば必要な野菜や肉を自由に買うこともできないし、量も少ないのです。100元出しても十分な食材が買えない状況だったそうです。

この状況を見かねた、あるアパート管理人は郊外の農家に直接連絡をとって、この小区で野菜を売るように頼みました。管理人自身は利益をとりませんので、産地直送の安い値段で、しかも新鮮な野菜を住民たちは買うことができます。みんな大喜びでした。ですが、販売開始1時間後に警察がきて、この管理人は衆人環視のなか、連行されてしまいました。

居住区の住民は、この摘発に怒り心頭、夕方から居住区内のバスケットコートに数百人が集まり始めました。そして、管理人が拘留されている警察署を取り囲む騒動になりました。深夜になって、管理人は釈放され、一応騒動は収まりましたが、実は同様の騒動は、この居住区だけでなくわかっているだけでも4、5カ所で起きていました。

別の投稿映像によれば、武装警察と公安警察が深夜、北応香榭水岸小区に押し入り、抗議活動に参加した市民を連行した模様。ある市民によれば「野菜の値段が2倍になっている。それで採めた人が捕まった」そうです。

別の市民は「売られている野菜はすべて腐っている。また量も数百グラムほどで、普通なら500グラム2元程度のトマトが7元から8元している。生の豚肉は500グラム33元にもなった。仕事への投資やら従業員の給料やら、毎月の家賃やらすべて困っている。家賃だけでも2カ月ほど減免できないものか」と訴えていました。

また、孝感市の多くの小区（居住区）で野菜高騰に反対するデモに参加している動画もネット上に流布しています。この動画を見ると、デモ参加者たちは、中国の国歌でもある義勇行進曲の「奴隷になりたくない人々よ！……立ち上がれ」を歌っていました。

湖北省人とみられる人の中国のSNSに上がったコメントを見ると、生活に対する不満は徐々に官僚や政府に対する不満に変わってきています。

あるコメントでは、「私の住んでいるところでは、警官や公務員には毎日国家から200元の補填が出ている。また、コメ、油、塩、肉、野菜の配給が少なくとも毎日1000元分以上あり、彼らが管理、担当している地域で感染者が出なければ10万元前後のボーナスが出るらしい。だから、私たち一般人を狭い居住区に押し込めているんじゃないか」と不満をぶちまけていました。

また別のネット民は「うちは小さな村だが、幹部は毎日2000元の収入がある。大きな村だったら、幹部は相当もらっているな。権力で庶民に圧力をかけてしぼりとって中国の財政難を引き起こしている奴らやその家族が、今、我々のための民生物資の配送や定価の設定などをやっているんだ」と批判していました。

こうした不満がこのまま募っていけば、本当に感染のリスクがなくなって、都市封鎖が解かれたときに、役人や警察に対して「一揆」や「打ち壊し」でも起こるのではないか、と心配になってしまいます。

また中国全土の省市で都市封鎖と企業・工場の稼働停止策がとられたので、末端の小売店が相当苦しい思いをしています。小売の販売収入が激減しておりショッピングモールでのテナント料が維持できないケースが急増しているのです。こういう状況で、多くの地方で商店主のテナント料減免要求デモが発生しています。広東省深圳、遼寧省瀋陽他広西チワン族自治区の一部の都市では、デモだけでなく、警察との衝突が発生しました。

瀋陽《しんよう》のアパレルショッピングモールの五愛服装城では3月5日、商店のテナント料減免の集団抗議が勃発しました。報道によれば、これまでのショッピングモールのテナント料減免政策は管理側の利益になるだけで、大部分は借り手の商店の負担減少になっていないといいます。

5日は、ほかにも広東省広州市の十三行新中国大廈服装城の商店でデモが起き、「2月のテナント料返金、3月のテナント料免除、テナント料の値上げ取り消し」の標語を掲げてショッピングモール内を行進しました。このデモは翌日には街頭デモとなり、100人以上が参加。警察と公安にペッパー水スプレーなどで鎮圧され、殴り合う場面もネット上に動画で投稿されています。

深圳の数カ所のショッピングモールでも同様のデモが起き、宝華白馬服装卸売城、南山茘秀文化街服装商圏、東門新馬国際服飾城などにテナントを持つ商店が、「2、3月テナント料免除、4、5月半減」の標語を掲げて行進。しかし警備員に妨害されて、一人の女性が逮捕されました。

同日、浙江省桐郷市の濮院鎮で百人企業の店主によるテナント料減免デモがあり、やはり警察隊に鎮圧されたそうです。広西省港北区貴港の佰潤女人街ショッピングモールでも十数店の商店が入り口でスローガンを掲げてテナント料減免要求デモを行いました。

1月から2月にかけて、これら省や都市ではショッピングモールはほとんど閉鎖されており、収入がゼロにもかかわらず、多くのショッピングモールは、政府が指示する中小企業支援政策を実施しておらず、むしろテナント料や管理費、光熱費などの支払いを厳しくし、なかにはテナント料を値上げするところもありました。こうした小売店の抗議活動は、これからどんどん、起きてくると思われています。

【習近平政権にとって必要なのは宣伝でなくグラスノスチ】

習近平政権は情報隠蔽と現場を理解しない誤った政策によって、感染を全国に広げ、世界にパンデミックを引き起こしてしまいました。そのことを反省することなく、責任追及を逃れるために、さらなる隠蔽と言論弾圧と大プロパガンダを展開しています。

国際社会では、ウイルスは米軍によって持ち込まれた可能性を外交部報道官が発言するなど、常軌を逸した責任転換を行おうとしています。国際社会のほとんどが、今回のパンデミックの原因が中国の情報隠蔽にあることを知っているのですが、感染症に疲弊した各国に対して、人類とウイルスとの戦いに勝利した英雄国家として、医療支援を申し出て、世界の救世主を演じてみせるので、助けてもらった国は中国の責任追及がしにくくなります。そういう弱みにつけ込んで世論誘導をして、中国は米国との価値観戦争を勝ち抜こうとしているわけです。

　ですが、これまで述べたように、中国国内では、人民が、そして地方官僚が、メディアが、習近平政権への不満を抑えきれなくなってきているのです。

　国際社会はなんとなく丸め込めても、中国人民の不満はもっと切実です。経済成長が順調で、中国共産党に黙ってついていけば、豊かな生活ができると思えていた時代ならば、中国のプロパガンダにずっと付き合って、政治的な安全のためにおとなしく騙されたふりをしてきたこともあったのですが、今は、感染症による命の危険と、生活の不安と、経済破綻のリスクを突き付けられて、政治的身の安全をかなぐり捨てても、声を上げたい気持ちになってきているのではないでしょうか。

　たとえ、極権政治によって、感染症が無事鎮静化しても、次に来る経済クラッシュ、食料や生活物資の高騰が人民を苦しめます。また、同じような、あるいは新たな感染症が、この中国では繰り返し発生するのです。

　こうしたリスクから人民を救えるのは、正能量報道でも大プロパガンダでも世論誘導でもありません。情報統制の解除、言論の自由、メディアの自由なのです。旧ソ連が、未曾有の公共衛生大災害・チェルノブイリ原発事故を経験したとき、グラスノスチ（情報公開）

に踏み切りました。それは、グラスノスチしかロシアの人々をリスクと苦しみから救う方法がなかったからです。

専制国家の末期に体制が解体される三大切っ掛けというのが、「経済の崩壊」「軍事的統治の失敗」そして「公共衛生に関わる大事件」だという見方を、在米華人民主化活動家の王軍涛がボイス・オブ・アメリカで指摘していましたが、なるほどと思いました。

ソ連崩壊の一因とされるのが、1986年のチェルノブイリ原発事故という公共衛生大事件でした。公共衛生大事件が引き起こすパニックを鎮めるには「正しい情報」が不可欠でした。ソ連共産党のゴルバチョフ書記長はグラスノスチによってメディア統制、言論統制を解除することでパニックを鎮めようとしました。

社会主義専制国家の平均寿命が70年とすると、旧ソ連のチェルノブイリと、中国にとっての新型コロナウイルスは、ほぼ同じ歴史的役目を果たすことになるかもしれません。つまり、経済低迷と政治システムの機能不全という慢性病に罹っている老人国家が罹患する最後の病、あるいは発作。それは体制の死に至るものかもしれません。

もし習近平が多少なりとも賢明さを残しているとすれば、ゴルバチョフと同じようにグラスノスチに踏み切るでしょう。人々が疑心暗鬼に陥り、社会がパニックになり、経済が瀕死《ひんし》になった状況を立て直すには、正しい情報を共有し、間違った政策には間違っているという声を現場が上げ、メディアがその声を正しく広く世間に伝えるということが必要なのです。

そのことに中国人自身は気づいており、だから良心的知識人は李文亮の命日を「言論自由日」に制定せよ、と訴えるのです。おそらく気づいていないのは習近平とその周辺の役人ぐらいではないでしょうか。もしこのまま、そのことに気づかず、情報統制の強化と、異見者の弾圧とを続け、人民を最大の仮想敵として共産党政権を運営していくのだとすれば早晩、中国の国内は乱れるでしょう。

もっともグラスノスチに踏み切れば、習近平が望むような極権体制の維持は難しくなり、旧ソ連のように共産党一党独裁体制が終焉するという シナリオにはなるでしょう。どちらを選択しても、習近平政権にとって「敗北」という厳しい結果です。しかし、中国で暮らす普通の人々にとっては、グラスノスチによる体制変革の方が、より混乱期が短く済み、国際社会が連携して積極的に支援に取り組みやすくなるのではないでしょうか。

敗北には美しい敗北とそうでない敗北があります。

「美しい敗北」とは、大局的により良い結果を求めて、あえて選ぶ敗北です。チャイナウォッチャーであり習近平ウォッチャーとしては、習近平総書記殿には、「美しい敗北」を選んで、中国共産党史の最後の一ページにその名を刻んでいただきたいと思うわけです。

中国が法治国家の一員として、私たちが信じる普遍的価値観を共有できる国になれば、香港は一国二制度がなくても自由と民主と法治を維持でき国際金融都市の地位を失わずに済みますし、中台は統一できるかもしれませんし、日本と中国の間に同盟関係だって結べるかもしれません。

このパンデミックが鎮静化したとしても、そのあとで、非対称形の〝世界大戦〟時期がしばらく続くでしょう。そして、その時期を経て次に現れる新たな国際社会の枠組みのなかでは、中国が私たちと共通の民主と自由と法治を重んじ、人権・人道を重視する国家として生まれ変わって、大国としての責任を果たせるようになっていることが、私の希望するシナリオなのです。

第四章

世界は習近平を許さない

香港全土で行われた10月1日（2019年）
©香港同人

1 静かな〝政変〟の噂

【体制内で起きる習近平責任論】

香港、台湾政策で、習近平は失敗しました。これに米中貿易戦争、ウイグルへの弾圧強化、そして「一帯一路」の実質的な失敗や国内経済政策の失敗を加えると、習近平責任論が中国国内、党内でも出てきて当然です。

実際、3月下旬から習近平退陣論が、党内で囁《ささ》やかれるようになってきました。もちろん〝噂〟ですが、この噂は党内紅二代関係者から出ているので、やはり政治的意図が働いて流された噂と解釈すべきでしょう。

切っ掛けは任志強《にんしきょう》という人物が発表した論文でした。

任志強という名前を聞いてすぐわかる人は相当な中国通です。この人のお父さんは元商業部長まで務めた任泉生という共産党政権初期の高級官僚でした。こういう革命世代の共産党員幹部を親に持つ世代を中国では「紅二代」と呼びます。紅は共産党カラーで、その二代目という意味です。

彼は中学校のころ、元国家副主席の王岐山《おうきざん》に家庭教師をしてもらったことがあり、以来、王岐山とは夜中に愚痴《ぐち》を電話で聞くほどの親友関係にありました。大人になってから、彼は華遠集団という不動産企業をつくり、大富豪になりました。

金持ちでもあり、政権中枢にも顔のきく任志強は、恐れを知らず、誰にも忖度せずに言いたいことを言うということで、「中国のドナルド・トランプ」と綽名《あだな》されていました。

2016年2月になって、習近平は中央メディアに対して「党の代弁者」となることを要請し、中央メディアは一斉に「習近平礼讃」報道を始めました。

任志強

王岐山

そのときに、任志強は、「すべてのメディアが人民の利益を代表しないようになったら、人民は片隅に追いやられたままだ！」と習近平批判をしました。

このことが切っ掛けとなり、習近平のメディアを使った毛沢東式の個人崇拝キャンペーンは挫折してしまいましたが、任志強も、SNSのアカウントを凍結され、あわや党籍を剥奪《はくだつ》されそうになりました。

任志強が、習近平に刃向かったことで、反腐敗キャンペーンという習近平政権の主要政策の陣頭指揮をとり、習近平の片腕とみなされた王岐山も、習近平との関係が微妙になりました。

これは「任志強事件」あるいは習近平が毛沢東のように文革をやろうとしたが、任志強批判によって10日で失敗したという意味で「十日文革」事件と呼ばれています。

任志強は王岐山の尽力もあって、何とか党籍剥奪や重い懲罰は免れましたが、これ以降、表舞台からは退き、趣味の木彫などをやりながら隠遁《いんとん》生活を送っていたようです。

その任志強が2020年2月23日、米国の華字サイト「中国デジタル時代」に、習近平の新型コロナウイルス対応を批判する文章「化けの皮がはがれても皇帝の座にしがみつく道化」を発表し、再び、習近平の〝文革体質〟を激しい言葉で批判し始めたのです。

この文章の中身は中共内部が執政危機に直面し、言論の自由を封じていることが、新型コロナウイルス感染対応任務の阻害になり、深刻な感染爆発を引き起こしたと批判するものでした。

表現は過激で、「あそこに立っているのは、自分の新しい衣服を見せびらかそうとしている皇帝でもなく、衣服すら脱ぎ捨てても皇帝の地位にしがみつく道化である。自分が丸裸であるという現実を隠すために、恥部を隠す布切れを、一枚、一枚掲げて見せるが、自ら皇帝の野心にしがみついていることは一切隠さない。私が皇帝になるわけではないが、あなたを滅亡させる決心はしている」「遠くない将来、執政党はこの種の愚昧《ぐまい》のなかで覚醒し、もう一度〝打倒四人組〟運動を起こし、もう一度、鄧小平式改革を起こし、この民族と国家を救うかもしれない」などと書いていました。

「打倒四人組」運動とは、文化大革命を主導し、毛沢東の死後も文革路線を堅持しようとした江青《こうせい》、張春橋《ちょうしゅんきょう》、姚文元《ようぶんげん》、王洪文《おうこうぶん》の4人を、文革穏健派の華国鋒《かこくほう》、李先念《りせんねん》ら周恩来系の中間派官僚、王震《おうしん》ら復活幹部グループ、葉剣英《ようけんえい》ら軍長老グループが連合して電撃逮捕した〝政変〟のことです。

これをもって文化大革命は完全に終結し、鄧小平による

毛沢東と江青

華国鋒

改革開放路線によって中国は再出発しました。ですから、任志強の文章は、暗に政変を呼び掛ける〝檄文《げきぶん》〟だというとらえ方をする人もいました。

その後、任志強は〝失踪〟しました。4月7日に北京市規律検査委員会が任志強を取り調べている最中だと確認しました。

葉剣英

つまり、多くの実業家たちは、任志強を拘束した習近平政権を不満に思っているということです。

これに続いて、3月21日ごろ、ネットでは「緊急中央政治局拡大会議招集の提案書」なるものが拡散しました。これは陽光衛星テレビ集団（香港SUNテレビ）主席の陳平が微信で転載した公開書簡です。

内容は、「新型コロナウイルス感染状況により中国経済と国際関係情勢が厳しくなったことを鑑《かんが》み、習近平が国家主席、党総書記の職務を継続することが適切かを討論する政治局緊急拡大会議を開くべきだ」というものでした。

提案書は、討論テーマとして、次の問題を挙げています。

●鄧小平の主張する韜光養晦《とうこうようかい》路線をについて明確な回答をすべきか。
●政治上、党が上か、法が上か、執政党は憲法を超越できるかを明確にすべきか。
●経済は、国進民退（国有企業を推進し民営企業を縮小する）か、民進国退（民営企業化を進め国有企業を解体していく）のどちらをとるべきか。
●治安維持のために公民の基本権利を犠牲にすべきか。
●民間がメディアを運営することを認めるべきか。
●司法は独立すべきか、公民は政府を批判していいか、世論監督は必要か、党の政治を役割分担した方がいいか、公務員の財産は公開すべきか。
●台湾との関係において、本当に統一が重要か、それとも和平が重要か。
●香港の問題において、繁栄が重要か、それとも中央の権威が重要か、香港の地方選挙完全実施を許してよいか。

さらに会議期間については、李克強、汪洋、王岐山による政治局拡大会議指導チームをつくり、会議の各項目任務の責任を負うべきだとしました。

「この会議の重要性はけっして『四人組逮捕』に劣るものではない。習近平の政治執政路線に対し評価すること、その意義は、十一期三中全会の歴史的意義よりずっと高い」とも言います。

「十一期三中全会」というのは、1978年12月18日から22日に行われた党中央委員会全体会議のことで、この会議で、毛沢東の後継者として毛沢東路線を継承しようとした華国鋒が実質失脚させられ、鄧小平が実権を握りました。

この提案書を出した人物は不明です。紅二代（太子党）が関連していると思われますが、陳平という紅二代の有名人が、監視と検閲が厳しい中国のSNS微信で発信していることは驚くべきことでした。

陳平は香港定住者ですが、紅二代出身の開明派とみなされる人物で、父親は習近平の父親の習仲勳の部下です。習近平とは40年来の付き合いともいわれ、王岐山とともに1984年の莫干山会議（中青年経済科学工作者学術討論会議、経済の改革開放を一気に推進させた切っ掛けとなる会議）を組織しました。この提案書は「微信」で転載されただけでなく、実際に中央に提出されたという噂もありました。

陳平は「自分が書いたわけではないが、党内でこの意見に賛同するものは少なくない」とメディアに語りました。

この提案書は、任志強の習近平批判文章に呼応するものとみられています。つまり「四人組逮捕」「華国鋒失脚」があって、中国はようやく改革開放路線の軌道に乗るのですが、それをいま一度やるべきだという意見なのです。

今の習近平時代は、任志強や陳平のような実業家たちからみれば「習近平の文革時代」であり、それを終わらせなければ、新型コロナウイルスの本当の制圧もできないし、経済も回復できない、という意見です。

武漢で新型コロナウイルスがアウトブレイクしたのち、習近平の執政路線、政策の過ちを批判する知識人は決して少なくありません。

清華大学教授の許章潤が2月に書いた「怒りの人民はもう恐れない」という文章には、「習近平の統治が徐々に中国を世界の孤島にしている」「30年以上前の改革開放の苦労によって切り開いた開放性が、習近平によってほとんど破壊された。中国の統治状態は前近代状態だ。門は閉ざされ、野蛮な人道的災難が絶えず発生し、中世のようだ」とあります。

習仲勲と息子の習近平（左）・習遠平兄弟（1958年）

憲法学者で公民運動家の許志永は、習近平への「退任勧告書」を出し、習近平を〝権力狂人〟とみなし、国家統治能力の実力がなく、「妄議罪」（ありもしないことを議論した罪）を発明し、社会における諫言《かんげん》や改善のための意見を許さなくなった、と批判しました。彼は、「習近平に中国のこれ以上の〝安売り〟を許さず、早々に退任させよ」と主張しています。

もちろん、これほどの批判を受けても、反省するような習近平ではありません。許章潤も許志永も身柄を軟禁、あるいは拘束されているようです。

習近平は、「四人組逮捕」や「第十一期三中全会」のようなことが起こらないように、非常に警戒していると思います。全人代が延期されたのは、党員が集まったときに、習近平批判が盛り上がり、「宮廷内政変」につながることを恐れたから、という見方もあります。

ですが3月26日ごろから、また妙な〝噂〟が流れ始めました。

「アリババの元CEOの馬雲《ジャック・マー》ら民営企業の〝50人のボス〟が〝任志強釈放〟を求める連名の意見書を出した」

「任志強の親友である王岐山が、自分の進退をかけて任志強を釈放し、習近平に〝国家主席終身制〟を放棄するように迫り、李強（上海の書記、習近平の浙江省書記時代の党常務委員会秘書長）と胡春華（共産主義青年団派の副首相）を秋の五中全会（第5回中央委員会総会）で政治局常務委員会入りさせ、後継者指名するように迫った」

「任志強は身柄拘束されたが、絶食して抵抗している」

「李瑞環（元中国人民政治協商会議主席）と温家宝（元首相）、李嵐清（元副首相）、胡啓立（元政治局常務委員）、田紀雲（元副首相）の5人の長老が習近平に責任を問う書簡を出した」

等々……。


さらに3月28、29日には、「王岐山、王洋、朱鎔基《しゅようき》などの長老らが手を組み、習近平に任志強の釈放と、習近平自身の退陣を迫った。習近平は〝終身制〟を放棄し、李強と胡春華を後継者に認定し、秋の五中全会で2人が中央委員会入りし、次の第20回党大会でそれぞれ総書記と首相に内定している。そして任志強は釈放された」といった噂が流れ出しました。

馬雲

朱鎔基

もし、本当に任志強が、王岐山や長老たちの圧力で釈放され、習近平が2022年の党大会で引退を了承するようなことであれば、四人組逮捕や十一期三中全会ほど激烈ではありませんが、ソフトないわゆる「静かな政変」ともいうべき事態ということになります。

李強は習近平が浙江省の書記時代の側近でもあるので、李強を後継者に指名して自分は引退しても影響力を持てるという意味で、〝習近平完全引退〟にはならないかもしれません。しかし、逆にそういうふうに習近平のメンツが立つ形で、長期独裁方針を諦めさせることはありそうな気がします。

もっともこの答え合わせができるのは、秋の五中全会の後です。

結果がどうなるかはまだ不明ですが、中国党内に「習近平に責任をとらせよう」という党内の動きが活発化しているとは言えそうです。

2　米国と中国の和解はない

【〝大外宣〟で国際世論を動かそうとする習近平】

米国での新型コロナウイルス騒動は2020年3月下旬の段階で、阿鼻叫喚の状況に陥っています。ニューヨークのセントラルパークは野戦病院のようになり、多くの遺体が霊安室だけでは足りなくて、冷凍車を動員して安置されている様子が日本でも報じられるようになりました。トランプ大統領は、盤石だと思われていた秋の大統領選の勝利予測が、この新型コロナウイルスの対応で揺らいできているようです。

この米国の思いがけない窮地を習近平政権はきっと内心で喜んでいることでしょう。米中貿易戦争、ウイグル弾圧、香港デモ、台湾総統選と、トランプ政権誕生後の米中の代理戦争的な問題のほとんどは、習近平の〝敗北〟続きでした。

新型コロナウイルスも習近平の敗北に終わる、と誰もが予測していたのです。ですが米国やイタリア、スペイン、英国など欧州で、新型コロナウイルスが猛威を振るい、中国以上に被害は広がっているのです。

ウイルスの前には、いかに先進国であってもこれほどまでに脆弱《ぜいじゃく》であったということです。

一方、中国は言論統制と強制都市封鎖という強権を発動できる独裁政権の強みを生かして、4月8日には武漢の都市封鎖を解除、4月内には勝利宣言、経済回復を〝大宣伝〟できます。

大宣伝とは「大プロパガンダ」、つまり政治宣伝のことです。事実と違うことも、政治的に利用するために政治権威が公式に発表することができる、これが専制体制の特徴です。これに異論を唱える声は強権で押し潰せばよいのです。中国では選挙がありませんから、いくら人民が死のうと、塗炭《とたん》の苦しみを味わおうとも、政権交代はありません。もしあるとすれば、政変か、クーデターか、人民の蜂起による革命、ということになるのですが、メディアを掌握し、軍を掌握していれば、これらはかなりの確率で防げます。

中国はメディア・文化芸術を使った政治宣伝が、権力維持の1つの〝支え棒〟だと考えています。そしてもう1つの〝支え棒〟は軍事力です。なので「ペンと銃」という2つの棒で支えられている、という表現をしています。

今、中国が一番力を入れているのは「政治宣伝」、特に海外に向けての政治宣伝、大対外宣伝＝大外宣です。これは国内世論のコントロールのみならず国際世論を誘導するのが目的です。

中国が公式に発表している新型コロナウイルス感染者数も、死者数も事実でない可能性は高いでしょう。米中央情報局（ＣＩＡ）もそのような報告をしていました。同様に、「感染が制圧された」「経済が回復した」といった発表も事実ではないとみるべきでしょう。

２０１９年に、私は『中国の大プロパガンダ』を翻訳し、出版しましたが、これを読んでいただければ、中国の対外プロパガンダの手口がだいたいわかると思います。

国内外メディア、外国語の発信、ＳＮＳの利用、外国人記者、外国人発言者の篭絡《ろうらく》、在外華人のロビー活動などなど、あらゆる方法を駆使し、「発信力（発語権）」を制したものが世界を制すると考えて、チャイナマネーで「発信力」を操り、国際世論を〝洗脳〟しようとしています。

前述したように、昨今『サイレント・インベージョン』『パンダの爪』『マジック・ウエポン』などの中国の大外宣の実態についての書籍が多々出ています。『サイレント・インベージョン』はオーストラリア、『パンダの爪』はカナダ、『マジック・ウエポン』はニュージーランドにおける中国の大外宣の実態を紹介したもので、世界中がそろそろ「中国の大嘘」に気づき、その洗脳が解け始めるころだ、と私は思っています。

そうはいっても、新型コロナウイルスで米国はじめ先進国までが医療崩壊に直面し、自信を失い、心細くなってきているところに、この中国の「大外宣」はわかっていても、すがってしまいたくなる巧妙さがあるでしょう。

そういう巧妙さを見たのが、3月26日のサウジアラビアをホストとしたG20新型コロナウイルスへの対応に関する特別サミットでした。

この特別サミットはG20としては初のテレビ電話会議でした。感染症が発生して以来、習近平が初めて出席する国際会議でもありました。習近平は北京からテレビ電話で参加しました。

このとき習近平はこのような〝重要演説〟をしました。

「ウイルスに国境はない。感染症は我ら共同の敵。各国は手を取り合って立ち上がり、最も厳密な共同防衛ネットワークをつくらねばならない。中国はすでにネット上で知識センターを立ち上げ、各国に開放している」

「中国が最も困難なとき、国際社会は中国に真心と支援をくれた。私たちはこの友誼を終始心に刻み、この友情を尊く思っている」

「新型コロナウイルスがパンデミックを起こしているなか、国際社会にとって最も必要なのは堅い自信、心をひとつにして協力すること。団結して対応し、国際協力を全面的に強化し、結集してこの感染症との戦いを勝ち抜き、そしてこの人類と重大感染症との闘争に勝利するために手を取り合いましょう」

このサミットに先立ち、外国部次官の馬朝旭《ばちょうきょく》が中国中央メディアの取材に答える形で、「ウイルスに国境はない。ウイルスを前にすれば、いかなる国家も独善的にはなれない。G20メンバーは団結して、共同で戦うシグナルを発し、国際社会に自信を示すのだ」と語っていました。

馬朝旭

そして、感染症が世界の経済生産に深刻なショックを与えているときに、中国経済はまさに今、回復しているところで、世界のサプライチェーンの安定に重要な役割を果たすと強調し、「困っている国には中国が手を貸して助ける。経験を分かち合い、医療物資を提供し、各国が中国の物を購入できるよう便宜を図る。G20メンバーには、助け合って、国際公共衛生安全をともに維持していくよう望む」と、語っていました。

G7外相会議（テレビ会議、3月25日）のとき、米国は新型コロナウイルスについて、「武漢ウイルス」の呼称を共同声明に書き入れることを譲らず、他の参加国が同意しなかったので、共同声明を出せなかったとワシントン・ポストが報じています。

米国務長官のマイク・ポンペイオは、G7後の記者会見で、「新型コロナウイルスは米国が中国に持ち込んだ」と中国の当局者が発言したことや、ソーシャルメディアでも偽情報が広まっていることをあげて、「（G7の）すべての国は、中国共産党が関与し、実際に起きたことから目を逸らさせようとする偽情報の活動を深く認識していた」と語りました。

ですが、このG20では米国の存在感は控えめで、習近平のリーダーシップがやたら喧伝されました。サウジアラビアが親中国であったことや、先進国グループでG7メンバーのイタリアが完全に中国の軍門に下っていること、そして米国自身が医療崩壊に直面して、中国からの医療支援物資を受けているところも関係しているのかもしれません。

習近平は会議前に、米国を除くG20メンバー国の主だった元首に電話をかけて、米国の中国批判を抑えるように根回ししたとも言われています。

今、世界で、大量にマスクや医療物資を医療崩壊に直面する先進国に提供できる工業力及び工業力の復活の目途が立っているのは中国ぐらいなので、各国は中国を批判しにくい状況になっているのだと思います。

例えば、イタリアに対して中国は専門家チームを派遣し、大量の防護服やマスク、医療物資とともに感染症対策のノウハウを提供しました。さらに「イタリアはかつての武漢と同じ。だが我々はウイルスに打ち勝ちつつある。イタリアも必ず打ち勝てる」などと温かい言葉で励ましました。

それまでイタリアなどは、中国人（及びアジア人）を「ウイルス源」のような感じで差別していたのですが、ネット上ではイタリア人ユーザーから「感染が終わったら、中国大使にハグしに行きたい！」といった書き込みが殺到するほど、中国にほだされてしまったようでした。

イタリアは先進国のなかでは一番早く、チャイナマネーにつられて「一帯一路」に参加しただけあって、以前から財政的にも問題があり、そのために医療システムが脆弱化していたことが感染拡大に拍車をかけたとも言われています。

ウイルス自体は中国から運ばれてきたものかもしれませんが、その前にEUのなかで劣等生扱いされ、財政的に厳しく、そのことが医療崩壊の下地をつくったというなかで、いざ感染拡大に苦しんでいるときに一番親切に手を差し伸べてくれたのが中国だとすれば、こんなふうに中国になびいてしまっても仕方ありません。

イタリア人のなかには、「イタリアがEUではなく中国の一部であったらよかったのに」などという声も出てくるほどになりました。

こんなふうに、中国の国際世論誘導は、財政的に弱い国の外堀から埋めていきました。よくよく考えれば、これは金融やくざが自分で窮地に陥れた相手にお金を貸して、恩を売るやり方に似ています。

【米国はそれでも中国に〝ノー〟と言う】

習近平はG20でリーダーシップを見せつけた翌日にトランプ大統領と電話会談しました。そのときの中身は新華社を通じて大々的に報じられています。

習近平の発言の概要は以下のようになります。

「新型コロナウイルス発生以来、中国側は、公開、透明、責任ある態度で適時にWHO及び米国を含む関係国に感染情報を報告してきた。それには、ウイルスゲノム配列なども含まれる。また、感染予防コントロールや治療経験も各国方面とあまさず共有してきた。同時に、己の持ちうる能力を尽くして必要な国家に支持と支援を提供してきた。我々はこのようなことを継続し、国際社会と共にこの感染状況と戦い勝ち抜いてきた」

「流行性感染症に国境、民族の違いはなく、これは人類共同の敵だ。国際社会は共に対応してこそ戦いに勝利できる。各方面の共同の努力のもと、昨日行われたG20特別サミットでは指導者たちと少なからぬ共通認識に到達し、ポジティブな成果を得ることができた。各方面との協調・協力を強化し、特別サミットの成果を実施し、感染症との戦いにおける国際協力を強化し、グローバル経済を駆動させるパワーを注入し、安定させることを希望する。中国側は米国を含む各方面とともに、継続してWHOの重要な影響力の発揮を支持し、防疫コントロールに関する情報と経験を交流して分かち合い、科学的研究による問題克服を急ぎ、パーフェクトなグローバル衛生管理を推進したいと願う。マクロ経済政策での協調を強化し、市場を安定させ、成長力を保ち、民生を保ち、グローバルサプライチェーンの開放、安定、安全を確保したい」

習近平はまた、詳細に中国側の感染予防コントロールでとった措置を米国に紹介したうえで、次のように語りました。

「私は十分に米国の感染状況の拡大に注目し、懸念している。また、大統領が今とっている政策措置にも注目している。中国人は真心から米国が早期に感染状況の蔓延の勢いをコントロールし、感染が米国人民にもたらす損失が減少するよう望んでいる。中国側は、国際的な感染予防コントロール協力を展開しようと、積極的な態度をずっと持っている。目下の状況下で、中米は団結して感染症に対抗すべきである。中米両国の衛生部門と感染予防コントロールの専門家は国際感染情勢と中米の感染予防協力でずっとコミュニケーションを取り続けている。中国側は継続して、情報と経験をあまさずに米国と共有していきたい。中国の一部省市と企業は次々と米国側に医療物資援助を提供している。中国側は米国側が目下、困難に陥っていることを理解し、できる限りの指示を提供したいと願っている」

「目下の米国には大量の留学生を含む中国公民が暮らしている。中国政府は彼らの命の安全と健康を高度に重視している。米国が実質有効な措置をとって、彼らの生命の安全と身体の健康をよく守ってほしい」

「目下、中米関係はひとつの重要な山場にある。中米は協力すれば利益があり、戦えば共に傷を負う。協力こそ唯一の正しい選択だ。米国が中米関係を改善するための実質的行動をとり、双方が共同の努力をして、感染症との戦いとの領域で協力を強化し、衝突せず対抗せず、相互に尊重し、ウィンウィンの協力関係を発展させることを望む」

これに対し、トランプ大統領は、「習近平主席の昨日のG20特別サミットの講話を真摯《しんし》にお聞きした。私と各国指導者はあなたの見方と意見に対し、皆、賞賛を送っていた」と語っている。

また、トランプは習近平に、中国側の感染状況の予防コントロール措置について詳細に質問し、「米中両国がまさに新型コロナウイルス感染状況への挑戦に直面している。私は、中国側の感染症との戦いがポジティブに進展している状況を見てうれしく思う。中国側の経験は我々を非常に啓発してくれる。米中両国が障害を排除し、勢力を集中し、感染症との戦いで協力を展開することを自ら問うてみるだろう。中国側の米国に対する医療物資の提供などに感謝する。同時に感染症への有効な医薬品開発研究方面を含む両国の医療衛生領域の交流を強化しよう。私は公開のSNS上で、米国人民が非常に中国人民を尊敬し、愛していることを示している。中国人留学生は米国教育事業に非常に重要で、米国側は在米の留学生を含む中国公民をしっかり保護するだろう」と語りました。

トランプはこの会談の直後、「非常に愉快な会談だった」とツイートしています。文面だけでは測りかねますが、トランプは、本音では「非常に不愉快だった」と言いたかったのかもしれません。

習近平がG20各国を前に、トランプよりも発信力をみせ、トランプに対して「中国が助けてあげるよ」と言ったわけですから。中国としては、来る国際社会の大変局後に、ルールメーカーとなりリーダーとなるのは中国だ、ということを「大外宣」したわけです。

果たして米国は、今までの対立関係を改め、中国からの助けを請うて、米中新冷戦構造から米中G2時代に政治的方針を転換させていくのでしょうか。

答えは〝ノー〟だと思います。

G20後の4月1日、トランプ大統領は、新型コロナウイルスに関する中国の公式統計の正確性に疑問を呈しました。

CIAなどの報告を引用して、中国政府が情報を隠蔽していると非難しました。トランプは、記者会見で、中国の統計が正確なのかどうかを「どうやって知るのか」「彼らの数字はやや明るい方に傾いているように見える」と語りました。

ブルームバーグによれば、中国の感染者、死者数に関する機密リポートがホワイトハウスに提出されています。そのリポートによれば、中国当局による故意の偽装と結論付けているようです。

では、いったい中国の本当の感染者数、死者数はどのくらいなのでしょう。

米ジョンズ・ホプキンス大学の集計によると、中国は公式には4月1日現在で感染者8万2361人、死者3316人と報告しています。米企業研究所が数理モデルを使った計算の推計をして湖北以外の中国の感染者数を300万人になるとの見方を4月10日に発表しています。

一方、米国は感染者20万6207人、死者4542人です。

フランス通信社（AFP）が報じたところによれば、共和党のベン・サス上院議員は、中国政府が発表する数字を「ゴミプロパガンダ」だと言い、「米国の新型コロナウイルスによる死者が中国より多いという主張は誤りだ」と言いました。「中国共産党が体制を守るため、新型コロナウイルスについて嘘をついたし、今も嘘をついているし、今後も嘘をつき続けるということは、痛々しいほど明らかだ」とまで言ったそうです。

この報道を受けて米下院外交委員会のマイケル・マコール共和党筆頭理事は声明を出し、

新型コロナウイルス感染症（COVID－19）との戦いにおいて、中国は「信頼できないパートナー」だと述べました。「中国は新型ウイルスの人から人への感染について世界を欺き、真実を伝えようとした医師や記者を黙らせたばかりか、今はこの病気に見舞われた人の正確な数を隠している」とも言っています。

華春瑩

これに対して当然、中国は反発しています。

外交部報道官の華春瑩《かしゅんえい》は、「人民の生命の安全と健康を政治的に操ることは、極めて不道徳で人間性のないことだ」「アメリカの一部の人間が自分たちの不利な状況に対応するための言い訳とスケープゴートを探している」と記者の質問に答えて、米国の発言を政治的な言いがかりだとしています。

さらに「中国はアメリカ国民の苦痛も理解し、同情する。感染防止対策にできる限りの援助を提供したい」と米国を思いやる余裕を見せました。このやり取りからみても、米国と中国は対立を解消して手を取り合うことはおそらくありません。

なぜなら、米中対立とは、価値観の対立だからです。米中はお互いに異なる正義をかけて対立しており、その価値観は大統領や国家主席個人のものではなく、「国家としての在り方」を定義するものなのです。

なので、お互いが手を結ぶということは、いずれかが自らの国家の根底を支える価値観を放棄すること、つまり米国か、中国かいずれかの体制が変わることを意味します。

だから、この新型コロナウイルスの戦いは、公衆衛生上の観点からみれば「ウイルスvs.人類の戦い」かもしれませんが、国家安全保障上、地政学上の観点からみれば「米国と中国の価値観戦争」の文脈でみるべきなのです。

米中貿易戦争、ウイグル弾圧、香港デモ、台湾総統選からずっと続いている、国際社会の新たな枠組みを決める「世界大戦」だと言えます。

米中首脳会談 G20 大阪サミット（2019年6月29日）
© ロイター / アフロ

3 隠蔽と人権無視と強権と全体主義を受け入れられるか

【死者数は隠蔽されている】

中国の本当の感染者数、死者数が発表通りでないことは、実は中国人が一番よくわかっています。1100万人都市の武漢で死者3300人程度では、1月24日以降の武漢市内の火葬場があんなに混雑するわけがないと市民たちは考え、微信などでその考えを発信しています。

そういう発信はすぐに削除されますが、それでもまたすぐに別の誰かが発信します。そういう市民の多くは、家族や親戚、友人の誰かを失っていて、その苦しみを誰かに訴え、この悲劇の本当の理由を知りたいと思っているのです。

3月23日から、武漢市で、新型コロナウイルスで亡くなった方のお骨の家族への返還が始まりました。4月4日の清明節（中国の祖先供養の日：墓を掃除し、一族が集まり故人を偲《しの》ぶ）の前に、お骨を返さないと、市民たちの不満を抑えきれないからです。

それまでは感染のリスクを考えて、感染で亡くなったご遺体は病院施設から直接火葬場へ運ばれ、家族の立ち合いもなく即座に火葬されていました。家族にも23日までは、お骨は引き渡されていませんでした。

これが、ファミリーの結束を大事にする中国人の価値観からいえば、どれほど残酷なことか。

政府発表では約2500のお骨を家族に返還するとのことです。ですが中国誌「財新」が、葬儀場に取材したところ、25日、26日の2日間だけで、5000人分の骨壺が遺族に返されたということです。23日から4月4日まで、4万数千人のお骨が引き渡されたといわれています。

ざっくりとしたこの数字から考えるだけでも、この新型コロナウイルスで1月24日以降にお亡くなりになった方は、公式発表とは桁が違うだろうと想像できるわけです。家族全員が感染して、家族全員が亡くなって、お骨の引き取り手がいない方もいますから、本当にどれだけの人が亡くなったのかわかりません。

武漢では、北京の人権派弁護士の陳秋実、武漢の実業家の方斌、元CCTV記者の李澤華が死者の数に疑問をもって、〝公民記者〟として葬儀場や火葬場、病院などを取材していましたが、彼らは2月中頃から相次いで〝失踪〟しています。

「3人とも取材できないように身柄を拘束されている」との情報が、知人を介して流れてきています。この感染における真の死者数はタブーであり、中国当局について疑問を持つことも許されない国家機密ということでしょう。

武漢市民はそこで生活しているのですから、中国の公式発表数字が怪しいことを肌で感じています。ですが、その真実を探ろうとする公民記者たちが相次いで〝失踪〟していることの意味も知っています。だから今のところは黙っているのですが、果たしていつまで黙っていられるのでしょう。

中国の普通の人たちが、中国共産党の横暴さを我慢して、黙ってついていくのは、少なくとも「人民の安定した健康的な生活を党が保障してくれる限り」という前提条件が必要です。その前提条件が、習近平政権では維持されないかもしれないと人民が気がつけば、声を上げてくるかもしれません。

だとすると、本当に中国にとって恐ろしいのは、新型コロナウイルスへの勝利宣言を中国が行ったあとの、中国の経済と社会の状況であると思われます。

政治より実務の方が得意な李克強は、3月23日の感染予防コントロール会議の席上で、感染状況の各地の報告に隠蔽がある可能性をほのめかせながら、「専門家たちは、この感染症が、かつてのSARSのように突然終息する可能性は低いとみている」と訴え、都市封鎖を急いで解除して、企業や工場の再稼働を急がせることに慎重な姿勢をみせていました。

一方、習近平は2月3日から3月27日まで57回も企業・工場の再稼働指示を出しており、経済を一刻も早く回復させるように各地方にノルマを課しています。

隠蔽して経済再稼働を急ぐのが中国にとって良いのか、それとも隠蔽によって、中国は感染が再爆発してしまうのか。まだ中国国内の先の状況が見えていませんから判断が難しいのですが、先に触れた党内で起きている習近平責任論の行方とともに、中国の体制が根本的に変わるかいなかの局面が、新型コロナウイルスの鎮静化後に出てくると思います。

【新型コロナウイルスに向きあう民主主義国家】

3月31日、米「サイエンス」誌で、中国の武漢市封鎖により70万人以上の新規感染を防いだ可能性がある、という論文が掲載されました。

北京師範大、英オックスフォード大、米ハーバード大の共同研究で、2019年12月31日から2月19日までについて、感染症例や人の移動、感染を制御する対策の時期や範囲、種類といったデータを分析した結果、2月19日までに武漢以外の地域で約74万4000人の感染が確認されていたと推定され、実際の確定症例数は約2万9800人だったので、96％を抑制したという結論に達しました。

AFPによれば、論文の共同執筆者で英国オックスフォード大学研究員のクリストファー・ダイは、「中国の制限措置は、感染の連鎖をうまく断ち切り、感染力のある人と影響を受けやすい人の間の接触を妨げることで功を奏したとみられる」と評価しました。同じく執筆者メンバーの北京師範大学副教授の田懐玉は、「居住者や国外からの感染者により再び感染が拡大する可能性を、我々は強く認識している」と述べ、中国が海外からの感染リスクに晒されていると強調していました。

英インペリアル・カレッジ・ロンドンの研究チームも、厳格な外出制限措置により欧州11カ国で、合わせて最大5万9000人の命が救われた可能性があると論文で指摘しており、強制的な都市封鎖、行動制限が感染症拡大防止に、いかに有効であったかということを裏付ける研究として注目されました。

これは、日本の東京が都市封鎖に踏み切る法的根拠がなく、緊急事態宣言もぐずぐずとして出せなかった、出してもたいして強制力がなかった現状を批判する材料にもなりました。また、中国の武漢封鎖の貢献ぶりを世界に広めるという意味で、中国の「大外宣」にもおおいに利用されました。

ここで、私たちは改めて気づかされるわけです。

「感染症蔓延による医療崩壊」という悲惨な現状を前に、私たちが信じていた民主主義の価値観と、情報隠蔽して人道を無視して、それでもいざとなれば有無も言わさず国家として都市封鎖し、異論を言ったり、国家が隠蔽する情報に近づこうとした人間を容赦なく拘束し失踪させてしまうやり方の、どちらが正しいといえるのかを問われているのだ、と。

新型コロナウイルスという感染症は民主主義的価値観に対するひとつの挑戦でした。医療崩壊に直面すれば、救う命と見捨てる命の選択が迫られます。著名人と庶民では庶民が見捨てられるかもしれないし、若者と老人では老人が見捨てられるかもしれません。多くの人がその選択の場で苦悩します。だからその前に、個人の行動を制限する強制措置をとった方がいい、という意見にほとんどの人たちが到達します。

フランス、イタリア、スペインなどのEU国家の都市、ロンドンやニューヨークが次々と「ロックダウン」しました。イタリア、スペインなどでは軍人と警察が街の治安秩序を維持し、通信企業が協力し、家から出ないように監視もされました。フィリピンでは、隔離措置に従わずに家や施設から勝手に出た人間に対する発砲許可まで出しています。

米国は世界最大の感染国となり、10～20万人の死者が出るという推計も出ています。戦争より何倍、何十倍もの死者を出してしまったことで、米国は無力感にさいなまれていることでしょう。

米国はこれまで、常に世界のリーダーであり、世界的な災害が起きたときは率先して、世界を助ける側に回ってきました。しかし、自国が最大感染国になっては、オバマ政権の2014年のエボラ熱感染拡大のときのように、他の感染発生国に対して支援を送る余裕はありません。

米国の代わりに、感染国に医療チームを派遣し、医療物資を送り、感染対策のノウハウ、都市封鎖のノウハウを指導しているのは、今回は中国ということになります。

トランプ大統領は今年3月に発表した財政予算で、WHOに対する経費を半分に減らしています。中国は新型コロナウイルスのために2000万ドルの寄付をしています。

フランスのル・モンド紙は、この問題について、「中国とロシアのような専制集権政府が全世界への支援を通じて米国のソフトパワーが弱まった隙間に食い込んできた」と言っています。

ここで、民主主義の自由と人権を尊ぶ価値観と、安定や発展を理由に、時に自由と人権を踏みにじるような手法もとる中国式の全体主義的な価値観のどちらがいったい世界にとってより良いのか、という判断を問われたとき、一瞬迷う人も出てくると思うのです。

ですが、ここで気をつけなければならないのは、時に都市封鎖などの強権的な手法をとらざるをえないことと、中国のやり方や価値観を肯定することとはまったく違うということです。

民主主義国家が、強制措置をとって、その効果もなく、結果があまりにひどければ、有権者は選挙で政権を交代させることができます。その判断の是非を審判する権利を民衆は保持しているということです。

そして、いかに強権的な措置をとっても、国民は疑問に思うことをメディアや議会を通じて政権に問い質し、隠蔽を暴く権利を保障されています。民主主義国の強権発動は、民意の同意が根本的にあるということです。

一方、中国のやり方の方が素晴らしくて、お手本になるではないかというのは、中国の大外宣の影響も大きいと考えるべきでしょう。欧米の大学や研究者に対して中国は惜しみなく援助を注いできましたし、各国メディアのスポンサー企業のなかにも中国でのビジネスで優遇されて、スポンサーの親中国の考え方が紙面に出ることもあります。

長年にわたる中国のロビー活動の成果として、中国に傾倒していったり、利権を持つ議員は欧米にも日本にもたくさんおり、そういった方面の影響力を使って中国に有利な世論形成を行うのが中国の大プロパガンダの手法です。

これはかなり年季の入ったものですし、また世界で新型コロナウイルスによりたくさんの犠牲者が出て無力感にさいなまれているときに、こうした洗脳的な手法をとられてしまうと、警戒していても中国の言うことは正しいのかもしれないと思ってしまうかもしれません。

だからこそ、ここで新型コロナウイルスの今の瞬間だけをとらえるのではなく、ウイルスとの戦いだけの局面を見るのでもなく、これが習近平政権が誕生して以降始まった、米中の価値観戦争の流れにあるいくつ目かのフェーズの戦いであるという視点を持ってほしいわけです。

たとえ中国が感染症を世界でいち早く克服しても、この感染症そのものが中国の隠蔽から始まったその責任の所在を忘れることはできません。この感染症を克服するという建前のもと、大勢の人たちの言論が弾圧され、身柄を拘束され、真実を告発した人に〝デマ拡散者〟のレッテルを張ったことも忘れてはならないでしょう。

たとえ感染症を素早く封じ込めることができても、隠蔽と監視と言論・メディア統制を受けて、いかに不満があっても声に出せない不自由を受け入れることができるのか。また、個人の財産も権利も国家と党のためにという理由で踏みにじられることを許容できるのか。

新型コロナウイルス終焉後の国際社会で、中国が次のルールメーカーとなり、正しさの基準、秩序をつくることにならないよう、民主主義社会は共に力を合わせて阻まねばならないと私は考えています。

少なくとも、習近平政権のように、個人独裁を強めて、多様な意見の表出を恐怖政治で押し込める政権が国際政治やグローバル経済のスタンダードになることは、自由と人権を尊ぶ国としては断固抵抗しなければならないと思うわけです。

【日本は中国の価値観を受け入れられない】

日本政府と日本人に、この感染症の問題をどれほど、こうした価値観戦争の流れのなかでとらえている人がいるでしょう。

3月下旬段階で、東京が都市封鎖に踏み切れず、日本政府として緊急事態宣言も出せなかった決断力のなさは、日本式民主主義の脆弱さの現れだと腹立たしく思っている人も多いかもしれません。

あるいは、4月に予定されていた習近平の国賓訪問や7月に予定されていた東京五輪の実施にこだわり続けて、感染症対策の初期判断が遅れたのは、政治的メンツを国民の命より優先させたという点で、日本の政治が中国化していると言う人もいます。日本政府があえて検査をせず、感染症の数を意図的に少なくするように隠蔽をしたのであれば、中国と変わらないではないかという声もありました。

ですが、日本と中国は根本的に違います。日本人は日本政府のやり方に不満を持てば、その不満を表明できるし、メディアを通じて、あるいはＳＮＳを通じて首相や大臣を「無能、無策」と罵倒しても身柄拘束もされないし、〝失踪〟させられることもありません。多様な専門家がメディアやSNS上で、意見表明や提案を出すことができます。

そういう様々な意見に対して、政府も見解を述べており、そのなかで民衆の自由意志により世論がつくられています。日本人はこうした言論の自由や政権を公に批判する自由を絶対に失いたくないでしょう。

感染症を克服するという点で、中国の専門家と連携することも情報共有することも重要ですし、互いの国民が励まし合うことも、助け合うことも重要です。しかし、これが国家の安全保障の問題であり、価値観の戦いの延長であるととらえれば、中国式価値観の勝利という結末で終わらせるわけにはいかないのです。

そのためには、パンデミック後に起こりうる次のフェーズも想定したうえで、いくつかのことを忘れてはならないと思います。

1つは、新型コロナウイルスがパンデミックを起こしたそのおおもとの原因は、習近平政権の隠蔽にあったということです。この隠蔽は、チベット・ウイグル弾圧、香港デモの問題と同じく、根っこに人命軽視、人権、人道上の問題だとして、その責任を追及していく姿勢は忘れてはならないでしょう。米国では新型コロナウイルスの感染による損害賠償を中国政府に求める企業や個人の集団訴訟の動きが起きています。

次に、中国が今の体制のままでは、今後も隠蔽と人命軽視、人権無視の価値観で世界を同じようなリスクに巻き込むことがありうる、ということを忘れてはならないでしょう。

今後、同じような感染症が起きても、原発事故が起きて放射能汚染が起きても、中国が今の体制ならば隠蔽し、世界を危険に巻き込むでしょう。だから、体制が根本的に変わらない限り、緊密な経済関係や人的交流は国家安全保障上、限界があるということです。


そもそも法治の観念が違う国とは、市場を共有してフェアなビジネス関係は築けないということに日本もそろそろ気づくべきでしょう。中国が今の毛沢東的逆走路線で、民営企業に対しても政治的なコントロールを強化していくなかでは、高い技術や国の重要なシステムを扱う企業が関わるわけにはいきません。ハイテク分野でグローバルサプライチェーンからの中国のデカップリングは進めざるを得ません。

さらに、パンデミック後にくる世界的な大不況、金融危機、食糧不足などで中国国内もそして世界も、社会が不安定化したとき、中国が世界のリーダーになろうと野心を持ち続けている政権であれば、「超限戦」の手法で西側社会に戦いを仕掛けてくる可能性もあることは想定しておくべきでしょう。

この章の冒頭で述べましたが、習近平に対しては党内でも責任追及論があります。人民の間には不満と怒りがくすぶっています。こうした内政上の問題から人々の目を逸らすために対外戦争を仕掛けるというのは、毛沢東や鄧小平が常套手段《じょうとうしゅだん》としてこれまでにやってきたことでした。各国が国内の感染拡大への対応で疲弊し、その後の経済的社会的混乱で手が離せない隙に、台湾の武力統一を仕掛けることも、尖閣諸島の実効支配を奪おうと仕掛けてくることも絶対にないとはいえないでしょう。

いわゆる古典的な〝武力〟とは違う方法、フェイクニュースやサイバー攻撃といった情報戦、金融、経済、テロリズムを交えた方法で西側諸国との価値観戦争に勝とうとしてくるかもしれません。そういった問題に対応する国防の警戒心は、感染爆発が起き、医療崩壊に直面してもなお、忘れてはならないと思います。

つまり、世界は習近平の次の国際社会のルールメーカーになるという野望を許してはならないということです。隠蔽と言論統制を当然とした閉じられた中国式全体主義の価値観で世界を踏みにじられてはならないのです。

このパンデミックはひょっとすると2年くらい続くかもしれないと言う人もいます。この戦いは、これからまだいくつものフェーズがあるでしょう。米中のいずれが先にワクチンを作るか。一番信頼のおける治療薬を誰が作るか。ウイルスの解明がどれほど進むか。そしてパンデミックが鎮静化したのちの経済危機をどうやって乗り越えていくか。

こうした戦いの勝者が、次なる国際社会の新たな枠組みのなかでその秩序、価値観、ルールづくりに参加する「戦勝国チーム」ということになるでしょう。

日本は、必ず勝ち組に残り、「民主と自由と法治の普遍的価値観の守り手」であってほしいと願っています。

福島香織（ふくしま かおり）
ジャーナリスト、中国ウォッチャー、文筆家

1967年、奈良市生まれ。大阪大学文学部卒業後、1991年、産経新聞社に入社。上海復旦大学に業務留学後、香港支局長、中国総局（北京）駐在記者、政治部記者などを経て2009年に退社。以降はフリージャーナリストとして月刊誌、週刊誌に寄稿。ラジオ、テレビでのコメンテーターも務める。主な著書に『習近平の敗北 紅い帝国・中国の危機』（小社刊）『ウイグル人に何が起きているのか』（PHP新書）『潜入ルポ 中国の女』（文藝春秋）『中国複合汚染の正体』（扶桑社）『中国絶望工場の若者たち』（PHP研究所）『本当は日本が大好きな中国人』（朝日新書）『権力闘争がわかれば中国がわかる』（さくら舎）『孔子を捨てた国』（飛鳥新社）『赤い帝国・中国が滅びる日』（KKベストセラーズ）『「中国の悪夢」を習近平が準備する』（徳間書店）など多数。月刊誌『Hanada』WEBニュース『JBプレス』でも連載中。ウェブマガジン「福島香織の中国趣聞（チャイナゴシップス）」毎週月曜発行（https://foomii.com/00146）。Twitter: @kaori0516kaori

新型《しんがた》コロナ、香港《ほんこん》、台湾《たいわん》、世界《せかい》は 習近平《しゅうきんぺい》を許《ゆる》さない

2020年6月15日　初版発行
2020年7月10日　2刷発行

装　丁　志村佳彦
校　正　大熊真一（編集室ロスタイム）
編　集　川本悟史（ワニブックス）

発行者　横内正昭
編集人　岩尾雅彦
発行所　株式会社 ワニブックス
〒150-8482
東京都渋谷区恵比寿4-4-9 えびす大黒ビル
電話　03-5449-2711（代表）
03-5449-2716（編集部）
ワニブックスHP　http://www.wani.co.jp/
WANI BOOKOUT　http://www.wanibookout.com/
WANI BOOKS NewsCrunch
https://wanibooks-newscrunch.com/

印刷所　株式会社 光邦
DTP　アクアスピリット
製本所　ナショナル製本

ISBN 978-4-8470-9880-2